KB273701

법률지식·해결총서 ①

한손에 잡히는

이혼해결

대한민국 법률지식의 중심

법문 북스

머리말

　법은 사람의 공동생활에 있어서 행위의 준칙으로서 국가에 의하여 강행되는 사회규범이다.

　사회가 복잡하여지고 신속 정확한 지식과 정보가 필요로 한 변화와 개혁이 일어나고 있는 이 때에도 우리는 주위에서 법률상식을 몰라서 막대한 손해를 입고 불이익을 당하는 사람과 반면에 법률을 잘활용해서 어려운 일들을 해결해 나가는 사람을 두루 볼 수 있다.

　법은 많이 알수록 재산이 된다는 이야기를 많이 들었을 것이다. 알때와 모를때의 차이를 엄청나게 느낄 수 있는 것이 바로 법률이다.

　특히 경제가 급속도로 발전하고 점차 세분화하는 이 사회를 살아가려면 법률상식은 필수라 하겠다.

　시대의 흐름에 따라 사회·경제·문화의 여러 분야에서 급속한 변화와 개혁이 일어나고 있고 특히 법률은 새로 제정되고 개정되는 일이 많아 그 변화가 심하다고 할 수 있다.

　이처럼 하루가 다르게 변하는 법률을 따라가는 것은 쉬운일이 아니다. 일일이 공부하며 법률지식을 넓힌다든가 법률 전문가라도 두어 자문을 받으면 되겠지만 현실이 그렇지 못하여 뜻하지 않게 손해를 보는 경우가 많을 것이다.

　법률지식은 어느 정도만 알고 있어도 혼자서 해결할 수 있는 문제를 가지고 일일이 법률사무소나 법률전문가를 찾을 수도 없는 노릇이다. 또 법률전문가에게 찾아간다 해도 어느 정도 기초적인 지식을 알고 상담해야 많은 도움을 받을 수 있고 유익한 것이다.

　오늘날과 같은 법률문화와 법률적 분쟁이 증가하는 시대에서는 자기관리와 방어를 잘해야 경쟁에서 살아남을 수 있을 것인데 법률지식도 급변하는 사회에 적응하는 중요한 경쟁력이라 할 것이다.

　본서에서는 이혼에 관한 길잡이가 될 수 있는 책으로 사안별로 분리하여 좀더 쉽게 활용할 수 있도록 구성하였다.

　이 책으로 각종 법률문제들의 해결방법을 자세히 알아 법률상식을 알지 못해 당할 수 있는 피해를 예방하는데 도움이 되고 권익을 찾는데 보탬을 주려 한다. 이 책이 복잡한 사회를 살아가는 사람들의 반려자로서 자리매김할 것을 믿으며 신속 정확한 법률업무처리와 법률문화창달에 이바지 할 것을 기대한다.

　마지막으로 본서가 출간되기까지 집필과 자료분석교정에 수고한 여러 편집진의 노고에 깊은 사의를 표하고 또 출판시장의 어려운 현실에서도 집필을 도와주시고 출간한 법문북스 김현호 대표와 편집팀 여러분께 감사드린다.

2008. 7.

편저자 드림

차 례

제1편 협의이혼

제2편 재판상 이혼

제3편 위자료·재산분할

제4편 양육문제

부록편

부록1. 가정법원과 가사조정에 관하여

제1편. 협의이혼

1. 협의이혼의 개념

부부는 협의에 의하여 이혼할 수 있습니다. 그 원인은 묻지 않는 것이 원칙입니다. 그러나 최근 들어서 이혼율이 세계 제일이 된 우리나라의 이혼율 저하와 성급한 이혼으로 후회하는 부부들이 많은 점에 착안하여 숙려기간제도 및 상담제도를 도입하여 운영하고 있습니다.

협의 이혼의 경우 관할법원에서 부부가 협의이혼의사를 확인 받은 후 그 확인서를 첨부하여 관할관서에 이혼신고를 하면 이혼의 효력이 발생하는데, 가정법원에서는 신청서가 접수되면 오전에 접수된 사건은 당일 오후에, 오후에 접수된 사건은 다음날 오전에 협의이혼의사확인을 하여 확인해 주었습니다.

그러나 경솔한 이혼을 방지하고 이혼결정에 대하여 다시 한번 제고할 기회를 주기 위하여 가정폭력등 급박한 사유가 있는 경우를 제외하고는 협의이혼의사확인 신청을 한 때로부터 1주일(일종의 숙려기간)후에 협의이혼의사확인기일을 제정하였습니다.

그리고 협의이혼신청을 하는 부부중 혼인기간이 1년 이내이거나 15세 이하의 자녀가 있는 경우에는 원칙적으로 부부쌍방을 대상으로 상담을 실사하기로 하고 상담을 받은 후에는 그 다음날로 협의이혼의사확인이 가능하도록 하였습니다. 즉 위와 같은 부부의 경우에는 상담을 받은 후 그 다음날에 확인을 받든지, 상담을 받지 않고 3개월

(자녀없을시 1개월) 후에 확인을 받든지 둘 중에
하나를 선택할 수 있도록 하였습니다.

2. 협의이혼의 성립요건

① 당사자 사이에 이혼의사의 합치가 있을 것
② 가정법원에서 이혼의사 확인절차를 거칠 것
③ 이혼신고를 할 것
을 원칙으로 하고 있습니다.

※ 협의이혼의 신고는 가정법원의 확인을 받은 날로
부터 3개월 이내에 신고를 해야 하고, 위 기간이
경과한 때에는 가정법원의 확인은 그 효력을 잃
게 됩니다.

3개월 이내란 예를 들면 2008. 8. 1. 법원에서 확
인을 받은 사람은 2008. 10. 31.까지 신고를 하
여야 한다는 뜻입니다.

즉 확인을 받은 날(초입산입)부터 계산하는 점을
주의해야 합니다.

3. 협의이혼의 절차

협의이혼신고서 3통과 협의이혼 의사확인서 1
통을 작성해야 합니다(양식은 구청·시청 그리고
법원에 비치되어 있음).

그리고 가족관계등록부 1통, 주민등록등본 1통
을 준비해야 합니다.

위 서류를 등록기준지 또는 주소지(남편 또는
처)의 관할법원에 접수합니다. 그러면 정해진 시

간에 남편과 부인이 주민등록증과 도장을 지참하고 협의이혼확인설에 출두하여 판사 앞에서 두 사람이 진정한 의사에 의하여 협의이혼한다는 확인을 받아야 합니다.

협의이혼은 변호사 또는 대리인에 의한 신청은 불가합니다.

※ 반드시 두 사람이 함께 출석하여야하며 어느 일방이 참석하지 않으면 이혼이 되지를 않습니다. 예를 들어 남편이 해외출장이라든가 또는 입원치료 중이라든가 하는 이유 때문에 출석을 못하였을 경우 비록 이혼에 합의가 되었더라도 결코 협의이혼을 할 수가 없습니다.

판사의 확인을 받은 뒤 이혼신고서와 법원에서 준 협의이혼확인신고서를 3개월 이내에 등록기준지 또는 주소지관할 구청·읍·면사무소에 제출, 신고하여야 합니다(동사무소가 아니라 구청입니다).

성인 2인을 협의이혼의 증인으로 서도록 하므로 2인의 인적사항을 알아서 신고의 증인란에 기재해야 합니다.

4. 협의이혼의 신고

협의이혼의 신고는 주소지 또는 본적지를 관할하는 구청호적계에 신고하면 됩니다.

필요한 서류는 ① 이혼신고서 3통, ② 협의이혼의사확인서 1통, ③ 등본 및 확정증명서 1통. ④

5. 협의이혼의 무효의 경우

① 당사자 사이에 이혼의사가 없는데 이혼신고가 수리된 경우

② 이혼할 의사 없이 채권자의 집행을 면하기 위해 이혼한 경우

③ 혼인 외의 출생자를 혼인 중의 출생자로 하기 위한 방편으로 이혼한 경우

④ 당사자 일방 또는 쌍방이 모르는 사이에 누군가가 이혼신고를 한 경우

⑤ 유효하게 이혼신고서와 확인절차를 거쳤더라도 그 접수 이전에 공무원에게 이혼의사를 철회한 경우 등이 있습니다.

※ 주의

① 일시적으로 법률상의 부부관계를 해제할 의사로서 한 이혼신고는 유효한 것으로 봅니다.

② 해외이주목적으로 일시적으로 한 이혼신고의 효력은 유효하다고 봅니다.

③ 장인을 상대로 노임청구를 하기 위한 방편으로 일시적으로 한 이혼신고의 효력은 유효하다고 봅니다.

④ 처가 혼인 전에 내연관계를 맺은 다른 남자로부터 경제적 도움을 받고자 일시적으로 한 이혼신고의 효력은 유효하다고 봅니다.

6. 협의이혼의 취소의 경우

사기, 강박으로 인하여 이혼의 의사표시를 한 사람은 그 취소를 가정법원에 청구할 수 있습니다.

7. 부부 중 한 사람이 외국에 있는 경우의 협의이혼

국내에 거주하는 배우자와 재외국민(일시해외체류자는 제외)이 이혼을 하고자 할 때에는 그 거주지역을 관할하는 재외공관의 장(그 지역을 관할하는 재외공관이 없는 때에는 인접지역의 장)에게 협의이혼의사확인을 신청하면, 재외공관장은 신청서 및 진술서를 국내의 서울가정법원에 보내고, 법원에서는 한국에 거주하는 상대방 배우자를 소환하여 협의이혼의사 확인절차를 밟습니다.

또는 국내에 있는 배우자가 혼자서 서울가정법원에 협의이혼의사확인신청을 하면, 서울가정법원에서는 외무부를 경유하여 재외국민이 거주하는 지역을 관할하는 재외공관장에게 협의이혼의사확인을 촉탁하여 그 회보서의 기재로써 그 상대방에 대한 이혼의사의 확인에 갈음하게 됩니다. 외국에서 이혼신고를 할 경우에는 재외공관장에게 협의이혼의사확인서 등본을 교부받은 날로부터 3개월 이내에 이혼신고를 할 수 있습니다.

8. 수감 중인 사람과의 협의이혼

수감자로서 협의이혼의사 확인을 받기 위해 법원에 출석하기 어려운 경우에는, 교도소(구치소)

의 장에게 협의이혼의사확인을 촉탁하여 그 회보
서의 기재로써 수감자의 출석, 진술에 갈음할 수
있으며(호적법 시행규칙 제87조 제3항), 국내와 외
국에 떨어져 있는 부부가 재외공관을 통하여 협의
이혼의사를 확인하여 이혼신고하는 것과 마찬가
지이므로, 재외공관을 교도소장(구치소장)으로 바
꾸어서 생각하면 됩니다.

9. 이혼의사철회

상대방이 이혼신고를 하기 전에 남자의 주소지
나 등록기준지·시·구·읍·면사무소를 찾아가,
협의이혼의사확인등본을 제출하여 이혼할 마음이
없다고 이혼의사철회신청을 하면 됩니다. 일단 이
혼의사철회신청이 된 이상 상대방은 이혼신고를
할 방법이 없으며, 반대로 상대방의 이혼신고가 먼
저 접수된 후에 이혼의사철회신청서가 제출되었다
면 그 이혼철회신청은 받아들여지지 않습니다.

가장이혼도 이혼의 효력이 인정되는가?

이럴땐 ➡ 제 작은 아버지는 결혼 후 처갓집에 들어가 농사일에 종사하던 중 장인·장모와 불화가 있어 장인이 나가라고 하자 사위의 신분으로는 그 동안의 농사일을 한 것에 대한 노임을 청구할 수 없는 것으로 오인하고, 노임청구를 하기 위한 방편으로 작은 어머니와 합의하에 협의이혼신고를 하였습니다. 그러나 이들 부부는 혼인생활을 끝내려는 의사가 없었고 이혼신고 후에도 부부생활을 계속 해왔습니다. 이 협의이혼은 무효입니까?

키포인트 무효가 되지 않습니다.

이렇게 ➡ 협의이혼에 있어서 이혼의사는 법률상 부부관계를 해소하려는 의사를 말하므로 일시적으로나마 법률상 부부관계를 해소하려는 당사자간의 합의하에 협의이혼신고가 된 이상 협의이혼에 다른 목적이 있더라도 양자간에 이혼의사가 없다고는 말할 수 없고 따라서 이와 같은 협의이혼은 무효로 되지 아니합니다(대판 1993. 6. 11. 93므171).

이 유 ➡ 협의이혼이 유효하게 성립하기 위해서는 이혼하려는 당사자 사이에 이혼의사의 합치가 있어야 하고(실질적 요건), 이혼신고를 하여야 합니다(형식적 요건). 여기서 이혼의사의 합치를 어떻게 해석할 것인가가 문제되는데, 실질적 의사설은 당사자 사이에 혼인관계를 실제로 해소시키려는 의사가 있을 때 이혼의사의 합치가 있다고 해석하고, 형식적 의사설은 혼인공동체를 해소할 의사는 없어도 단지 이혼신고를 하는 데 합의가 있으면 이혼의사의 합치가 있다고 해석합니다. 이러한 견해의 대립은 가장이혼의 효력과 관련하여 중요한 의미를 갖는데, 실질적 의사설에 의하면 가장이혼은 무효가 되고, 형식적 의사설에 의하면 가장이혼도 유효하다고 보아야 하기 때문입니다.

법원은 종전에는 실질적 의사설에 입각하여 가장이혼을 무효라고 판단하였으나(대판 1961. 4. 27. 4293민상536), 최근에는 형식적 의사설을 취하여 가장이혼의 효력을 인정하고 있습니다(대판 1993. 6. 11. 93므171).

협의이혼의 철회

키포인트 이혼요구를 철회할 수 있습니다.

이렇게 ➡ 남편이 이혼신고서를 제출하기 전에 협의이혼철회서면을 작성하여 이혼의사확인서등본을 첨부하여 이혼철회표시를 하려는 사람의 등록기준지, 주소지 또는 현재지의 시(구)·읍·면의 장에게 제출하면 이혼의사를 철회할 수 있습니다.

이 유 ➡ 협의이혼이 성립되기 위해서는 무엇보다도 당사자 사이에 이혼의사의 합치가 있어야 합니다. 그리고 이혼의사는 이혼신고서를 작성할 때 뿐만 아니라 신고서가 수리되는 때에도 존재해야 합니다. 따라서 신고서를 제출하기 전에 당사자의 일방이 다른 일방이나 가족관계등록공무원에게 이혼의사의 철회를 표시한 경우에는 설령 그 후에 이혼신고서가 수리되었다고 해도 이혼의사의 합치를 결여한 것으로서 무효가 됩니다.

법원은 부부가 이혼하기로 협의하고 가정법원의 협의이

혼의사 확인을 받았다고 하더라도 가족관계등록법에 정한 바에 의하여 신고함으로써 협의이혼의 효력이 생기기 전에는 부부의 일방이 언제든지 협의이혼의사를 철회할 수 있는 것이어서, 협의이혼신고서가 수리되기 전에 협의이혼의사의 철회신고서가 제출되면 협의이혼신고서는 수리할 수 없는 것이므로, 설사 등록공무원이 착오로 협의이혼의사 철회신고서가 제출된 사실을 간과한 나머지 그 후에 제출된 협의이혼신고서를 수리하였다고 하더라도 협의상 이혼의 효력이 생길 수 없다고 하였습니다(대판 1994. 2. 8. 93도2869).

그리고 협의이혼의사확인을 받은 후에 이혼의사를 철회한 경우에는 이혼의사확인의 효력이 소멸되므로 그 철회의사를 철회하더라도 이혼신고를 수리할 수 없으며, 다시 이혼의사확인을 받아야 이혼할 수 있습니다.

알아두기

<협의이혼 의사확인과 재판상의 이혼사유>

법원에 의한 협의이혼의사확인절차는 확인당시에 당사자들이 이혼할 의사를 가지고 있었는가를 밝히는데 그치는 것이므로 협의이혼의사의 확인이 있었다는 것만으로 재판상 이혼사유가 될 수 없으며 그 의사확인 당시에 더 이상 혼인을 계속할 수 없는 사유가 있었다고 추정될 수도 없습니다(대판 1988. 4. 25. 87므28).

협의이혼의사 확인 및 이혼신고절차

이럴땐 ➡ 협이이혼신고의 경우에는 가정법원의 확인을 받아야 한다고 하는데, 그 절차에 대하여 알고 싶습니다.

키포인트 함께 가정법원에 출석하여 협의이혼의사확인신청서를 제출해야 합니다.

이렇게 ➡ 협의이혼을 하려는 부부는 각자의 등록기준지 또는 주소지 관할 가정법원에 함께 출석하여 협의이혼의사 확인신청서를 제출하여야 합니다. 다만 부부 중 일방이 재외국민이거나 수감자로서 출석하기 어려운 경우에는 다른 일방이 출석하여 제출할 수 있습니다.

이 유 ➡ 이혼신고의 경우에는 혼인신고의 경우와 달라 가정법원의 확인을 받아야 합니다.

1. 신청서 제출

협의이혼신청서에는 남편과 처의 가족관계증명서와 혼인관계증명서 각 1통과 각란의 해당 사항을 기재하고 신청인란에 당사자 쌍방이 서명 또는 기명날인한 이혼신고서 3통을 첨부하여야 합니다. 주소지 관할 가정법원에 신청서를 제출하는 경우에는 그 관할을 증명할 수 있는 주민등록표 등본 1통도 첨부하여야 합니다.

2. 확인절차

등록기준지 또는 주소지 관할 가정법원에 이혼의사확인

신청을 하면, 가정법원은 당사자 쌍방을 출석시켜 그들이 본인인가의 여부를 확인할 뿐만아니라 협의이혼의사의 존부 확인, 당사자 사이에 미성년자인 자녀가 있는지 여부와 그 자녀에 대한 친권자의 지정 여부 등을 학인합니다.

당사자 쌍방에게 이혼의사가 있는 것이 확인되면 바로 당사자 쌍방에게 확인서 등본 1통씩을 교부합니다.

3. 협의이혼의사확인서의 유효기간

확인서등본을 교부할 때에 법원사무관 등은 당사자에게, 신고의사가 있으면 3개월 이내에 등록기준지, 주소지 또는 현재지 시(구)·읍·면 사무소에 이혼신고를 하여야 함을 알려주어야 합니다.

4. 협의이혼의사확인서등본을 분실한 경우

당사자 쌍방은 언제든지 관할 가정법원에 당시 협의이혼 의사확인신청을 할 수 있습니다.

법원으로부터 협의이혼의사확인서등본을 교부 또는 송달 받은 날부터 3개월 이내라면, 그 확인 법원에 보관중인 확 인서원본에 의하여 확인서등본만을 재교부가 가능하므로 당사자는 법원으로부터 확인서등본을 재교부 받은 후 이혼 신고서를 다시 작성하여 시(구)·읍·면에 이혼신고를 할 수 있습니다.

5. 협의이혼의 신고

(1) 신고서류의 검토사항

시(구)·읍·면의 장은 협의이혼신고접수시 가정법원의 확인서등본첨부 여부와 그 확인서의 유효기간 경과 여부를 면밀히 조사하여야 하고 신고서가 가정법원의 확인일로부터 3개월이 경과한 후 제출된 경우에는 일단 접수 후 송달증명서를 제출하도록 통지를 하고, 추후보완된 송달증명서상의 송달일자로 보아 이혼신고가 확인서등본의 교부 또는 송달일부터 3개월 이내이면 이를 수리하나 그 기간을 경과하거나 추후보완기간 내에 송달증명서를 제출하지 않는 경우에는 불수리합니다.

(2) 신고장소와 신고인

이혼의사확인신청의 관할 법원이 당사자의 등록기준지로 되어 있더라도 이혼신고는 주소지 또는 현재지에서도 할 수 있으며, 당사자 일방만이 이혼신고서를 제출한 경우에도 신고서에 확인서등본이 첨부되어 있으면 수리하여야 합니다.

6. 협의이혼의사철회서면이 접수된 후 협의이혼신고서가 제출된 경우

① 당사자 쌍방의 이혼의사는 이혼신고시에도 존재하여야 하므로 이러한 경우에는 그 이혼신고서는 수리되지 않습니다.

② 가족관계등록공무원의 위 불수리처분에 대하여 불복이 있는 사람은 「가족관계의 등록 등에 관한 법률」

제109조에 따라 관할 가정법원에 불복신청을 할 수 있습니다.

③ 이혼신고서와 이혼의사철회서면의 접수시각이 같은 경우에는 이혼의사철회서면이 먼저 접수된 것으로 처리한다.

협의이혼의 취소

키포인트 취소할 수 있습니다.

이렇게 ➡ 배우자나 제3자의 사기나 강박에 의하여 이혼의사를 표시한 자는 이혼취소청구의 소를 제기할 수 있습니다(민법 제838조).

이 유 ➡ 협의이혼의사의 확인은 어디까지나 당사자들의 합의를 근간으로 하는 것이고 법원의 역할은 그들의 의사를 확인하여 증명하여 주는데 그치는 것이며 법원의 확인에 소송법상의 특별한 효력이 주어지는 것도 아니므로 이혼협의의 효력은 민법상의 원칙에 의하여 결정됩니다. 그리고 이혼의사 표시가 사기, 강박에 의하여 이루어졌다면 민법 제838조에 의하여 취소할 수 있습니다(대판 1987. 1. 20. 86므86).

사기란 허위의 사실을 알려서 상대방을 착오에 빠뜨리는

것이며, 강박이란 해악을 고지하여 공포심을 가지게 하는 것을 말합니다. 이 취소권은 당사자가 사기를 안 날 또는 강박을 면한 날부터 3개월을 경과하면 소멸합니다(민법 제823조).

사기·강박에 의한 이혼의 취소에는 민법 총칙의 규정이 적용되지 않으므로, 사기·강박에 의한 이혼의 취소는 제3자에게 대항할 수 있고, 또한 제3자의 사기나 강박으로 인하여 이혼한 경우 상대방 배우자가 선의라고 해도(상대방 배우자가 제3자의 사기·강박의 사실을 몰랐던 경우) 이혼을 취소할 수 있습니다.

협의이혼의사확인절차는 확인당시에 당사자들이 이혼을 할 의사를 가지고 있는가를 밝히는데 그치는 것이고 그들이 의사결정의 정확한 능력을 가졌는지 또는 어떠한 과정을 거쳐 협의이혼 의사를 결정하였는지 하는 점에 관하여서는 심리하지 않습니다.

<협의이혼의 취소>

이혼을 취소하려면 먼저 가정법원에 조정을 신청해야 하고, 조정이 성립되지 않으면 제소신청을 할 수 있습니다(가사소송법 제2조 1항, 제49조).

청구인은 사기 또는 강박에 의하여 이혼의사를 표시한 부부의 일방이며, 피청구인은 다른 일방입니다. 상대방이 되어야 할 다른 일방이 청구 전에 사망한 경우에는 검사를 상대로 청구할 수 있습니다.

　이혼취소의 재판이 확정되면 소를 제기한 사람은 재판의 확정일로부터 1개월 이내에 재판의 등본 및 확정증명서를 첨부하여 그 취지를 신고하여야 합니다(가족관계등록법 제78조, 제58조).

협의이혼 약정

키포인트 유효합니다.

이렇게 ➡ 협의이혼을 하기로 약정하고, 이를 전제로 하여
재산분할에 대하여 협의하는 것은 선량한 풍속 기타 사회
질서에 반하지 않으므로 유효합니다.

이 유 ➡ 혼인 중의 당사자가 장래에 협의이혼을 하기로
약정하는 것을 협의이혼의 예약이라고 합니다. 이 예약은
가사조정의 조항에서 전하는 경우와 조정 외에서 계약을
맺는 경우가 있습니다. 예약이 되었더라도 이를 강제하거
나 그 위반에 대하여 제재를 가하거나 하는 방법은 없으
며, 또한 협의이혼이 유효하게 성립하기 위해서는 이혼의
사의 합치가 있어야만 하므로, 설령 당사자 사이에서 이혼
을 하기로 미리 약속하였다고 해도 법적인 효력은 없습니
다. 또한 이혼의 예약만으로 재판상 이혼사유도 될 수 없
습니다. 대법원은 이혼합의 사실의 존재만으로 이를 민법
제840조 제6호의 재판상 이혼사유인 혼인을 계속할 수 없
는 중대한 사유에 해당한다고 할 수 없다고 하였습니다(대
판 1996. 4. 26. 96므226).

아직 이혼하지 않은 당사자가 장차 협의상 이혼할 것을

약정하면서 이를 전제로 하여, 재산분할에 관한 협의를 하는 경우에 있어서는 특별한 사정이 없는 한, 재산분할에 관한 협의를 하는 경우에 있어서는 특별한 사정이 없는 한, 장차 당사자 사이에 협의상 이혼이 이루어질 것을 조건으로 하여, 조건부 의사표시가 행하여지는 것이다 할 것이므로, 그 협의 후 당사자가 약정한대로 협의상 이혼이 이루어진 경우에 한하여 그 협의의 효력이 발생하는 것이든, 어떠한 본인으로든 협의상 이혼이 이루어지지 아니하고 혼인관계가 존속하게 되거나 당사자 일방이 제기한 이혼청구의 소에 의하여 재판상 이혼이 이루어진 경우에는, 위 협의는 조건의 불성취로 인하여 효력이 발생하지 않는다고 봐야 합니다(대판 2003. 8. 19. 2001다14061).

협의이혼과 간통고소

키포인트 간통죄 고소의 효력은 유효합니다.

이렇게 ➡ 이혼소송이 취하되기 전에 이미 협의이혼의 효
력이 발생하였으므로, 이 사건 간통고소는 여전히 유효하
게 존속합니다(대판 2007. 1. 25. 2006도7939).

이 유 ➡ 형사소송법 제229조는 간통죄의 경우 혼인이 해
소되거나 이혼소송을 제기한 후가 아니면 고소할 수 없고
(제1항), 다시 혼인을 하거나 이혼소송을 취하한 때에는 고
소는 취소된 것으로 간주한다(제2항)고 규정하고 있습니다.
이 규정은 혼인관계를 해소할 확정적인 의사 없이 배우자
를 간통죄로 고소하여 처벌받게 하는 것은 부부관계의 성
질상 부당하다는 고려에서 비롯된 것입니다.

법원은 형사소송법 제229조 제2항에 의하여 고소를 취하
한 것으로 간주되는 이혼소송의 취하는 그것에 의하여 혼
인관계를 해소하려는 의사가 철회되어 결과적으로 혼인관
계가 존속하는 경우를 의미하는 것일 뿐, 배우자가 이혼소
송을 제기한 후 그 소송 외에서 협의이혼 등의 방법으로

혼인해소의 목적을 달성하게 되어 더 이상 이혼소송을 유지할 실익이 없어 이혼소송을 취하한 경우까지 의미하는 것이라고는 볼 수 없고, 이러한 경우 간통고소는 '이혼소송의 계속'과 선택적 관계에 있는 '혼인관계의 부존재'라는 유효조건을 충족시키고 있어 여전히 유효하게 존속한다고 하였습니다(대판 2007. 1. 25. 2006도7939).

알아두기

남편이 아내를 상대로 제기한 이혼소송의 항소심에서 승소하였으나 아내가 이에 불복 상고하여 그 판결이 확정되지 아니한 상태에 있었다면 아내가 간통을 종용하였다고 볼 수 없고, 아내가 재판상 이혼원인에 해당하는 부정한 행위를 하였다고 하더라도 그러한 사정만으로 아내의 간통죄 고소가 고소권을 남용한 것으로서 위법하다고 볼 수도 없습니다(대판 2002. 7. 9. 2002도2312).

협의상 이혼이 무효로 되는 경우

키포인트 적법한 이혼으로 봅니다.

이렇게 ➡ 법원은 협의상 이혼이 가장이혼으로서 무효로 인정되려면 누구나 납득할 만한 특별한 사정이 인정되어야 하고, 그렇지 않으면 이혼당사자 간에 일시적으로나마 법률상 적법한 이혼을 할 의사가 있었다고 보는 것이 이혼신고의 법률상 및 사실상의 중대성에 비추어 상당하다고 하였습니다(대판 1997. 1. 24. 95도448).

이 유 ➡ 협의이혼이 무효가 되는 경우는 이혼신고가 수리되었으나 당사자 사이에 이혼의사의 합치가 없는 때입니다. 예를 들면 유효하게 이혼신고를 작성하였으나 수리 전에 일방이 이혼의사를 철회한 경우(대판 1994. 2. 8. 93도2869), 심신상실자가 이혼신고시에 의사능력을 결여한 경우 등이 이에 해당됩니다.

가장이혼과 관련하여 판례는 종전에는 실질적 의사설에 따라 무효라는 입장을 취하였으나, 최근에는 형식적 의사설에 따라 형식적인 이혼의사의 합치가 있으므로 무효가 아니고, 무효 가장이혼이 무효가 되려면 누구나 납득할 만한 특별한 사정이 인정되어야 한다고 합니다(대판 1997. 1. 24. 95도448).

가장이혼신고의 공정증서원본불실기재죄

이럴땐 ➡ 저는 갑무역회사를 운영하던 중 경기침체로 회사를 부도내고 20여년간 모은 재산을 잃고 말았으며 채권자들이 집까지 찾아와 변제독촉을 하고 있습니다. 그런데 3년 전 저의 아내는 친정아버지로부터 시골의 땅 수 필지를 상속받아 아내의 명의로 소유권이전등기를 하였고 채권자들이 이를 내놓으라고 하였습니다. 이에 이를 회파할 목적으로 아내와 상의하여 형식상 이혼을 하기로 하였고 최근에 협의이혼으로 이혼신고를 마쳤습니다. 아내와 저는 여전히 같이 살고 있는데, 이러한 경우 저의 행위가 공정증서원본불실기재죄 등에 해당되는지요?

키 포 인 트 해당하지 않을 것으로 보입니다.

이렇게 ➡ 형법 제228조 제1항에 의하면 "공무원에 대하여 허위신고를 하여 공정증서 원본 또는 이와 동일한 전자기록 등 특수매체기록에 불실의 사실을 기재 또는 기록하게 한 자는 5년 이하의 징역 또는 1천만원 이하의 벌금에 처한다"라고 규정하고 있습니다.

가장이혼(假裝離婚)이 위 규정에 위반하여 공정증서원본불실기재죄가 성립되는지에 관하여 판례를 보면, "협의상 이혼이 가장이혼으로서 무효로 인정되려면 누구나 납득할 만한 특별한 사정이 인정되어야 하고, 그렇지 않으면 이혼 당사자간에 일시적으로나마 법률상 적법한 이혼을 할 의사가 있었다고 보는 것이 이혼신고의 법률상 및 사실상의 중대성에 비추어 상당하고(대법원 1993. 6. 11. 선고, 93므171 판결), 협의상 이혼의 의사표시가 기망에 의하여 이루어진 것일지라도 그것이 취소되기까지는 유효하게 존재하는 것이므로, 협의상 이혼의사의 합치에 따라 이혼신고를 하여 호적(현행 가족관계등록부 : 저자 4)에 그 협의상 이혼사실이 기재되었다면, 이는 공정증서원본불실기재죄(公正證書原本不實記載罪)에 정한 불실의 사실에 해당하지 않는다."라고 하였습니다(대법원 1997. 1. 24. 선고 95도448 판례).

따라서 귀하의 경우에도 일시적이나마 법률상의 부부관계를 해소하고자 하는 의사의 합치하에 이혼신고를 하였다면, 혼인 및 이혼의 효력발생 여부에 있어 신고제도라는 형식주의를 취하는 현행법제에서 그 이혼신고는 유효하다고 할 것이며, 귀하에게 공정증서원본불실기재죄가 성립하지 않을 것으로 보입니다.

배우자 간통한 경우 상대방만 고소

키포인트 가능하지 않습니다.

이렇게 ➡ 간통죄(형법 제241조)는 배우자 있는 자가 다른 사람과 정교관계를 가지면 성립하는 범죄로 배우자의 고소가 있어야 논할 수 있는 친고죄(親告罪)이며, 그 행위를 안 날로부터 6개월 이내에 고소하여야 적법한 고소가 됩니다.

형사소송법 제233조에 의하면 "친고죄의 공범 중 그 1인 또는 수인에 대한 고소 또는 그 취소는 다른 공범자에 대하여도 효력이 있다."라고 규정하고 있으므로 친고죄의 고소는 공범관계에 있는 1인에 대하여만 하여도 전원에 대하여 한 것과 같은 효력이 있습니다.

따라서 귀하가 을녀만을 고소한다고 하여도 갑남에 대하여도 고소한 것과 마찬가지의 효력이 있다고 하겠습니다.

그리고 간통한 자의 배우자가 간통죄를 고소하려면 혼인이 해소되거나 이혼소송을 제기한 후가 아니면 고소할 수 없고 이에 위반된 고소는 고소로서 효력이 없으며, 고소 후 다시 혼인을 하거나 이혼소송을 취하한 때에는 고소는 취소된 것으로 간주합니다(형사소송법 제229조).

따라서 귀하는 남편과 이혼하지 않고서는 남편을 간통죄로 처벌할 수 없고 남편의 정부만 처발받게 하는 방법도 없습니다.

간통사실의 묵인

키포인트 고소할 수 있을 것으로 보입니다.

이렇게 ➡ 간통죄에 관하여 형법 제241조에 의하면 "① 배우자있는 자가 간통한 때에는 2년 이하의 징역에 처한다. 그와 간통한 자도 같다. ② 전항의 죄는 배우자의 고소가 있어야 논한다. 단, 배우자가 간통을 종용(慫慂) 또는 유서(宥恕)한 때에는 고소할 수 없다."라고 규정하고 있습니다. 위 규정의 종용이란 사전 동의를 의미하고, 유서란 사후 용서를 의미합니다.

간통의 유서의 방식과 요건에 관하여 판례를 보면, "형법 제241조 제2항에 이르는 유서는 민법 제841조에 규정되어 있는 사후용서와 같은 것으로서, 배우자의 일방이 상대방의 간통사실을 알면서도 혼인관계를 지속시킬 의사로 악감정을 포기하고 상대방에게 그 행위에 대한 책임을 묻지 않겠다는 뜻을 표시하는 일방행위"라고 하면서 "유서는 명시적으로 할 수 있음은 물론 묵시적으로도 할 수 있는 것이어서 그 방식에 제한이 있는 것은 아니지만, 감정을 표현하는 어떤 행동이나 의사의 표시가 유서로 인정되기 위하여는, 첫째 배우자의 간통사실을 확실하게 알면서 자발적으로 한 것이어야 하고, 둘째 그와 같은 간통사실에도 불구하고 혼인관계를 지속시키려는 진실한 의사가 명백하고 믿을 수 있는 방법으로 표현되어야 하는 것”이라고 하였습니다(대법원 1991. 11. 26. 선고 91도2409 판결).

위 사안과 같이 아내가 남편의 부정행위를 알면서 그대로 놔둔 것이 간통유서에 해당되는지에 관하여 판례는 “피고소인들이 수년간 동거하면서 간통하고 있음을 고소인이 알면서 특별한 의사표시나 행동을 하지 않은 경우에 그러한 사정만으로는 고소인이 그 간통을 묵시적으로 유서하였다고 볼 수 없다.”라고 하였습니다(대법원 1999. 5. 14. 선고 99도826 판결).

따라서 위 사안의 경우 갑녀가 수년간 을의 간통사실을 알고도 문제삼지 않은 자세한 사정을 구체적으로 파악하여 간통의 유서에 해당될 수 있는지 여부를 검토하여야 할 것이지만, 질의에서 나타난 것처럼 단순히 부정행위를 알면서도 수년간 문제삼지 않았다는 사정만으로는 간통의 유서에 해당되어 고소할 수 없다고 결론을 내릴수없을 것으로 보입니다.

참고로 판례는 “간통죄의 고소 이후 이혼 등 청구의 소가 계속 중에 혼인 당사자의 고소인과 피고소인이 동침한 사실이 있다는 사정만으로는 고소인이 피고소인의 간통행위를 유서하였다고 볼 수 없다.”라고도 하였습니다(대법원 2002. 7. 7. 선고 2000도868 판결).

이혼경력의 말소를 위한 혼인무효확인청구

이럴땐 ➡ 저는 갑과 혼인신고를 하고 살던 중 성격차이로 협의이혼을 한 사실이 있습니다. 최근 재혼하려고 보니 저의 호적에 협의이혼한 기록이 남아 있는데, 여자인 저로서는 그러한 호적상의 기재가 앞으로 살아가면서 매우 부담스럽습니다. 만일 제가 갑과의 혼인은 당초부터 무효임을 주장하여 이혼경력의 기재를 없앨 수 있는 혼인무효소송을 제기한다면 인정받을 수 있는지요?

키포인트 인정받을 수 없습니다.

이렇게 ➡ 혼인의무효에 대하여는 민법 제815조가 규정하고 있는바, 그 사유로는 당사자 사이에 혼인의 협의가 없는 때, 근친혼인 때 등을 규정하고 있습니다. 문제는 이미 혼인이 해소된 경우에 다시 혼인관계의 무효확인을 청구할 수 있는지 여부입니다.

일반적으로 과거의 법률관계의 존부는 독립된 확인의 소의 대상이 될 수 없고, 그 과거의 법률관계의 존부의 확정은 단지 현재의 분쟁해결의 전제로 됨에 불과하여 사인(私人)간의 현재 현존하는 분쟁을 해결하려는 민사소송의 목적으로 보아 직접적이고 간명한 방법이 되지 않기 때문입니다.

그러나 신분관계의 경우 그것을 기본으로 하여 수많은 법률관계가 계속하여 발생하고 그 효과가 널리 일반 제3자에게까지 미치게 되어 그로 인한 법률효과도 복잡다기한 경우에는 과거의 법률관계의 확인이라 하더라도 예외적으로 무효확인청구가 가능할 것입니다.

이와 관련하여 판례는 "과거 일정기간 동안의 혼인관계의 존부의 문제라 해도 혼인무효의 효과는 기왕에 소급하는 것이고 그것이 적출자의 추정, 재혼의 금지 등 당사자의 신분법상의 관계 또는 연금관계법에 기한 유족연금의 수급자격, 재산상속권 등 재산법상의 관계에 있어 현재의 법률상태에 직접적인 중대한 영향을 미치는 이상 그 무효확인을 구할 정당한 법률상의 이익이 있다."라고 하면서 협의이혼으로 혼인관계가 형식상 해소되었다 하더라도 그와 같은 확인의 이익이 있는 이상 혼인무효의 소를 제기할 수 있다고 하였습니다(대법원 1978. 7. 11. 선고 78므7 판결, 1995. 11. 14 선고 95므694 판결).

이러한 판례의 입장에 따라 귀하의 경우를 판단해보면, 이미 해소된 혼인관계의 명예회복을 위한 혼인무효확인청구가 현재의 법률상태에 직접적인 중대한 영향을 미치는가가 문제됩니다.

그러나 대법원은 귀하의 경우와 같은 경우 혼인무효확인청구를 할 수 없다고 판단하고 있습니다. 즉, "청구인과 피청구인 사이의 혼인관계가 이미 협의이혼신고에 의하여 해소되었다면 청구인이 주장하는 혼인관계의 무효확인은 과거의 법률관계의 확인으로서 그것이 청구인의 현재의 법률관계에 영향을 미친다고 볼 자료가 없는 이 사건에 있어서 단순히 여자인 청구인이 혼인하였다가 이혼한 것처럼 호적상 기재되어 있어 불명예스럽다는 사유만으로는 확인의 이익이 없다.”라고 하였습니다(대법원 1984. 2. 28. 선고 82므67 판결).

따라서 귀하의 경우 당사자의 신분법상의 관계, 상속권 등 재산법상의 관계에 있어 현재의 법률상태에 직접적인 중대한 영향을 미친다고 볼 수 없는 단순한 가족관계등록부상의 불명예라는 사유만으로는 이미 해소된 혼인관계의 무효를 다시 청구할 수는 없다고 보여집니다.

일방적 혼인신고사실을 알고도 계속 동거생활 한 경우의 효력

키포인트 이혼청구소송을 하여야 합니다.

이렇게 ➡ 혼인이 유효하게 성립되기 위해서는 당사자 사이에 혼인의 합의가 있어야 하고, 이 혼인의 합의는 혼인신고가 수리될 당시에도 존재하여야 합니다(대법원 1996. 6. 28. 선고 94므1089 판결).

그러므로 갑이 귀하와 협의이혼 후 실질적으로 부부생활을 계속하였지만, 귀하의 동의 없이 일방적으로 혼인신고를 함으로써 혼인신고 자체가 상대방의 의사에 반하여 이루어진 이상 혼인신고 당시에는 혼인의사의 합치가 없었다고 볼 수 있습니다(서울가정법원 1996. 12. 11 선고 96드61197 판결).

그러나 위 사안과 유사한 판례를 보면 "협의이혼 한 후 배우자 일방이 일방적으로 혼인신고를 하였더라도, 그 사실을 알고 혼인생활을 계속한 경우, 상대방에게 혼인할 의사가 있었거나 무효인 혼인을 추인하였다."라고 하였습니다(대법원 1995. 11. 21. 선고 95므731 판결).

따라서 귀하의 경우에도 위 혼인의 무효를 주장하기보다 그 혼인이 유효함을 전제로 갑의 부정행위를 이유로 한 이혼청구소송을 하여야 할 것으로 보입니다.

참고로 혼인의사의 추정여부에 관하여 판례는 "혼인의 협의란 법률혼주의를 채택하고 있는 우리나라 법제하에서는 법률상 유효한 혼인을 성립하게 하는 합의를 말하는 것이므로, 비록 사실혼관계에 있는 당사자 일방이 혼인신고를 한 경우에도 상대방에게 혼인의사가 결여되었다고 인정되는 한 그 혼인은 무효라고 할 것이나, 상대방의 혼인의사가 불분명한 경우에는 혼인의 관행과 신의성실의 원칙에 따라 사실혼관계를 형성시킨 상대방의 행위에 기초하여 그 혼인의사의 존재를 추정할 수 있으므로 이와 반대되는 사정, 즉 혼인의사를 명백히 철회하였다거나 당사자 사이에 사실혼관계를 해소하기로 합의하였다는 등의 사정이 인정되지 아니하는 경우에는 그 혼인을 무효라고 할 수 없다."라고 하였습니다(대법원 2000. 4. 11. 선고 99므1329 판결).

협의이혼의사확인의 효력

키포인트 효력이 없어지므로 다시 확인 받아야 합니다.

이렇게 ➡ 가족관계의 등록 등에 관한 법률 제75조에 의하면 "① 협의상 이혼을 하고자 하는 사람은 등록기준지 또는 주소지를 관할하는 가정법원의 확인을 받아 신고하여야 한다. 다만, 국내에 거주하지 아니하는 경우에는 그 확인은 서울가정법원의 관할로 한다. ② 제1항의 신고는 협의상 이혼을 하고자 하는 자가 가정법원으로부터 확인서등본을 교부 또는 송달받은 날부터 3월 이내에 그 등본을 첨부하여 행하여야 한다. ③ 제2항의 기간이 경과한 때에는 그 가정법원의 확인은 효력을 상실한다. ④ 가정법원의 확인의 절차와 신고에 관하여 필요한 사항은 대법원규칙으로 정한다."라고 규정하고 있습니다.

그러므로 귀하가 받은 협의이혼의사확인등본은 3개월이 경과하여 그 효력을 잃었다 할 것이고, 만약 계속 이혼할 의사가 있다면 법원의 협의이혼의사확인을 다시 받아야 할 것입니다(대법원 1983. 7. 12. 선고 83므11 판결).

그리고 자녀에 대한 친권행사에 관하여는 가족관계의 등록 등에 관한 규칙 제74조 제2항에 의하면 "가정법원은 이혼의사의 확인을 함에 있어서는 부부 사이에 미성년자인 자가 있는지의 여부와 그 자에 대한 친권행사자의 지정여부를 확인하여야 한다."라고 규정하고 있으므로, 미성년인 자(子)가 있을 경우에는 미리 갑과 협의하여 친권자를 정해두는 것이 좋습니다. 친권행사자에 관한 협의가 이루어지지 않는 경우는 당사자의 청구에 의하여 가정법원이 이를 정하도록 하고 있습니다(민법 제909조 제4항).

외국에 있는 배우자와 협의이혼 하는 방법

키포인트 재외공관장의 확인을 받은 서류를 제출하면
됩니다.

이렇게 ➡ 국내에 거주하는 귀하와 재외국민인 남편이 협
의이혼을 하고자 할 경우 첫째 방법으로는 국내에 거주하
는 귀하가 협의이혼에 필요한 서류(혼인관계증명서, 이혼신
고서, 협이이혼의사확인신청서)를 준비하여 남편에게 보내
고, 이를 재외국민인 남편이 그 거주지역을 관할하는 재외
공관의 장 또는 인접지역의 장에게 협의이혼의사확인을 신
청하는 방법입니다.

그러면 공관장은 신청서 및 진술서를 외교통상부를 통해
서울가정법원에 보내고, 서울가정법원에서는 대한민국에
거주하는 귀하를 출석시켜 협의이혼의사확인절차를 밟습니
다. 쌍방의 이혼의사가 확인되면 귀하는 3개월 내에 등록
기준지에 이혼신고서를 제출하면 됩니다(가족관계등록법
제75조).

둘째 방법으로는 국내에 거주하고 있는 귀하께서 협의이

혼에 필요한 서류를 서울가정법원에 제출하면 서울가정법원에서는 외교통상부를 경유하여 남편거주지를 관할하는 재외공관장에게 보내어 남편의 이혼의사확인을 받아 서울가정법원에 보내는 방법도 있습니다(가족관계등록규칙 제74조).

해외거주 중인 부부의 협의이혼방법

키포인트 재외공관장에게 하여도 됩니다.

이렇게 ➡ 외국에 거주하고 있는 한국인 부부의 협의이혼은 그 거주지를 관할하는 재외공관의 장에게 협의이혼의사 확인을 신청할 수 있고, 그 지역을 관할하는 재외공관이 없는 때에는 인접하는 지역을 관할하는 재외공관의 장에게 신청할 수 있습니다.

협이이혼의사의 확인신청을 받은 재외공관의 장은 당사자 쌍방에게 이혼의사의 존부 및 미성년자인 자녀가 있는 경우에는 그 자녀에 대한 친권행사의 지정여부를 확인하고 그 요지를 기재한 서면을 작성하여 기명·날인한 후 이를 신청서에 첨부하여 가정법원에 송부합니다.

서류를 송부받은 가정법원은 서류에 의해 이혼의사가 확인되면 확인서 등본을 재외공관의 장에게 송부하게 되고, 재외공관의 장은 이를 당사자 쌍방에게 교부 또는 송부하여야 합니다(가족관계등록규칙 제75조).

당사자들은 위 확인서 등본을 교부받아 한국의 등록기준지나 대한민국 재외공관의 장에게 이혼신고를 할 수 있습니다(가족관계등록법 제34조).

　재외공관의 장이 서류를 수리한 때에는 1개월 이내에 외교통상부장관을 경유하여 이를 본인의 등록기준지 시·읍·면의 장에게 발송하여야 합니다(가족관계등록법 제36조).

배우자가 협의이혼을 해주지 않을 경우

키포인트 이혼소송을 제기하면 됩니다.

이렇게 ➡ 민법 제840조에 의하면 부부일방은 ① 배우자의 부정한 행위가 있었을 때, ② 배우자가 악의로 다른 일방을 유기한 때, ③ 배우자 또는 그 직계존속으로부터 심히 부당한 대우를 받았을 때, ④ 자기의 직계존속이 배우자로부터 심히 부당한 대우를 받았을 때, ⑤ 배우자의 생사가 3년 이상 분명하지 아니한 때, ⑥ 기타 혼인을 계속하기 어려운 중대한 사유가 있을 때에는 가정법원에 이혼을 청구할 수 있다고 규정하고 있습니다.

이와 같이 부부는 동거하면서 서로 부양하고 협조하여야 하며(민법 제826조 제1항) 정조를 지킬 의무가 있는데, 다른 여자와 불륜관계를 맺은 것은 부정한 행위로서 재판상 이혼사유가 되므로 남편이 협의이혼에 불응하면 남편의 부정한 행위를 원인으로 하는 이혼소송을 관할 가정법원에 하시면 될 것입니다.

그리고 부정행위를 안 날로부터 6개월, 그 사실이 있은 날로부터 2년 내에 이혼청구소송을 제기하여야 합니다(민법 제841조).

협의이혼시 법원에 출석여부

키 포 인 트 출석하기 어려운 경우 외에는 본인이 출석하여야 합니다.

이렇게 ➡ 협의상 이혼의 확인에 관하여 가족관계등록법 제75조 제1항에 의하면 "협의상 이혼을 하고자 하는 자는 등록기준지 또는 주소지를 관할하는 가정법원의 확인을 받아 신고하여야 한다. 다만, 국내에 거주하지 아니하는 경우에는 그 확인은 서울가정법원의 관할로 한다."라고 규정하고 있으며, 가족관계등록규칙 제73조 제1항에 의하면 법 제75조에 따라 협의상 이혼을 하고자 하는 부부는 두 사람이 함께 등록기준지 또는 주소지를 관할하는 가정법원에 출석하여 협의이혼의사나 확인신청서를 제출하여야 한다. 다만, 부부 중 한쪽이 재외국민이거나 수감자로서 출석하기 어려운 경우에는 다른 한쪽이 출석하여 제출할 수 있다고 규정하고 있고 가족관계등록규칙 제74조에 의하면 "① 제73조의 이혼의사확인신청의 신청이 있을 때에는 가정법원은 부부 양쪽을 출석시켜 그 진술을 듣고 이혼의사의 유무를 확인하여야 한다. ② 제1항의 확인을 함에 있어서는 부부 사이에 미성년자인 자녀가 있는지 여부와 그 자녀에 대한 친권자지정의 협의나 가정법원에의 지정 청구 여부를 확인하여야 한다. ③ 당사자의 한쪽이 재외국민이나 수감자로서 출석하기 어려운 경우에는 관할 재외공관이나 교도소(구치소)의 장에게 제1항의 확인을 촉탁하여 그 회보서의 기재로써 그 당사자의 출석·진술에 갈음할 수 있다."라고 규정하고 있습니다.

그러므로 협의이혼의사확인신청은 재외국민이거나 수감자 등이 아닌 한 부부가 함께 법원에 출석하여 협의이혼의사확인신청서를 제출하여야 하고, 또한 법원의 출석기일에 당사자 쌍방이 출석하여 협의이혼의사확인을 받은 후 관할 등록사무담당자에게 이혼신고를 함으로써 협의이혼이 성립될 것입니다.

다만, 재외국민이거나 수감자의 경우에는 협의이혼확인신청을 함에 있어서는 다른 일방이 출석하여 제출할 수 있고, 협의이혼의사확인을 받음에 있어서는 법원이 관할재외공관이나 교도소(구치소)의 장에게 협의이혼의사확인을 촉탁하여 그 회보서의 기재로써 당자사의 출석·진술에 갈음할 수 있다고 할 것입니다.

배우자가 따로 있는 경우, 사실상 배우자가 군인연금법상 '사실혼'에 해당하는가?

> 이럴땐 ➡ 저는 A와 부부관계를 유지하면서 딸 둘을 낳았는데, A는 법률상의 배우자인 B와는 B의 반대로 이혼하지 않은 채 생활비를 계속 지급해 왔습니다. 그러다가 A와 B는 이혼을 하고 저와 혼인신고를 하였습니다. A는 사망하였는데 저는 군인연금법상의 유족연금을 받을 수 있습니까?

키포인트 받을 수 없습니다.

이렇게 ➡ 사실상 배우자 외에 법률상 배우자가 따로 있는 경우라면, 이혼의사의 합치가 있었는데도 형식상의 절차미비 등으로 법률혼이 남아 있는 등의 예외적인 경우를 제외하고는, 그 사실상 배우자와의 관계는 군인연금법상의 '사실혼'에 해당한다고 볼 수 없으므로 유족연금을 받을 수 없습니다(대판 2007. 2. 22. 2006두18584).

이　유 ➡ 법률혼주의 및 중혼금지 원칙을 대전제로 하고 있는 우리 나라 가족법 체계를 고려하여 보면, 군인연금법 제3조 제1항 제4호가 '사실상 혼인관계에 있던 자'를 유족연금을 받을 수 있는 배우자에 포함하고 있는 취지는, 사실상 혼인생활을 하여 혼인의 실체는 갖추고 있으면서도 단지 혼인신고가 없기 때문에 법률상 혼인으로 인정되지 아니하는 경우에 그 사실상 배우자를 보호하려는 것이지, 법률혼 관계와 경합하고 있는 사실상의 동거관계를 보호하려는 것은 아닙니다. 만약 사실상 배우자 외에 법률상 배우자가 따로 있는 경우라면, 이혼의사의 합치가 있었는데도 형식상의 절차미비 등으로 법률혼이 남아 있는 등의 예외적인 경우를 제외하고는, 그 사실상 배우자와의 관계는 군인연금법상의 '사실혼'에 해당한다고 볼 수 없습니다(대판 2007. 2. 22. 2006두18584).

제2편. 재판상 이혼

1. 재판상 이혼의 개념

이혼원인이 충분히 있음에도 불구하고 당사자 일방이 이혼에 불응할 경우에 부득이 법원에 이혼해달라고 청구하는 것이 재판상 이혼입니다.

참고로 말씀드리면, 부부생활이 파탄에 이르게 된 경우에 있어서 그 잘못은 반드시 상대방에게만 전적으로 있는 것이 아니고 대부분 자기 자신에게도 조금씩 있게 마련입니다.

판사나 타인에게 자기주장을 납득시키려면 상대방의 잘못만을 부각시키기 보다는 자신에게도 잘못은 없는 가에 대한 깊은 반성을 전제로 이혼소장을 작성하시면 좋겠습니다.

2. 이혼소송준비

재판상 이혼소송을 청구하기 위해서는 이혼사유에 해당하는 사실관계를 자세히 정리하여 소장을 작성할 필요가 있으므로 혼인생활 중 겪은 일들을 구체적으로 사실감 있게 서면으로 편지나 일기를 쓰듯이 일자별로 상대방의 혼인관계의 파탄사유를 정리하여 두어야 소제기와 소송절차의 진행이 원활하게 될 것입니다.

① 증거의 수집 확보

소송에서 법원의 사실판단은 증거에 입각해 이루어지므로 이혼소송에 앞서 자신의 주장을 뒷받침할 수 있는 각 사실관계를 증거에 의하여 입증할 수 있는 증거들을 확보하여 두는 것이 필요할 것입니다.

② 준비서류 : 가족관계등록부, 주민등록등본 각 1통

· 배우자의 부동산 등기부등본
· 배우자의 폭행이나 배우자 부모의 학대사실 증언
  해 줄 수 있는 증인
· 증인에 대한 사실확인서 [인감증명, 인감증서(공
  증)] 확보
· 폭행이나 파괴행위 등을 담은 사진
· 배우자의 폭행으로 입은 상해진단서 및 신체부위
  사진촬영
· 배우자의 귀책사유에 해당하는 녹음(녹취록) 단,
  제3자들 사이에서 대화내용을 녹음하는 행위는
  위법행위가 될 수 있으므로 각별히 유의하여야
  합니다.

3. 이혼소송청구절차

☞ 이혼소송의 제기

[이혼]

[위자료]

[재산분할]

[양육권자 지정신청]

[친권자 지정신청]

↓

조정위원회 또는 조정담당판사

↓

제소신청

↓

판결심판

☞ 조정위원회 또는 조정담당판사

※ 재판이혼의 경우 당사자가 이혼신고를 하지 않아도 판결확정과 동시에 이혼으로서의 법적인 효력은 발생합니다. 다만, 이혼신고를 하지 않으면 과태료가 부과될 뿐입니다.

간혹, 재판이혼을 했음에도 불구하고 호적에 신고를 하지 않아 서류상으로는 부부로 되어 있는 경우가 있습니다. 부부로 남아 있다고 하더라도 법적으로 이혼이 성립된 것이며, 언제든지 부부 중 한명이 관련된서류를 구비하여 이혼신고를 하면 정리됩니다. 대신, 늦게 신고한 대가로 상당한 과태료가 부과됩니다.

4. 법에서 규정한 이혼소송에서의 원인(민법 제840조)

가. 1호 : 배우자의 부정한 행위가 있을 때

· 배우자의 부정한 행위

간통보다는 더 넓은 개념으로써 간통에까지는 이르지 않았으나 부부의 정조의무에 충실하지 않는 일체의 행위를 말합니다.

자신의 자유로운 의사에 의하여 혼인의 순결성을 저버린 행위로서 단지 1회로 족하고 계속적일 것은 필요치 않다고 봅니다.

1) 부정한 행위라고 본 구체적 사례

· 처가 있는 남자가 다른 여자와 지속적인 교제관

계를 맺어 왔다면 간통행위에 대한 확증이 없더라도 부정한 행위로 봅니다.

- 정조의무는 단순히 육체적인 것이 아니라 정신적인 것까지 포함(하급심 1996. 10. 4. 96드77812)

- 간통죄로 무죄판결을 받았더라도 정조의무에 위반하였다고 본 사례(대법원 1993. 4. 9. 선고 92므938 판결)

- 고령이고 중풍으로 성교능력이 없어 실제로 성교를 갖지 못했다 하더라도 배우자 아닌 자와 동거한 행위는 부정한 행위로 본다(대법원 1992. 11. 10. 선고 92므68 판결).

- 배우자 일방이 다른 여자와 여관에 투석하여 팬티만 입고 앉아있고, 다른 여자는 팬티차림으로 욕실에 들어가 있다가 발각된 경우 이는 부정한 행위에 해당한다고 본다(대법원 1988. 5. 24. 선고 88므7 판결).

- 배우자 일방이 상대방이 출타하고 없음을 기회로 다른 남자를 거실에 불러 이불을 깔고 누운 채 자금의 대여를 부탁하면서 소곤거리다가 적발된 경우에 가령 위 배우자 일방이 다방 경영자이더라도 부정한 행위에 해당한다(1963. 3. 14. 63다54).

2) 부정한 행위가 아니라고 본 사례

- 카바레에서 다른 남자를 사귀었다는 사실(대법

원 1990. 7. 24. 선고 89므1115 판결, 대법원 1986. 6. 10. 선고 86므판결)

· 부인이 부정행위를 한데 대하여 남편에게 책임이 있는 경우 그 부정행위만을 들어 이혼을 구할 수 없다(대법원 1987. 9. 29. 선고 87므22 판결).

나. 2호 : 배우자가 악의로 다른 일방을 유기한 때

· 악의의 유기

유기란 정당한 이유가 없이 동거, 부양 협조의 의무를 포기하는 것으로서, 상대방을 내쫓거나 또는 두고 나가버린다든지, 상대방으로 하여금 나가지 않을 수 없게 만든 다음 돌아오지 못하게 함으로써 계속해서 동거에 응하지 않는 경우를 말합니다.

1) 악의의 유기라고 본 사례

· 남편이 정신이상 증세가 있는 처를 두고 가출하여 비구승이 된 것(대법원 1990. 11. 9. 선고 90므583 판결)

· 시어머니와의 불화를 이유로 별거하게 된 처자식을 돌보지 않은 경우(대법원 1990. 10. 12. 선고 90므514 판결)

· 처가 아기를 낳을 수 없다는 것을 이유로 남편이 학대한 경우(대법원 1990. 11. 27. 선고 90므484 판결)

· 혼인신고 후 20일간 동거하다가 가출한 경우(대

법원 1986. 10. 28. 선고 86므83 판결)
- 채무를 견디다 못하여 가출하여 6년간 처자식을 돌보지 않는 경우(대법원 1983. 4. 26. 선고 82므63 판결)
- 남편이 처의 만류에도 불구하고 그의 형수와 매사를 논의하고 같이 외출, 여관 출입을 하여 처가 가출한 경우(대법원 1986. 5. 27. 선고 86므26 판결)
- 정신박약자인 아들의 감호양육을 소홀히 하고 춤바람 나서 가출한 경우(대법원 1984. 7. 10. 선고 84므27 판결)

2) 악의의 유기가 아니라고 본 사례
- 남편이 처에게 혼인 전부터 가진 신앙을 포기하도록 요구하면서 폭행함으로써 처가 가출한 경우(대법원 1990. 8. 10. 선고 90므408 판결)
- 남편의 행패를 견디다 못하고 가출한 자(대법원 1990. 3. 23. 선고 89므1085 판결)
- 배우자를 버리고 8년간 자식집을 전전한 경우(대법원 1986. 8. 19. 선고 86므75 판결)
- 자살을 기도하여 병원에 입원치료를 받아야 하고 그 상태가 호전되지 않는 경우(대법원 1986. 8. 19. 선고 86므18 판결)
- 주거에서 나와 별거하게 된 원인이 상대방의 폭행때문일 경우(대법원 1986. 5. 27. 선고 85므87 판결)

· 처가 시가에서 쫓겨난 경우(대법원 1990. 7. 8.
  선고 80므23 판결)

· 가정불화로 일시 가출하여 생활비를 주지 않은
  경우(대법원 1986. 6. 24. 선고 85므6 판결)

다. 3호 : 배우자 또는 직계존속으로부터 심히
  부당한 대우를 받았을 때

· 부당한 대우

혼인관계의 지속을 강요하는 것이 참으로
가혹하다 여겨질 정도의 폭행이나 학대 또
는 중대한 모욕을 받았을 경우를 말합니다.
부부생활의 계속에 관하여 사회통념상 고
통을 느낄 정도의 신체, 정신에 대한 학대
또는 명예에 대한 모욕을 의미한다.

1) 부당한 대우가 아니라고 본 사례

· 만75세의 처가 민법 제840조 제3호, 제6호 소정
  의 이혼사유가 있음을 전제로 만83세의 남편을
  상대로 이혼소송을 제기하였다하여 이를 심히부
  당한 대우를 받았다거나 혼인관계가 회복할 수
  없을 정도로 파탄에 이르렀다고 볼 수 없다(소
  위 황혼이혼사례)(대법원 1999. 11. 26. 선고 99
  므180 판결).

· 부부일방의 부모에게 뺨을 맞은 경우(소극)(대법
  원 1990. 10. 30. 선고 90므569 판결)

· 남편의 직장에 찾아가 행패를 부린 경우(소극)
  (대법원 1989. 10. 30. 선고 89므785 판결)

• 남편을 멸시하고 가정을 돌보지 아니한 처가 친정아버지로부터 몇차례 구타당하여 경미한 상처를 입은 경우(대법원 1986. 9. 9. 선고 86므68 판결)

• 처의 무분별한 행동을 제지하기 위해 구타한 경우(대법원 1986. 9. 9. 선고 86므56 판결)

• 가정불화의 와중에서 서로 몇차례 폭행 및 모욕적인 언사를 하였을 경우(대법원 1986. 9. 9. 86므6)

• 시어머니에 대한 다소 불손한 행위(대법원 1986. 2. 11. 선고 85므37 판결)

2) 부당한 대우라고 본 사례

• 배우자의 결백을 알면서도 간통죄로 고소하고 제3자에게 거짓 진술을 부탁한 경우(대법원 1990. 2. 13. 선고 88므501 판결)

• 지참금을 가져오지 아니하였다하여 처를 구타한 경우(대법원 1986. 5. 27. 선고 86므14 판결)

• 처가 교수인 남편이 직장인으로서의 본분을 다할 수 없게끔 한 경우(대법원 1986. 3. 25. 선고 86므72 판결)

• 처가 남편을 정신병자로 몰아 정신병원이나 요양원에 보내기 위해 강제로 납치를 기도한 경우(대법원 1985. 11. 26. 선고 85므51 판결)

• 무단가출(대법원 1985. 7. 9. 선고 85므5 판결)

• 옛애인을 못잊어 배우자를 학대하는 경우(대법

원 1983. 10. 25. 선고 82므28 판결)

라. 5호 : 배우자의 생사가 3년 이상 분명하지
   아니한 때

  · 생사가 3년 이상 분명하지 아니한 때

   말 그대로 3년 이상 생사불이어야 하고 현
   재도 생사불명이어야 합니다. 생사불명의
   원인은 묻지 않습니다.

   문제는 생존을 하고 있으나 부재인 경우인
   데, 이때는 생사불명이 아니라 악의의 유기
   가 되느냐 여부에 관한 문제입니다.

   생사불명이 3년 이상일 경우 이혼청구는 공
   시송달과 결석판결에 의하게 됩니다.

   이혼판결이 확정된 후에는 상대방이 살아
   서 돌아오더라도 혼인이 당연히 부활하는
   것이 아닙니다.

마. 6호 : 기타 혼인을 계속하기 어려운 때, 중대
   한 사유가 있을 때

  · 혼인을 계속하기 어려운 사유가 있을 때(제
   840조 제6호)

   혼인을 계속하기 어려운 사유란 부부에 따
   라 천차만별이고, 또 추상적, 상대적 개념이
   어서 그 기준을 잡기가 매우 어려우나 보통
   은 혼인관계가 심각하게 파탄되어 다시는
   혼인에 적합한 생활공동관계를 회복할 수
   없을 정도에 이르고 이러한 경우 혼인생활
   의 계속을 강요하는 것이 일방 당사자에게
   참을 수 없는 고통을 주는 경우를 말합니

다.

1) 인용을 한 구체적 사례

- 과도한 신앙생활로 인하여 가정 및 혼인생활을 소홀한 경우(대법원 1996. 11. 15. 선고 96므851 판결)

- 혼인 중 발생한 중증의 조울증도 이혼사유에 해당한다(대법원 1997. 3. 20. 선고 96므608 판결)

- 부부 중 일방이 불치의 정신병에 이환된 경우(대법원 1995. 5. 16. 선고 95므90 판결)

- 성격상 차이에서 생기는 부부간의 갈등을 수습하지 못하고 이혼과 별거를 강요한 경우(대법원 1990. 4. 27. 선고 90므95 판결)

- 부부가 20년간 별거하면서 각각 다른 사람과 동거하는 경우(대법원 1991. 1. 11. 선고 90므522 판결)

- 부부일방이 그동안 살던 집을 팔아버리고 다른 거처로 옮겨버린 경우(대법원 1990. 4. 24. 선고 89므214 판결)

- 혼담이 오가는 과정에서 학력과 직업을 속이고 혼인 후 이를 추궁하는 상대방을 구타한 경우(대법원 1987. 7. 21. 선고 87므24 판결)

- 부부일방이 징역 15년과 자격정지 15년의 형을 선고 받은 경우(대법원 1987. 4. 13. 선고 86르358 판결)

- 배우자가 상대방에게 부당하게 가정생활과 신앙

생활의 양자택일을 강요한 경우(대법원 1981. 7. 14 선고 81므26 판결)

2) 부정을 한 구체적인 사례

- 혼인 중 우울증 증세를 보였으나 병세가 호전되어 일상생활을 하는데 지장이 없는 경우(대법원 1995. 12. 22. 선고 95므8661)
- 종가집 종손인 남편의 처가 임신불능한 경우(대법원 1991. 2. 26. 89므365 판결)
- 종교에 대한 신앙을 심중에 표시하는 행위(하급심 1990. 2. 23. 선고 89르3755 판결)
- 이혼에 합의한 바 있는 경우(대법원 1996. 4. 26. 선고 96므226 판결)
- 이혼에 합의하고 위자료 명목으로 금전을 주고받은 경우(대법원 1990. 9. 25. 선고 89므112 판결)
- 간통한 남편과 폭행한 시아버지를 고소하고 이혼조건으로 고소를 취하한 경우(대법원 1991. 11. 22. 선고 91므23 판결)
- 약혼기간 중 다른 남자와 정교하고 임신하고는 남편의 자인양 속여 출생신고를 한 행위(대법원 1991. 9. 13. 선고 91므85 판결)
- 협의이혼의사 확인을 한 경우(대법원 1988. 4. 25. 선고 87므28 판결)
- 6·25사변 때 부역한 사실이 있는 경우(대법원 1987. 7. 21. 선고 87므16 판결)

·남편이 무정자증으로 생식불능이고 성적기능이
   다소 원활하지 못한 때(대법원 1982. 11. 23. 선
   고 82므36 판결)
바. 유책 배우자의 이혼청구권
   부부관계가 회복할 수 없을 정도로 파탄되
   었으나, 그 파탄의 책임이 전적으로 또는
   주로 있는 일방에게 이혼청구권을 주느냐
   마느냐 하는 문제입니다.
   원칙적으로 파탄의 책임이 전적으로 또는
   주로 있는 유책배우자는 이혼청구를 할 수
   없습니다.
   다만, 부부관계는 상호적인 것이므로 혼인
   파탄의 책임이 많든 적든 남편이나 아내에
   게 조금씩 있게 마련이다. 따라서 청구인과
   피청구인 쌍방에 같은 정도의 파탄의 책임
   이 있는 경우(쌍방유책)에는 이혼청구를 할
   수 있다고 보아야 합니다.
사. 예외적으로 유책배우자가 이혼청구를 할 수
   있는 경우
   혼인생활 파탄에 대하여 주된 책임이 있는
   배우자는 그 파탄을 사유로 하여 이혼을 청
   구할 수 없는 것이 원칙이나, 다만 상대방도
   그 파탄 이후 혼인을 계속할 의사가 없음이
   객관적으로 명백하고, 다만 오기나 보복적
   감정에서 이혼에 응하지 않고 있을 뿐이라는

등의 특별한 사유가 있는 경우에만 예외적으
로 이혼을 청구할 수 있습니다.

약혼기간 중 다른 남자와 바람피워 임신한 것이 이혼사유에 해당하는가?

키포인트 해당하지 않습니다.

이렇게 ➡ 혼인 전 약혼관계에서 부정한 행위를 한 때에는 이혼사유에 해당한다고 할 수 없습니다.

이 유 ➡ 배우자의 부정행위는 재판상 이혼사유입니다(민법 제840조 1호).

부정한 행위란 배우자로서의 정조의무에 충실하지 않은 모든 행위를 포함하는 것으로서 간통보다 넓은 개념입니다. 대법원은 고령으로 성교능력이 없어도 다른 여성과 동거한 사실은 부정행위에 해당한다고 하였습니다(대판 1963. 3. 14. 62마54).

다만 부정한 행위로서 이혼사유가 되기 위해서는 혼인 중에 부정한 행위를 하였어야 합니다. 따라서 결혼 하기 전의 행위는 설령 약혼기간 중에 바람을 피웠더라도 부정한 행위로서 이혼사유에 해당하지 않습니다.

대법원도 민법 제840조 제1호 소정의 재판상 이혼사유인

배우자에 부정한 행위가 있었을 때라 함은 혼인한 부부간
의 일방이 부정한 행위를 한 때를 말하는 것이므로 혼인
전 약혼단계에서 부정한 행위를 한 때에는 위 제1호의 이
혼사유에 해당한다고 할 수 없고, 따라서 약혼기간 중 다
른 남자와 성교하여 임신하고는 그 혼인 후 남편의 자인양
속여 출생신고를 한 것이 그 혼인생활의 경과 등에 비추어
혼인을 계속할 수 없는 중대한 사유가 된다고 하기 어렵다
고 하였습니다(대판 1991. 9. 13. 91므85, 92 판결).

유책배우자의 이혼청구

키포인트 남편은 이혼청구를 할 수 없습니다.

이렇게 ➡ 아내가 부정행위를 한 데 대하여 책임이 있는 남편으로서는 아내의 부정행위만을 이유로 하여 이혼을 청구할 수 없습니다.

이 유 ➡ 대법원은 아내가 이혼을 당할 만한 잘못도 없는데 학대하여 집에서 쫓아내고 그의 주소를 알면서도 공시송달의 방법에 의하여 이혼심판을 받아(뒤에 재심의 소에서 위 이혼심판이 취소되었다) 이혼신고를 하고 그 사이에 다른 여자와 동거하면서 자식까지 출산하였다면 아내가 남편의 학대를 받다가 가출후 일시 다른 남자와 동거하였다 하더라도 남편이 다른 여자와의 관계를 청산하고 아내와

다시 결합하려고 노력하였는데도 아내가 이에 응하지 아니
하고 부정행위를 하였다는 등의 특별한 사정이 없는 한 그
렇게 된 책임이 있는 남편으로서는 을녀의 위와 같은 부정
행위만을 들어 이혼을 구할 수 없다고 하였습니다(대판
1987. 9. 29. 87므22).

비록 부부 중의 일방이 부정행위를 하였다 할지라도 그
부정행위를 할 수 밖에 없도록 불가피한 원인을 상대배우
자가 제공한 경우 상대배우자는 부정행위를 이유로 이혼청
구를 할 수 없다고 하는 것이 대법원의 태도입니다.

알아두기

부정행위를 주장하는 이혼을 청구하는 경우 부정행위를
했다는 것을 입증하기 어렵다는 문제점이 있습니다. 이런
경우에는 실제의 이혼소송에서는 혼인이 이미 파탄되어 있
는 경우가 대부분이라서 민법 제840조 6호(기타 혼인을 계
속하기 어려운 중대한 사유)나 다른 이혼사유도 함께 주
장·입증함으로써 이혼청구의 목적을 달성하는 경우가 많
습니다.

간통을 했다는 확증이 있어야만 부정행위를 이유로 이혼을 청구할 수 있는가?

이럴땐 ➡ 제 아내는 같은 교회에 다니면서 A남과 가까이 지내는 사이가 되어 집에 자주 출입하고 그 경영의 공장에 가서 일을 도와주기도 하였고, 그러다가 아내가 2005. 5.경 식당을 개업하면서 원고와 떨어져 살게 되었는데, 그 무렵부터 A는 수시로 식당을 드나들면서 자신의 차로 아내와 함께 식당에 필요한 식료품을 사러 다니는가 하면, 구두나 녹음기 등을 선물하기도 하고 식당 일을 마친 늦은 시간에 함께 나가는가 하면, 식당에 딸린 방에 수십 분씩 함께 들어가 있거나 서로 껴안고 있다가 주위 사람들에게 목격되기도 하였습니다. 이에 제가 아내를 추궁하여 두 사람 사이에 불륜관계가 있었다는 고백을 듣고 두 사람을 간통죄로 고소하였으나 증거불충분으로 두 사람에게 무죄가 선고되었습니다. 저는 아내를 상대로 이혼을 청구할 수 없습니까?

키포인트 이혼을 청구할 수 있습니다.

이렇게 ➡ 간통행위를 한 것으로 단정할 수 없지만 아내는 부부간의 정조의무를 저버린 부정한 행위를 하였으므로 이혼과 청구는 물론 위자료도 청구할 수 있습니다.

이 유 ➡ 대법원은 "민법 제840조 제1호 소정의 재판상 이혼사유인 부정한 행위라 함은 간통에 이르지는 아니하였다고 하더라도 부부의 정조의무에 충실하지 아니한 것으로 인정되는 일체의 부정행위를 포함하는 보다 넓은 개념으로

파악하여야 할 것인데, 위 인정사실에 의하면 A와 원고의
아내가 간통을 한 것으로 단정할 수는 없지만 위 이○○가
피고와 가까이 지내면서부터 부부간의 정조의무를 저버린
부정행위를 하였다고 보기에는 충분하며, 그 부정한 행위
로 인하여 원고와 위 이○○간의 혼인관계는 파탄에 이르
게 되었다고 하여, A에 대하여 원고의 아내와 연대하여 원
고에게 위자료를 지급할 것을 명하였습니다(대판 1993. 4.
9. 92므938).”

이와 같이 법원은 이혼사유인 ‘부정한 행위에 대하여 넓
게 해석하여 제3자와의 성적인 관계는 물론, 간통에 이르
지 않았으나 배우자로서 정조의무에 충실하지 않은 일체의
탈선행위를 부정한 행위’로 인정합니다.

알아두기

<부정행위>

◎ 법원이 부정한 행위라고 인정한 사례

· 정조의무는 단순히 육체적인 것이 아니라 정신적인 것
까지 포함(하급심 1996. 10. 4. 96드77812).

· 고령의 중풍으로 성교능력이 없어 실제로 성교를 갖지
못했다 하더라도 배우자 아닌 자와 동거한 행위는 부
정행위로 본다(대법원 1992. 11. 10. 선고 92므68 판결).

· 배우자 일방이 상대방이 출타하고 없음을 기화로 다른
남자를 거실에 불러 이불을 깔고 누운 채 자금의 대여
를 부탁하면서 소곤거리다가 적발된 경우에 가령 위

배우자 일방이 다방 경영자이더라도 부정한 행위에 해당한다(1963. 3. 14. 63다54).

◉ 부정한 행위가 아니라고 본 사례

· 캬바레에서 다른 남자를 사귀었다는 사실(대법원 1990. 7. 24. 선고 89므1115 판결, 대법원 1986. 6. 10. 선고 86므8 판결)

· "남편의 본가와는 한 가족같이 친하게 지내는 갑을 아내가 남편이 없는 사이에 하룻밤 재워주었고, 비에 젖은 갑의 옷을 다려주었고, 옷을 다리는 사이에 갑은 내의와 잠옷파자마만 입고 방에 앉아 있었다"는 사실만으로 부정행위가 있었다고 할 수 없다(대판 1968. 3. 19. 68므2).

아내의 간통사실을 알고 난 후 상대방 남자로부터 아내를 더 이상 만나지 않겠다는 합의각서를 받은 경우 간통의 용서에 해당되는가?

키포인트 간통죄로 고소할 수 없습니다.

이렇게 ➡ 아내와 불륜관계를 가진 상대방 남자로부터 더 이상 아내를 만나지 않겠다는 합의각서를 받은 것은 간통의 사후 용서에 되므로 간통죄로 고소할 수 없고, 배우자의 부정행위를 용서한 때에는 이혼청구권은 소멸됩니다.

이 유 ➡ 부정한 행위를 이유로 하는 이혼청구권은 다른 일방의 사전동의나 사후용서를 한 때에는 소멸합니다(민법 제841조).

즉, 배우자의 부정행위를 용서한 때에는 이혼청구권은 소멸합니다. 또한 형법 제241조는 배우자가 간통을 종용 또는 유서(宥恕)한 때에는 간통죄로 고소할 수 없다고 규정하고 있습니다.

법원은 "간통죄에 있어서의 유서는 배우자의 일방이 상대방의 간통사실을 알면서도 혼인관계를 지속시킬 의사로 악감정을 포기하고 상대방에게 그 행위에 대한 책임을 묻지 않겠다는 뜻을 표시하는 일방행위로서, 간통의 유서는 명시적으로 할 수 있음은 물론 묵시적으로도 할 수 있는 것이어서 그 방식에 제한이 있는 것은 아니지만, 감정을 표현하는 어떤 행동이나 의사의 표시가 유서로 인정되기 위하여는, 첫째. 배우자의 간통사실을 확실하게 알면서 자발적으로 한 것이어야 하고, 둘째. 그와 같은 간통사실에도 불구하고 혼인관계를 지속시키려는 진실한 의사가 명백하고 믿을 수 있는 방법으로 표현되어야 하는 것이다, 따라서 배우자의 간통사실을 알고 난 후 그 상대방으로부터 배우자를 더 이상 만나지 않겠다는 합의각서를 받은 경우, 간통의 유서에 해당한다"고 하였습니다(대판 1999. 8. 24. 98도2149).

　　배우자의 부정행위를 이유로 하는 이혼청구권은 다른 일방이 그 사실을 안 날로부터 6월이 경과하면 소멸합니다. 또한 부정행위가 있은 날부터 2년이 경과한 때에는 다른 일방의 부정행위를 알았는지 여부와 관계없이 이혼청구권은 소멸합니다.

사실상 이혼상태에서의 간통

키포인트 이혼을 청구할 수 없습니다.

이렇게 ➡ 부부 사이에 이혼의사의 합치가 있고 별거하여 사실상 이혼상태에 있었다면, 이는 부정행위에 대한 사전동의가 있었던 것으로 해석되어 이혼을 청구할 수 없습니다.

이 유 ➡ 배우자의 부정행위에 대하여 사전에 동의한 사람은 이혼을 청구할 수 없습니다. 이때 '사전동의'란 상대배우자에게 '장차 부정한 행위를 하더라도 전혀 문제삼지 않겠다는 의사표현'을 말하는 것으로, 상대방의 부정행위를 유발하거나(예 : 부부 스와핑) 부정행위를 용이하게 도와주는 행위를 포함합니다. 그러나 상대방의 부정행위를 단순히 사전에 예견한 채, 적극적인 대응을 하지 않고 그냥 지나치거나 미행을 하는 경우 등은 이에 포함되지 않습니다.

부정한 행위에 스스로 동의한 자는 자신의 배우자로서의 권리가 훼손된다는 사실을 미리 알고 이를 승인한 것이므로, 사후에 상대방의 부정행위를 이유로 하여 이혼청구를 한다는 것은 사리에 맞지 않기 때문에 이혼청구가 허용되지 않습니다.

법원은 "혼인 당사자가 더 이상 혼인관계를 지속할 의사가 없고 이혼의사의 합치가 있는 경우에는 비록 법률적으로 혼인관계가 존속한다고 하더라도 간통에 대한 사전 동의인 종용에 해당하는 의사표시가 그 합의속에 포함되어 있는 것으로 보아야 할 것이고, 그러한 합의가 없는 경우에는 비록 잠정적·임시적·조건적으로 이혼의사가 쌍방으로부터 표출되어 있다고 하더라도 간통 종용의 경우에 해당하지 않는다"고 판시하고 있습니다.

유책배우자를 고소한 배우자의 책임

키포인트 아내에게 혼인파탄의 책임이 없습니다.

이렇게 ➡ 부정행위를 저지른 남편을 끝내 용서하지 않았다고 하더라도 이를 두고 아내에게 혼인파탄의 책임이 있다고 할 수는 없습니다.

이 유 ➡ 법원은 청구인(남편)과 피청구인(아내) 사이의 혼인은 더 이상 계속할 수 없을 정도로 파탄되었고 위 혼인이 파탄된 데에는 청구인측의 계속된 부정행위 및 가정을 방치한 행위와 함께 청구인을 간통죄로 고소한 후 그 잘못을 끝까지 용서하지 아니하여 형을 선고받은 의사의 자격까지 박탈되도록 한 피청구인측의 행위에도 사실상 기인하는 것이라 하겠으나 부정행위를 저지른 배우자를 간통죄로 고소할 수 있음은 혼인의 순결을 보장하기 위하여 법률이 인정한 권리이고 부정행위를 저지른 배우자가 그 잘못을 뉘우친다 하여 반드시 고소를 취소하여 용서하여 주고 혼인을 계속하여야 할 의무가 발생하는 것도 아니므로 피청구인이 위와 같이 청구인을 끝내 용서하지 아니하였다 하더라도 이를 두고 위 혼인의 파탄에 관하여 피청구인에게도 그 책임이 있었다고 까지는 볼 수 없다 할 것이니 위 혼인의 파탄은 오로지 청구인측의 책임있는 사유로 말미암은 것이라 할 것이라고 하였습니다(대판 1987. 4. 14. 76므28).

간통행위로 인한 자녀들에 불법행위책임

키포인트 손해배상을 청구할 수 없습니다.

이렇게 ➡ 간통행위를 한 부녀는 그 자녀에 대하여 불법행위책임을 부담하지 않고, 상간자도 특별한 사정이 없는 한 자녀들에 대해 불법행위책임을 부담하지 않습니다.

이 유 ➡ "배우자 있는 부녀와 간통행위를 하고, 이로 인하여 그 부녀가 배우자와 별거하거나 이혼하는 등으로 혼인관계를 파탄에 이르게 한 경우 그 부녀와 간통행위를 한 제3자(상간자)는 그 부녀의 배우자에 대하여 불법행위를 구성하고, 따라서 그로 인하여 그 부녀의 배우자가 입은 정신상의 고통을 위자할 의무가 있다고 할 것이나, 이러한 경우라도 간통행위를 한 부녀 자체가 그 자녀에 대하여 불법행위책임을 부담한다고 할 수는 없고, 또한 간통행위를 한 제3자(상간자) 역시 해의를 가지고 부녀의 그 자녀에 대한 양육이나 보호 내지 교양을 적극적으로 저지하는 등의 특별한 사정이 없는 한 그 자녀에 대한 관계에서 불법행위책임을 부담한다고 할 수는 없다"고 하였습니다(대판

2005. 5. 13. 2004다1899).

　혼인관계의 유지 여부와 그에 따른 자식과의 동거 여부는 부부의 자유로운 의사에 의하여 결정되는 것이기 때문입니다.

이혼소송 중 간통죄 고소

키포인트 간통죄로 처벌받습니다.

이렇게 ➡ 이혼소송이 확정되기 전까지 부부는 배우자로서 정조의무를 지켜야 합니다. 따라서 이혼재판 진행 중이라도 간통을 하면 간통죄로 고소당할 수 있습니다(대판 2002. 7. 9. 2002도2312).

이 유 ➡ 부부는 혼인관계가 종료될 때까지 정조의무를 지켜야 합니다. 법원은 혼인당사자가 더 이상 혼인관계를 지속할 의사가 없고 이혼의사의 합치가 있는 경우에는 비록 법률적으로 혼인관계가 존속한다고 하더라도 간통에 대한 사전 동의인 종용에 해당하는 의사표시가 그 합의 속에 포함되어 있는 것으로 판단하였습니다(대판 2000. 7. 7. 2000도868). 따라서 그러한 경우에는 배우자의 부정행위는 사전동의에 의한 경우도 인정할 수 있으므로 간통고소를 할 수 없습니다.

그러나 그러한 합의가 없는 경우에는 비록 잠정적·임시

적·조건적으로 이혼의사가 쌍방으로부터 표출되어 있다고 하더라도 간통의 종용(즉, 간통의 동의)에 해당하지 않습니다. 즉 이혼합의에 이르지 못하여 이혼소송이 진행되고 있는 경우 또는 혼인관계 파탄의 책임이 상대방 배우자에게 있음을 인정받은 것을 조건으로 하여 이혼재판이 진행 중인 경우에는 간통에 대한 동의를 표현한 것이라고 할 수 없고, 따라서 그 단계에서 남편이나 아내 중 어느 일방이 다른 사람과 간음을 하였다면 간통죄로 고소할 수 있습니다.

법원은 간통죄의 고소 사실만으로 이혼의사가 명백하다고 볼 수 없다고 판결하였습니다. 즉, 간통죄의 고소를 제기하기 위하여는 먼저 혼인이 해소되거나 이혼소송을 제기하여야 한다는 규정이 있지만 배우자의 간통에 대처하여 상간자를 처벌하고 배우자의 회심을 유도하기 위하여 일응 고소를 하는 경우도 흔히 있으므로, 간통죄의 고소사실만을 가지고 이혼의사가 객관적으로 명백하다고 보기 어렵다고 하였습니다(대판 1997. 5. 16. 97므155).

<이혼소장이 각하된 경우, 간통고소의 효력>

간통에 대한 고소는 혼인관계의 부존재 또는 이혼소송의 계속을 그 유효조건으로 하고 있으므로, 고소 당시 이혼의 소를 제기하였다고 하더라도 그 소장이 각하된 경우에는 처음부터 이혼의 소를 제기하지 아니한 것과 같아, 그 고소는 소급하여 효력을 상실하게 됩니다(대판 1997. 5. 23. 95도477).

유책배우자에 대한 손해배상청구

키포인트 손해배상을 청구할 수 있습니다.

이렇게 ➡ 남편이 정신이상의 증세가 있는 처를 두고 가출하여 비구승이 된 것은 민법 제840조 2호의 이혼사유인 '악의의 유기'에 해당하므로 혼인생활을 파탄시킨 불법행위를 이유로 손해배상을 청구할 수 있습니다.

이 유 ➡ 판례는 부부가 혼인 후 7년 동안이나 자녀가 없자 시어머니가 며느리인 피청구인을 데려가 절에 기도드리러 가서 비정상적인 행동을 하자 피청구인이 갑자기 정신이상의 증세를 보이기 시작하여 지금까지 계속 재발을 반복해 왔는데, 청구인(남편)의 노력에도 불구하고 피청구인이 청구인의 종교인 불교에 대하여 계속 적대적인 태도를 취하여 왔으며 이러한 사정으로 청구인이 이혼을 요구하였으나 피청구인이 불응하자 청구인은 집을 나와 입산하여 비구승이 됨으로써 부부가 10년 넘게 별거하게 되고 현재에 이르러서는 서로의 배타적 신앙생활로 인한 애정의 결핍과 장기간의 별거로 혼인관계가 돌이킬 수 없는 파탄에 빠져있는 것이라면, 이러한 파탄은 청구인이 정신적으로 완전하지 아니한 피청구인을 악의로 유기함에서 비롯되었다고 본 원심의 판단은 수긍되고, 거기에 소론의 채증법칙 위반의 잘못이나 악의의 유기에 대한 법리오해의 위법이 있다고 할 수는 없으며 원심의 인정사실 아래에서는 청구인이 고의로 피청구인을 유기하여 혼인 생활을 파탄시킨 불법행위를 하였다고 할 것이니 원심이 과실 없는 청구인에게 손해배상 책임을 인정한 것이라고 할 수 없고 원심이 위자료의 액수를 결정함에 있어서 소론의 모든 사정중 원심에 의하여 배척되지 아니한 제반사정을 참작하였음은 그 설시에 의하여 명백하니 원심에 심리미진의 잘못이 있다고도 할 수 없다고 하였습니다(대판 1990. 11. 9. 90므590).

재판상 이혼사유인 '악의의 유기'

악의의 유기(민법 제840조 2호)란 배우자가 정당한 이유 없이 서로 동거·부양·협조하여야 할 부부로서의 의무를 포기하고 다른 일방을 버린 경우를 말합니다(대판 1986. 5. 27. 86므26).

악의의 유기에 해당하는지 여부를 판단하려면 당사자의 의사가 고려되어야 합니다. 즉 악의의 유기로 인정되기 위해서는 부부공동생활을 폐지할 의사를 가지고 배우자로서의 의무이행을 거부하여야 합니다(대판 1986. 6. 24. 85므6).

1. 법원이 악의의 유기에 해당한다고 한 사례

· 3회의 가출사실을 용서받고도 다시 가재도구 일체를 챙겨 가출한 경우

청구인이 정신박약자인 장남의 감호양육을 소홀히 하고 춤바람이 나서 각지로 돌아다니면서 1980.8경까지 세차례 10일 내지 1개월간 가출한 점에 대하여 피청구인의 용서를 받고도 1982.2.5 경 또 다시 가재도구 일체를 챙겨서 무단가출하여 행방을 감추었다가 동년 5.13 피청구인에 대하여 이혼청구를 한 사정은 악의의 유기 및 혼인을 계속하기 어려운 중대한 사유에 해당한다(대판 1984. 7. 10. 84므27, 28).

· 생활이 어려워지고 숙직 때문에 남편이 가끔 집에 들어오지 못하게 되자 아내가 남편의 동료직원과 학부형들에게 '남편이 축첩하였다'고 비방하고, 심지어 근무처인 학교의 교장선생님을 찾아가 '남편이 축첩하였다'고 항의하는 한편 일간지에 보도하겠다고 위협하여 오다가 마침내 생후 1년 5개월밖에 안된 자식을 포함한 전 가족을 내버려 둔 채 집을 나간 경우(대판 1969. 9. 23. 69므19).

· 아내가 혼인신고를 한 후 약 20년동안 동거하다가 '농사일이 힘들고 남편의 건강이 나쁘다'는 이유로 집을 나가서 돌아오지 아니 하는 경우(대판 1986. 10. 28. 86

므83, 84).

·남편이 처의 만류에도 불구하고 그의 형수와 매사에
논의하고 같이 외출, 여관을 출입하여 처가 가출한 경
우(대판 1986. 5. 27. 86므26).

2. **법원이 악의의 유기에 해당하지 않는다고 한 사례**

·남편이 처에게 혼인 전부터 가진 신앙을 포기하도록
요구하면서 폭행함으로써 처가 가출한 경우(대판
1990. 8. 10. 90므408).

·남편의 행패를 견디다 못하고 가출한 처(대법원 1990.
3. 23. 선고 89므1085 판결)

·배우자를 버리고 8년간 자식집을 전전한 경우(대법원
1986. 8. 19. 선고 86므75 판결)

·자살을 기도하여 병원에 입원치료를 받아야 하고 그
상태가 호전되지 않는 경우(대법원 1986. 8. 19. 선고
86므18 판결)

·주거에서 나와 별거하게 된 원인이 상대방의 폭행때문
일 경우(대법원 1986. 5. 27. 선고 85므87 판결)

·가정불화로 일시 가출하여 생활비를 주지 않은 경우
(대법원 1986. 6. 24. 선고 85므6 판결)

배우자 학대의 경우

이럴땐 ➡ 제 남편은 신혼 초부터 제가 아기를 낳을 수 없다는 트집을 잡아 저를 학대하고 이혼을 요구하여 왔고 이에 응하지 않으면 자살하겠다고 하면서 실제로 농약을 마시는 등 소동을 벌여 이를 견디다 못해 친정으로 돌아와 혼인생활이 깨졌습니다. 저는 남편을 상대로 이혼을 청구할 수 있습니까?

키포인트 이혼을 청구할 수 있습니다.

이렇게 ➡ 남편이 혼인초부터 처가 아기를 낳을 수 없다는 트집을 잡아 학대를 하고 이혼을 요구하여 왔고 이에 응하지 아니하면 자살하겠다고 하면서 실제로 두 차례에 걸쳐 자살한다고 농약을 마시는 소동을 벌여 이에 견디다 못한 처가 집을 나와 친정에 복귀함으로써 부부 사이가 파탄에 빠졌다면, 이는 재판상 이혼사유인 배우자로부터 심히 부당한 대우를 받은 경우에 해당한다하여 이혼을 청구할 수 있습니다(대판 1990. 11. 27. 90므484).

이 유 ➡ 민법 제840조 제3호는 부부의 일방이 배우자 또는 그 직계존속으로부터 심히 부당한 대우를 받은 경우를 재판상 이혼사유로 규정하고 있습니다.

민법 제840조 제3호 소정의 이혼사유인 '배우자로부터 심히 부당한 대우를 받았을 때'라고 함은 혼인 당사자의 일방이 배우자로부터 혼인관계의 지속을 강요하는 것이 가

혹하다고 여겨질 정도의 폭행이나 학대 또는 중대한 모욕
을 받았을 경우를 말합니다(대판 1999. 2. 12. 97므612).

<배우자 또는 그 직계존속에 의한 심히 부당한 대우>

1. 심히 부당한 대우에 해당하는 사례

· 혼인 전에 사귀던 여자를 못잊어 아내를 학대하고 이
유 없이 욕설과 폭행을 일삼은 경우

남편이 혼인 전에 사귀던 여자를 못잊어 아내를 학대
하고, 7년간 청구인에게 아무런 이유없이 욕설과 폭행
을 일삼아 오다가 나중에는 청구인이 10여일 동안 병
원에 입원할 정도의 폭행을 가한 사실은 민법 제840조
소정의 재판상 이혼사유인 배우자로부터 심히 부당한
대우를 받은 경우에 해당된다(대판 1983. 10. 25. 82므
28).

· 처가 남편의 직장인으로서의 본분을 다할 수 없게끔
부당한 대우를 한 경우

청구인은 고려대학교 의과대학 박사과정을 마치고 순
천향대학 의과대학 교수를 거쳐 고려대학교 의과대학
교수로 재직하고 있는데 청구인과 피청구인은 성격의
차이로 불화가 계속된 생활을 하면서 피청구인이 청구
인에게 수시로 이혼요구를 하여 1976. 6. 11과 1977. 9.
25 2번에 걸쳐서 이혼합의서를 작성한 사실, 피청구인

은 남편의 시중을 들어주지 않을 뿐 아니라 청구인의
책을 임의로 팔고 청구인이 가꾸어 놓은 정원수를 팔
았으며 시부모님께 인사드리러 가자는 요구를 거절하
면서 혼인선물인 목걸이를 끊고 잠옷을 찢어버리는등
청구인에게 거친 행동을 수시로 할 뿐만 아니라 청구
인의 여자제자와의 관계를 까닭없이 의심하여 여학생
의 가족에게 항의를 하는등 청구인의 입장을 난처하게
하였고 1982. 7. 21에는 학부형으로 위장하여 청구인을
비방하는 편지를 ○○ 대학장앞으로 보내어 학교안에
서 청구인의 명예를 손상하게 하고 결국은 청구인의
보직마저 박탈케 한 사실 및 청구인의 극단적 성격이
정신질환으로 발전할 것으로 제멋대로 판단한 피청구
인은 1984. 4. 16 밤 10시경 청구인의 의사를 무시한
채 경찰관과 방범대원을 대동하고 청구인을 강제로 데
려가 정신감정을 한다며 여러병원을 찾았다가 되돌려
보내고, 1984. 4. 17에는 학교로 찾아와 동행한 남자 4
명과 함께 병원으로 가자며 청구인을 강제로 끌고 가
다가 학생들의 만류로 중단한 사실들을 인정한 다음,
위에서 인정한 피청구인의 일련의 행위는 대학교수인
청구인으로 하여금 학생지도, 학문연구등 교수로서의
본분을 다할 수 없게끔 심히 부당한 대우를 한 것임은
물론, 그들의 혼인생활은 피청구인의 위와 같은 소위
로 더 이상 회복할 수 없는 파탄상태에 이르렀다고 보

아 민법 제840조 제3호, 제6호 소정의 이혼사유에 해당한다(대판 1986. 3. 25. 85므72).

· 배우자의 결백을 알면서도 간통죄로 고소하고 제3자에게 거짓 진술을 부탁한 경우(대법원 1990. 2. 13. 선고 88므504 판결)

· 지참금을 가져오지 아니하였다하여 처를 구타한 경우(대법원 1986. 5. 27. 선고 86므14 판결)

· 처가 남편을 정신병자로 몰아 정신병원이나 요양원에 보내기 위해 강제로 납치를 기도한 경우(대법원 1985. 11. 26. 선고 85므51 판결)

· 무단가출(대법원 1985. 7. 9. 선고85므5 판결)

· 남편이 사소한 언쟁 끝에 처의 목을 밟고 구타하여 처가 가출 후 산에서 밤을 지새우고 그 다음날 처를 업고 귀가한 행위, 폭행사실이 전혀 없는데도 허위로 장모를 처벌하여 달라고 폭행죄로 경찰서에 고소장을 제출하는 행위(현행법상으로는 장모를 고소할 수 없다), 남편이 장모의 뺨을 때리고 장모를 발로 찬 경우 등은 '심히 부당한 대우'에 해당된다(대판 1958. 10. 16. 4290민상828 ; 대판 1947. 5. 6. 4280민상37).

· 남편이 아파서 누워있는데, 아내가 간호하지 아니 하고 아무 말 없이 외출하고 외박하는 일, 남편에게 정신적 고통을 주는 욕설을 하는 등은 부당한 대우(모욕

과 학대)이다(대판 1962. 1. 18. 4298민상694).

2. 심히 부당한 대우에 해당하지 않는 사례

- 만 75세의 처가 민법 제840조 제3호, 제6호 소정의 이혼사유가 있음을 전제로 만 83세의 남편을 상대로 이혼소송을 제기하였다 하여 이를 심히 부당한 대우를 받았다거나 혼인관계가 회복할 수 없을 정도

- 가정불화로 부부간에 다투던 중 그 한쪽이 일시적 감정의 격화로 상대방에게 가벼운 폭행을 가하였다거나 그 재산을 점거하거나 처분하였을 경우

- 남편이 아내를 때려서 ‘1주일간의 치료를 받아야 할’ 정도의 상처를 입혔다고 하더라도 그것이 아내의 분별없는 행동을 제지하기 위한 것이라면 이혼사유에 해당되지 않는다.

  즉 아내가 타인과 간통을 하여 구속된 뒤 남편이 자식들의 장래를 위하여 고소를 취하하여 풀려났으면서도 집안 일을 돌보지 않고 자주 가출을 하는 등 하여 남편이 아내를 때리고 자식들 앞에서 모욕적인 말을 한 경우는 심히 부당한 대우에 해당되지 아니한다(대판 1986. 9. 9. 85므56).

- 시어머니에 대한 돌발적인 상해이긴 하지만, 다소 불손한 행위에 지나지 아니 하는 것은 부당한 대우에 해당되지 않는다. ‘오랫동안 어디에 가 있는지 모르는’

남편의 행방을 알려고 시어머니 집에 간 며느리에 시
어머니가 욕설을 하며 머리채를 끌어당기자 며느리가
돌발적으로 그 시어머니의 손등을 물고 가슴을 밀어
상처를 입힌 경우이다(대판 1962. 10. 4. 62다1445 ; 대
판 1986. 2. 11. 85므37).

· 가정불화의 와중에도 서로 몇차례의 폭행 및 모욕적인
언사를 하였을 경우(대법원 1986. 6. 24. 선고 85므6).

시어머니에 대한 다소 불손한 행위

키포인트 이혼사유에 해당되지 않습니다.

이렇게 ➡ 시어머니에 대한 다소 불손한 행위가 있었더라도 며느리의 잘못으로 비롯된 것이 아닌 경우에는 이혼사유에 해당되지 않습니다.

이 유 ➡ 민법 제840조 4호는 '자기의 직계존속에 대한 배우자의 심히 부당한 대우'를 이혼사유로 규정하고 있습니다. 여기서 '심히 부당한 대우'란 혼인관계의 지속을 강요하는 것이 참으로 가혹하다고 여겨질 정도의 폭행이나 학대 또는 중대한 모욕을 받았을 경우를 말합니다.

어느 정도의 행위가 심히 부당한 대우에 해당하는가의 문제는 사회의 일반관념과 당사자 개인의 감정 및 의사를 고려하여 판단하여야 합니다.

위 사례의 경우 며느리는 남편이 각지 공사장을 다니며 집을 비운동안 피아노교습 등으로 돈을 벌어 살림에 보태

며 시어머니를 정성껏 모셔왔으나 시어머니의 홀어머니로
서의 질투심과 피청구인의 구박이 심하여 같이 못살겠다는
거짓말로 집을 나가 기거하고, 남편이 시어머니의 말만 믿
고 며느리가 잘 모시지 않는 것으로 속단하게 됨으로서 가
정불화가 일어나게 되었고, 남편은 다른 여자들과 불륜관
계를 맺고 동거하며 아이까지 낳은 사례인데, 법원은 며느
리가 오랫동안 수모를 당하며 시어머니를 모시고 혼인관계
의 원만한 상태의 회복을 위하여 노력해 온데 대하여 청구
인이 불륜관계를 계속하며 협의이혼을 강요하며 욕설과 폭
행으로 임하고, 청구외 3 역시 피청구인의 다리를 깨물고
치마를 당기는 상태에서 이를 벗어나려고 청구외 3의 머리
채를 잡아당긴 피청구인의 소위는 위 시모의 학대와 불법
한 폭행을 모면하거나 분격으로 인하여 한 실경한 행위라
할 것이나 그것이 사회관념상 도저히 용인할 수 없는 정도
의 것이라고 할 수 없다 할 것이므로 이를 가지고 배우자
의 직계존속에 대한 심히 부당한 대우나 혼인을 계속할 수
없는 중대한 사유가 피청구인의 귀책사유로 비롯되었다고
볼 수 없다 할 것이다라고 하였습니다(대판 1986. 2. 11. 85
므37).

불치의 정신병에 걸린 배우자에 대한 이혼청구

키포인트 이혼할 수 있습니다.

이렇게 ➡ 불치의 정신병에 걸린 배우자를 위해 한정 없이 이를 참고 살아가라고 강요할 수는 없는 것이므로, 이런 경우는 민법 제840조 제6호(기타 혼인을 계속하기 어려운 중대한 사유)의 이혼사유에 해당됩니다.

이 유 ➡ 정신병에 걸린다는 것은 본인의 책임이 아니나 배우자가 불치의 정신병에 걸렸을 경우에 건강한 배우자의 비참과 고뇌는 상상을 초월하는 것입니다. 정신병에 걸린 배우자를 위하여 일생을 희생시키는 것은 미덕이라고 하겠지만 이를 법률상 모든 사람에게 강제하는 것은 불가능합니다.

법원도 가정은 단순히 부부만의 공동체에 지나지 않는 것이 아니고 그 자녀 등 모든 구성원의 공동생활을 보호하는 기능을 가진 것으로서 부부 중 일방이 불치의 정신병에 이환되었고, 그 질환이 단순히 애정과 정성으로 간호되거나 예후가 예측될 수 있는 것이 아니고 그 가정의 구성원 전체에게 끊임없는 정신적·육체적 희생을 요구하는 것이며, 경제적 형편에 비추어 많은 재정적 지출을 요하고 그로 인한 다른 가족들의 고통이 언제 끝날지 모르는 상태에 이르렀다면, 온 가족이 헤어날 수 없는 고통을 받더라도 타방 배우자는 배우자 간의 애정에 터잡은 의무에 따라 한정 없이 참고 살아가라고 강요할 수는 없는 것이므로, 이러한 경우는 민법 제840조 제6호 소정의 재판상 이혼사유에 해당한다고 하였습니다(대판 2004. 9. 13. 2004므740).

그러나 현재 부부의 일방이 정신병적 증세를 보여 혼인관계를 유지하는 데 어려움이 있다고 하더라도 그 증상이 가벼운 정도에 그치는 경우라든가, 회복이 가능한 경우인 때에는 그 상대방 배우자는 사랑과 희생으로 그 병의 치료를 위하여 진력을 다하여야 할 의무가 있는 것이고, 이러한 노력을 제대로 하여 보지 않고 정신병 증세로 인하여 혼인관계를 계속하기 어렵다고 주장하여 곧 이혼청구를 할 수는 없습니다.

<혼인을 계속하기 어려운 중대한 사유가 있을 때>

민법 제840조 6호는 '기타 혼인을 계속하기 어려운 중대한 사유'를 이혼사유로 규정하고 있습니다. 여기서 혼인을 계속하기 어려운 중대한 사유가 있을 때' 라 함은 부부간의 애정과 신뢰가 바탕이 되어야 할 혼인의 본질에 상응하는 부부공동생활관계가 회복할 수 없을 정도로 파탄되고 그 혼인생활의 계속을 강제하는 것이 일방 배우자에게 참을 수 없는 고통이 되는 경우를 말합니다(대판 2005. 12. 23. 2005므1689).

이를 판단하는 기준은 개별적인 사안에 따라 법원이 결정합니다. 법원은 혼인파탄의 정도·혼인 중의 당사자들의 행위· 태도·혼인생활을 계속할 의사의 유무·파탄의 원인에 관한 당사자의 책임유무·혼인생활의 기간·자녀의 유무·당사자의 연령·건강·성격·자산·수입·소송에 이르기까지의 경위·이혼 후의 생활보장·기타 혼인관계의 제반 사정을 두루 고려하여 결정합니다(대판 1987. 8. 18. 87므33, 34 ; 대판 1991. 7. 9. 90므1067 등).

1. 혼인을 계속하기 어려운 중대한 사유에 해당하는 경우

- 부부가 별거하면서 각기 다른 사람과 내연관계를 맺고 자녀까지 출산한 경우(대판 1986. 3. 25. 85므85)

- 남편은 가출하여 행방불명되고 남아 있는 아내는 간통한 경우(대판 1983. 4. 26. 82므63)

- 처가 외박을 하면서 도박한 경우(대법원 1991. 11. 26.

선고 91므559 판결)

- 성격상 차이에서 생기는 부부간의 갈등을 수습하지 못하고 이혼과 별거를 강요한 경우(대법원 1990. 4. 27. 선고 90므95 판결)

- 부부가 20년간 별거하면서 각각 다른 사람과 동거하는 경우(대법원 1991. 1. 11. 선고90므552 판결)

- 부부일방이 그동안 살던 집을 팔아버리고 다른 거처로 옮겨버린 경우(대법원 1990. 4. 24. 선고89므214 판결)

- 혼담이 오가는 과정에서 학력과 직업을 속이고 혼인 후 이를 추궁하는 상대방을 구타한 경우(대법원 1987. 7. 21. 선고 87므24 판결)

- 부부일방이 징역 15년과 자격정지 15년의 형을 선고받은 경우(대법원 1987. 4. 13. 선고 86르358 판결)

- 배우자가 상대방에게 부당하게 가정생활과 신앙생활의 양자택일을 강요한 경우(대법원 1981. 7. 14. 선고 81므26 판결)

2. 혼인을 계속하기 어려운 중대한 사유에 해당하지 않는 경우

- 혼인 중 우울증 증세를 보였으나 병세가 호전되어 일상생활을 하는데 지장이 없는 경우(대법원 1995. 12. 22. 선고 95므861).

- 종가집 종손인 남편의 처가 임신불능한 경우(대법원

1991. 2. 26. 89므365 판결)

· 종교에 대한 신앙을 심중에 표시하는 행위(하급심 1990. 2. 23. 신고 89르3755 판결)

· 이혼에 합의한 바 있는 경우(대법원 1996. 4. 26. 선고 96므226 판결)

· 이혼에 합의하고 위자료 명목으로 금전을 주고 받은 경우(대법원 1990. 9. 25. 선고 89므112 판결)

· 간통한 남편과 폭행한 시아버지를 고소하고 이혼조건으로 고소를 취하한 경우(대법원 1991. 11. 22. 선고 91므23 판결)

· 약혼기간 중 다른 남자와 성교하고 임신하고는 남편의 자인양 속여 출생신고를 한 행위(대법원 1991. 9. 13. 선고 91므85 판결)

· 협의이혼의사 확인을 한 경우(대법원 1988. 4. 25. 선고 87므28 판결)

· 6. 25사변 때 부역한 사실이 있는 경우(대법원 1987. 7. 21. 선고 87므16 판결)

· 남편이 무정자증으로 생식불능이고 성적기능이 다소 원활하지 못한 때(대법원 1982. 11. 23. 선고 82므36 판결)

폭행의 이혼사유 여부

이럴땐 ➡ 저와 제 아내는 결혼 이후 크고 작은 문제로 자주 다투면서 부부 및 고부 사이의 갈등이 있었는데, 급기야 제가 아내에게 폭력을 행사하여 아내는 상해를 입은 다음 친정으로 돌아가 이혼소송을 제기하고 현재까지 이혼의사를 굽히지 않고 있습니다. 그런데 제가 폭력을 행사한 것은 아내가 미리 이혼을 위해 준비를 해놓고 녹음기로 녹음을 시도하면서 저를 자극했기 때문입니다. 이런 아내지만 저는 대화를 통해 원만한 가정생활을 계속하고 싶습니다. 저는 아내의 이혼요구에 응해 주어야만 합니까?

키포인트 이혼요구에 응해야 합니다.

어떻게 ➡ 상호간의 애정과 신뢰를 바탕으로 하는 부부관계에 있어서 폭력의 행사는 어떠한 이유에서라도 정당화될 수 없으므로 민법 제840조 제6호의 이혼사유인 '혼인을 계속하기 어려운 중대한 사유'에 해당됩니다(대판 2005. 12. 23. 2005므1689).

이 유 ➡ 민법 제840조 제6호에 정한 이혼사유인 '혼인을 계속하기 어려운 중대한 사유가 있을 때'라 함은 부부간의 애정과 신뢰가 바탕이 되어야 할 혼인의 본질에 상응하는 부부공동생활관계가 회복할 수 없을 정도로 파탄되고 그 혼인생활의 계속을 강제하는 것이 일방 배우자에게 참을 수 없는 고통이 되는 경우를 말합니다

위 사건의 경우 원·피고(남편과 아내)는 결혼 이후 크고 작은 문제로 자주 다투면서 부부 및 고부 사이의 갈등이 있어 혼인관계가 그리 원만하지 아니하였는데, 원고와 피고는 모두 대학원까지 졸업한 학력의 소지자로서 이러한 부부 사이의 문제를 상호간의 이해와 인내, 이성적인 대화 등을 통해 원만하게 해결해 나가도록 노력했어야 함에도 이러한 상호간의 노력이 부족하였음을 알 수 있고, 특히 피고로서는 자신과 시어머니에 대한 누적된 불만으로 이혼을 요구하는 원고에 대하여 따뜻한 애정으로 원고를 이해시키고 설득하는 등 파탄 위기의 부부관계를 원만하게 회복하기 위해 최선의 노력을 다하였어야 함에도 이를 슬기롭게 해결하기는커녕 급기야 2002. 3.경 및 같은 해 6. 1. 원고에게 폭력을 가하는 사태에 이르렀고, 결국 원고는 2002. 6. 1. 피고의 폭력 행사로 상해를 입은 다음날 새벽 사건본인과 함께 친정으로 돌아가 같은 해 6. 18. 이 사건 소를 제기하였으며, 그 이후로는 현재까지 이혼의사를 굽히지 않은 채 이 사건 재판 결과 여하에 불구하고 피고와 재결합할 의사가 없음을 거듭 밝히고 있었습니다. 다만 피고의 원고에 대한 폭력행사의 경우 원고가 미리 이혼을 위한 준비를 해 놓고 준비한 녹음기로 녹음을 시도하면서 피고의 답변을 유도하고 상스러운 용어를 사용하거나 피고가 듣기 싫어하는 뒷조사 문제를 재삼 거론하면서 피고를 자극하였고, 그 과정에서 물리적 충돌로 원고가 안면부 다발성 좌상 등의 상해를 입힌 점이 문제되는데, 이에 관해 법원은 그와 같은 사정이 있다고 하더라도 상호간의 애정과 신뢰를 바탕으로 하는 부부 관계에 있어서 폭력의 행사는 어떠한 이유에서라도 정당화될 수 없는 것인데, 기록에 의하면 피고의 2002. 6. 1.자 폭력 행사로 인하여 원고는 전치 3주간의 치료를 요하는 '안면부 다발성 좌상, 전경부 좌상 및 경추부 염좌, 좌측 제3수지 중수지관절과 근위지관절 염좌, 다발성 좌상'을 입은 사실을 알 수 있어, 그 폭력의 정도가 가볍다고 보이지 아니할 뿐만 아니라, 폭력이 혼인생활에 미치는 영향은 혼인당사자들의 혼인의 경위 및 혼인생활의 과정, 당사자들의 성격, 학력과 경력 등에 비추어 다른 것이므로, 원심으로서는 피고의 2002. 6. 1.자 폭력의 행사가 원고와 피고 사이의 혼인관계에 미친 영향을 세밀하게 살펴보고, 원·피고 사이의 혼인관계가 피고의 2002. 6. 1.자 폭력 행사 이래 그 바탕이 되어야 할 애정과 신뢰가 상실되어 회복할 수 없을 정도로 파탄되었고, 그 혼인생활의 계속을 강제하는 것이 원고에게 참을 수 없는 고통이 된다고 볼 여지가 있는지의 여부를 따져 본 다음, 그러한 사정이 긍정되고 원·피고의 책임의 유무 및 경중을 비교하여 이혼을 청구한 원고에게 전적으로 또는 주된 책임이 있는 경우가 아니라면 원고의 이혼청구를 인용하였어야 할 것이다라고 하였습니다.

그리고 비록 피고는 일관하여 대화를 통해 원만한 가정

생활을 계속할 의사를 밝히고 있고, 2002. 6. 1. 이후 원·피고 사이의 별거 기간 중에 피고가 원고에게 여러 차례 전화를 하기도 하였으며, 이 사건 소송 도중 원고를 찾아가 대화를 시도하려 한 흔적이 보이기는 하나, 그럼에도 불구하고 원고가 이를 거부한 채 이혼의사를 굽히지 않고 있는 점 등을 종합해 보면, 위와 같은 사정만으로는 원·피고 사이의 혼인이 파탄에 이르지 않았다고 단정할 수는 없다고 할 것이다라고 하였습니다(대판 2005. 12. 23. 2005므1689).

배우자의 경제력 무능력으로 인한 이혼청구

키포인트 이혼사유에 해당합니다.

이렇게 ➡ 사정이 이러하다면 남편과 아내의 혼인관계는 그 바탕이 되어야 할 애정과 신뢰가 상실되어 회복할 수 없을 정도로 파탄되었고 그 혼인생활의 계속을 강제하는 것은 아내에게 참을 수 없는 고통이 된다고 보기에 충분하므로, 아내의 이혼청구는 허용됩니다(대판 2007. 12. 14. 2007므1690).

이 유 ➡ 위 사정은 민법 제840조 6호 소정의 이혼사유인 혼인을 계속하기 어려운 중대한 사유가 있을 때(부부간의 애정과 신뢰가 바탕이 되어야 할 혼인의 본질에 상응하는 부부공동생활관계가 회복할 수 없을 정도로 파탄되고 그 혼인생활의 계속을 강제하는 것이 일방 배우자에게 참을 수 없는 고통이 되는 경우)를 말하며, 이를 판단함에 있어서는 혼인계속의사의 유무, 파탄의 원인에 관한 당사자의 책임유무, 혼인생활의 기간, 자녀의 유무, 당사자의 연령, 이혼 후의 생활보장, 기타 혼인관계의 제반사정을 두루 고려하여야 한다고 하며, 이와 같은 제반사정을 고려하여 보아 부부의 혼인관계가 돌이킬 수 없을 정도로 파탄되었다고 인정된다면 그 파탄의 원인에 대한 원고의 책임이 피고의 책임보다 더 무겁다고 인정되지 않는 한 이혼청구는 인용되어야 한다고 합니다(대법원 1991. 7. 9. 선고 90므1067 판결, 대법원 1994. 5. 27. 선고 94므130 판결 등 참조).

법원은 위 사안에 대해 원고(아내)는 혼인 초기부터 피고(남편)의 경제적 무능력과 책임감 결여로 사실상 홀로 생계유지를 떠맡아 오느라 적지 않은 고통을 받아왔음에도, 피고는 이를 덜어주기는커녕 1999년경 이후 도박과 투기적 경제활동으로 다액의 채무까지 지고 그 과정에서 원고를 신용불량자로 만들어 버리는 등 오히려 그 고통을 가중시켜 온 점, 게다가 피고가 외박, 음주, 도박 등을 일삼고 그 부정행위를 의심하게 할 만한 소지를 제공하는 등 무절제하고 불성실한 생활태도로 일관함으로써 원고의 피고에 대한 불신과 불만도 오랫동안 누적되어 온 점, 하지만 이러한 문제에 대한 피고의 진지한 반성과 태도변화가 전혀 없었던 데다가 이를 슬기롭게 풀어 나가려는 원고의 노력도 부족하였으며 오히려 자녀 교육문제 등으로 부부싸움이 잦아지고 그 과정에서 피고가 원고에게 폭력을 행사하는 일도 발생함으로써 원·피고 간의 불화가 심화되고 이에 상응하여 서로에 대한 애정과 신뢰의 상실도 더해 간 점, 원·피고 간에는 별거 전 10년 가까이 성관계가 없었고 또 첫째 딸 사건본인 1이 탄원서(갑 제12호증의 1)에서 원·피고의 관계를 물과 기름의 관계로 비유한 데서 짐작할 수 있듯이 위와 같은 애정과 신뢰의 상실은 상당히 뿌리가 깊고 그만큼 회복이 어려운 상황에 이르렀던 것으로 보이는 점, 결국 원고는 이와 같은 상황을 더 이상 견딜 수 없어 이 사건 소를 제기하였고 피고와 재결합할 의사가 추호도 없음을 명백히 하고 있는 점, 한편 피고는 이혼을 원치 않는다고 하나 피고에게 진정으로 애정과 신뢰에 바탕을 두고 혼인관계를 회복하고자 하는 의지가 있는지 의문이며, 피고와 자녀들의 관계 또한 원만한 것으로 보이지 않는다면서 사정이 이러하다면, 원·피고 사이의 혼인관계는 그 바탕이 되어야 할 애정과 신뢰가 상실되어 회복할 수 없을 정도로 파탄되었고, 그 혼인생활의 계속을 강제하는 것이 원고에게 참을 수 없는 고통이 된다고 보기에 충분하며, 나아가 그 파탄의 원인에 대한 원고의 책임이 피고의 책임보다 더 무겁다고 인정되지도 않으므로, 원고의 이혼청구는 인용되었어야 할 것이다.

　　‘기타 혼인을 계속하기 어려운 중대한 사유’는 다른 일방이 이를 안 날부터 6월, 그 사유가 있은 날부터 2년을 경과하면 이혼청구권이 소멸합니다(민법 제842조).

합리적 이유없이 성관계를 거부시 이혼청구

이럴땐 ➡ 농촌총각이라서 결혼이 힘들었던 제 고향후배는 40세가 넘어 중국연변에 사는 중국동포 아가씨와 결혼을 하였습니다. 그런데 그 아가씨는 신혼 첫날부터 부부관계를 거부하더니 신혼여행에서 돌아온 후에도 성관계를 일절 거부하며 다른 남자와 전화통화를 하곤 했습니다. 저는 더 이상 이런 결혼생활을 지속하기가 싫어서 이혼하고자 합니다. 이런 이유로도 이혼을 할 수 있나요?

키포인트 이혼청구를 할 수 있습니다.

이렇게 ➡ 아내가 합리적 이유 없이 남편과의 성행위를 거부하고 거의 매일 다른 남자와 전화통화를 하여 혼인공동생활에 파탄을 초래한 경우에는 재판상 이혼사유에 해당됩니다(대판 2002. 3. 29. 2002므74).

이 유 ➡ 법률상 혼인이 성립하려면 일반적으로 부부로서 정신적·육체적으로 결합하여 생활공동체를 형성할 의사, 즉 혼인의사가 있어야 합니다(대판 1996. 11. 22. 96도2049). 그리고 결혼한 부부에게는 동거의 의무가 있는데, 이 의무에는 부부간의 성행위, 즉 정교(情交)의 의무도 포함됩니다(민법 제826조). 따라서 혼인한 배우자가 합리적인 이유 없이 상대배우자의 성행위를 장기간에 걸쳐 지속적으로 거부하는 것은 부부에게 요구되는 의무를 이행하지 않은 것이고, 그로 인해 상대배우자가 정신적인 고통을 겪고 공동생활도 파탄된 경우, 재판상 이혼사유인 '기타 혼인을 계속하기 어려운 중대한 사유'에 해당합니다.

법원은 성적 불능도 이혼사유에 해당된다고 보는데, 성기능이 불완전함에도 이를 은폐한 채 결혼식을 거행하고 젊은 부부로서 신혼생활(약 6개월간)을 하는 동안 한번도 성관계가 없었다면 설령 임신이 가능하더라도 정상적인 성생활을 원하는 아내로서는 정신상의 고통을 받았음은 당연하다고 하면서 이혼청구를 인용한 바 있습니다(대판 1966. 1. 31. 65므65).

임신불능을 이유로 한 이혼청구

키포인트 이혼사유가 되지 않습니다.

이렇게 ➡ 처가 출산불능이라거나 남편과의 이혼합의가 있었다는 점만으로는 재판상 이혼사유가 되지 않으며, 오히려 아내쪽에서 남편에게 혼인파탄의 책임을 물어 이혼과 위자료를 청구할 수 있습니다.

이 유 ➡ 법원은 처가 전자궁적출술의 수술결과 임신불능이 되자, 남편이 종가의 종손임을 이유로 이혼을 주장하여 혼인관계가 파탄에 이르렀다면, 그와 같이 된 데에는 출산불능이 법률상의 이혼사유로 되지 아니하는 이상 남편측에게 보다 더 큰 책임이 있다고 하여 남편의 이혼심판청구를 기각하고 처의 반심판청구를 인용하였습니다(대판 1991. 2. 26. 89므365, 367).

혼인신고후 처가 출산불능이라거나 피청구인과 이혼의

합의가 있었다는 점만으로는 재판상의 이혼사유가 되지 아니하며 이러한 사유로 인하여 혼인관계가 이미 파탄에 이르렀다 한들 유책배우자인 남편으로서는 그와 같은 사유를 내세워 혼인의 해소를 구할 수도 없다고 판단한 것입니다.

재산분배 후 이혼청구

키포인트 남편의 이혼요구는 합당하지 않습니다.

이렇게 ➡ 혼인생활 중 부부가 일시 이혼에 합의하고 위자료 명목의 금전을 지급하거나 재산분배를 하였다고 하더라도 그것으로 인하여 부부관계가 돌이킬 수 없을 정도로 파탄되어 부부 쌍방이 이혼의 의사로 사실상 부부관계의 실체를 해소한 채 생활하여 왔다는 등의 특별한 사정이 없다면 그러한 이혼 합의사실의 존재만으로는 이를 민법 제840조 제6호의 재판상 이혼사유인 혼인을 계속할 수 없는 중대한 사유에 해당한다고 할 수 없습니다(대판 1996. 4. 26. 96므226).

이　유 ➡ 법원은 혼인파탄에 주된 책임이 있는 유책배우자의 이혼청구는 엄격하게 배척하는 태도를 취하고 있습니다. 따라서 남편과 아내가 이혼에 합의하여 위자료 지급과 재산분배를 마친 다음 그 때부터 별거에 들어갔다는 사정만으로는 원·피고간의 부부관계가 돌이킬 수 없을 정도로 파탄되었거나 이미 부부관계의 실체가 해소되었다고 보기

어려워 유책배우자인 원고의 이혼청구를 허용할 수 없다고
하였습니다.

신앙포기강요로 인한 이혼청구

이럴땐 ➡ 제 남편과 시어머니는 제가 혼인 전부터 여호와의 증인이라는 종교를 신봉하는 것을 알고 그 신앙을 양해하여 혼인하게 된 것인데, 혼인 후 제사에 참여하지 아니하고 일요일마다 멀리 떨어진 곳에 있는 교회에 나가는 것에 불만을 품고 신앙을 바꿀 것을 요구하였으나 이에 응하지 아니하자 어머니의 마음을 상하게 한다는 이유로 여러차례 폭행을 가하여 저는 이를 견디지 못하고 가출하였습니다. 남편이 이혼을 요구하고 있는데, 저는 이혼을 당해야만 합니까?

키포인트 유책배우자인 남편은 이혼청구를 할 수 없습니다.

이렇게 ➡ 남편과 시어머니의 신앙포기요구에 아내가 따르지 아니하여 혼인생활이 파탄에 빠지게 되었다 하더라도 그 파탄의 주된 책임은 남편에게 있으니 남편은 이를 이유로 이혼을 청구할 수 없습니다(대판 1990. 8. 10. 90므408).

이 유 ➡ 법원은 위 사례의 경우 아내가 남편의 폭행을 견디지 못하여 가출함으로써 가정생활이 파탄에 빠진 것은 아내가 남편을 악의로 유기한 것이라고 할 수 없고 아내가 남편의 시어머니의 산앙포기요구에 피청구인이 따르지 아니하여 혼인생활이 파탄에 빠지게 되었다 하더라도 그 파탄의 주된 책임은 남편에게 있으니 남편은 이를 이유로 이혼청구를 할 수 없다고 하였습니다.

혼인한 부부라 하여도 배우자의 신앙과 자유는 침해할 수 없습니다. 따라서 배우자가 자신과 종교적 신념 및 교리가 다른 신앙생활을 한다고 할지라도 그러한 종교활동을 그만두도록 강요할 수는 없습니다(서울가정법원 1988. 10. 10. 87드6835 제5부 심판).

그러나 혼인한 부부가 신앙생활과 가정생활이 양립할 길을 찾는 노력을 기울이지 않고 신앙생활에만 전념하여 혼인이 파탄된 경우에는 재판상 이혼사유인 '기타 혼인을 계속하기 어려운 중대한 사유'에 해당됩니다(대판 1990. 8. 10. 90므408).

＜유책배우자의 이혼청구권＞

혼인관계가 회복될 수 없을 정도로 파탄된 경우에 혼인 파탄에 주된책임이 있는 유책배우자가 민법 제840조 제6호(기타 혼인을 계속하기 어려운 중대한 이유)를 근거로 하여 이혼청구를 할 수 있는가가 문제됩니다.

법원은 유책배우자의 이혼청구를 원칙적으로 배척한다는 입장을 취하고 있습니다. 그 논지로는, 유책배우자의 이혼청구가 무제한 인정될 경우 사회적 약자인 배우자(처)가 희생될 수 있다는 점(특히 배우자에 대한 부양청구권의 상실)과 스스로 혼인을 파탄시킨 배우자가 이혼이라는 법적 이익을 주장하는 것은 신의칙에 반한다는 점을 들고 있습니다.

혼인생활의 파탄에 대하여 주된 책임이 있는 배우자는 그 파탄을 사유로 하여 이혼을 청구할 수 없는 것이 원칙이고, 다만 상대방도 그 파탄 이후 혼인을 계속할 의사가 없음이 객관적으로 명백하고 다만 오기나 보복적 감정에서 이혼에 응하지 않고 있을 뿐이라는 등 특별한 사정이 있는 경우에만 예외적으로 유책배우자의 이혼청구권이 인정됩니다(대판 1997. 5. 16. 97므155).

이혼청구에 대한 반소청구

키포인트 반소청구로 이혼과 위자료의 청구를 하면 됩니다.

이렇게 ➡ 귀하의 남편 사이의 혼인생활이 파탄에 이른 주된 책임은 남편에게 있으므로, 남편의 이혼청구는 허용되지 않고, 귀하는 반소청구로 이혼과 위자료의 청구를 할 수 있습니다.

이 유 ➡ 혼인생활의 파탄에 대하여 주된 책임이 있는 배우자는 원칙적으로 그 파탄을 사유로 하여 이혼을 청구할 수 없고, 다만 상대방도 그 파탄 이후 혼인을 계속할 의사가 없음이 객관적으로 명백한데도 오기나 보복적 감정에서 이혼에 응하지 아니하고 있을 뿐이라는 등 특별한 사정이 있는 경우에만 예외적으로 이혼을 청구할 수 있으며, 유책배우자의 이혼청구에 대하여 상대방이 그 주장사실을 다투면서 오히려 다른 사실을 내세워 반소로 이혼청구를 한다 하더라도 그러한 사정만으로 곧바로 상대방은 혼인을 계속할 의사가 없으면서도 오기나 보복적 감정에서 유책배우자의 이혼청구에 응하지 아니하는 것이라고 단정할 수 없습니다.

이 사건에서 보면, 피고(아내)는 자녀들이 이혼에 반대하고 또 아무런 생계수단이 없는 상태에서 이혼에 응할 수 없다는 이유로 원고의 이혼요구를 거부하여 왔음을 알 수 있고, 또 피고는 지금까지 자식들에게 누가 될 것 같아 원고의 이혼요구를 거부하였으나 원고가 이 사건 본소를 제기한 후 자식들에게 말로 다하지 못하는 행패를 부리는 것을 보고 부모로서 더 이상 부모 자식간에 의가 상하는 것을 두고 볼 수 없어 이혼을 결심하기에 이르렀다고 주장하고 있는 점 등에 비추어 보면, 피고는 원고와의 혼인을 계속할 의사가 없으면서도 오기나 보복적 감정에서 원고의 이혼청구에 응하지 아니한 것이라고 볼 수 없다고 하였습니다(대판 1998. 6. 23. 98므15, 22).

시어머니와의 불화를 이유로 한 남편의 이혼청구

> **이럴땐 ➡** 저는 남편과 셋방에서 신혼생활을 시작하고 세 아들을 출산하였습니다. 그런데 남편은 장남으로서 시어머니와 두 시동생의 생활비와 학비를 도와 주어야 할 형편이었습니다. 저도 형편이 어려운지라 시어머니 등에게 경제적인 도움을 주지 못하게 되자 불화가 생기게 되었고 그것이 빌미가 되어 현재 남편은 시어머니 등과 살고, 저는 화장품 가게를 운영하면서 아이들과 살고 있습니다. 남편은 이혼을 요구하고 있는데, 저는 이에 응해주어야만 합니까?

키포인트 응하지 않아도 됩니다.

이렇게 ➡ 남편은 어머니와 동생 등과 살면서 처자식을 돌보지 않았으므로 아내를 상대로 이혼청구를 할 수 없습니다.

이 유 ➡ 혼인관계가 회복될 수 없을 정도로 파탄된 경우에 혼인파탄에 주된 책임이 있는 유책배우자는 이혼청구를 할 수 없습니다. 대법원 유책배우자의 이혼청구를 엄격히 배척하는 태도를 유지하고 있습니다.

법원은 청구인(남편)과 피청구인(아내)은 혼인신고를 마친 부부로서 셋방에서 신혼생활을 시작하고 그 사이에서 세 아들을 출산하였는데, 청구인은 장남으로서 어머니와 두 남동생들의 생활비와 학비를 보조하여 줄 입장인데, 피청구인이 신혼초부터 이와 같은 청구인의 입장을 충분히 이해하지 못하여 청구인의 월급을 곗돈 등으로 사용하고 청구인의 어머니와 동생들에게 전혀 경제적인 도움을 주지 못함으로써 피청구인의 시어머니, 시동생들과 피청구인간에 갈등과 불화가 생기게 되었고 그것이 빌미가 되어 원심판시와 같은 경위로 청구인과 피청구인이 동거하다가 별거하고 다시 동거하다가 별거하는 등 하여 현재는 청구인은 어머니와 동생들과 함께 살고, 피청구인은 청구인과 시어머니가 동거하기를 거부하므로 혼자 화장품가게를 하면서 청구인과 시어머니가 피청구인을 받아들여 주거나 청구인만이라도 피청구인에게 돌아와 주기를 기다리고 있는 사실을 인정한다음, 피청구인이 청구인의 장남인 입장을 충분히 이해하지 못하여 시어머니와 시동생들간에 불화하게 된 것은 잘못이라고 하겠으나 그렇다고 해서 결혼하여 자식까지 둔 청구인이 어머니와 동생과 함께 살면서 처자식을 돌보지 않은 것은 부부로서 동거, 부양 및 협조의무를 스스로 저버린 행동이므로 청구인이 피청구인을 상대로 이혼을 청구함은 부당하다고 판시하였습니다(대판 1990. 10. 12. 90므514).

혼인생활유지 의사없이 이혼거부하는 경우 유책배우자의 이혼청구권

키포인트 인정될 수 있습니다.

이렇게 ➡ 혼인생활의 파탄에 대하여 주된 책임이 있는 배우자는 원칙적으로 그 파탄을 사유로 하여 이혼을 청구할 수 없고, 다만 상대방도 그 파탄 이후 혼인을 계속할 의사가 없음이 객관적으로 명백한데도 오기나 보복적 감정에서 이혼에 응하지 아니하고 있을 뿐이라는 등 특별한 사정이 있는 경우에만 예외적으로 유책배우자의 이혼청구권이 인정됩니다(대판 1999. 10. 8. 99므1213).

이 유 ➡ 유책배우자의 이혼청구는 원칙적으로 배척되지만, 상대방에게도 이혼의사가 있다고 인정되는 경우라든가 부부 쌍방에게 혼인파탄의 책임이 있는 경우 등에는 예외적으로 인정됩니다. 상대방에게도 이혼의사가 있다고 인정되지만 단지 오기나 보복적인 감정에서 표면적으로 이혼을 거부하고 있을 뿐, 실제로는 혼인생활을 계속할 의사가 없다는 사실이 객관적으로 명백히 드러나는 경우에는 유책배우자의 이혼청구라고 해도 이를 배척할 이유가 없기 때문입니다.

이런 경우에도 유책배우자라는 이유만으로 이혼청구를 배척한다면 법이 상대방의 복수심을 충족시켜 주는 수단으로 이용되는 결과가 되기 때문입니다.

위 사건에 대해 법원은 원고(삼촌)와 피고(숙모) 사이의 혼인관계는 원고가 일방적으로 집을 나와 피고와 별거하면서 피고를 상대로 이 사건 소송을 제기한 1999. 4. 27.경 이미 회복하기 어려울 정도로 파탄되었다고 할 것이고, 그 때를 기준으로 하여 볼 때 그 파탄원인은 원고의 여자관계 등을 의심하거나 간섭을 하고, 원고의 아버지에게 욕설을 하는 등 부당한 대우를 하고, 원고의 직장에 찾아가 소란을 피운 피고에게도 있다 할 것이나, 근본적이고도 주된 파탄원인은 원고가 다른 여자를 만나면서 의심받을 만한 행동을 하고, IMF 사태로 피고가 경제적인 여유가 없어져 유학자금을 주지 않는다는 이유로 술을 마시고 밤늦게 귀가하여 피고를 수 차례 폭행하고, 다른 여자와 이성교제를 하고, 가정불화를 해소하기 위한 노력을 기울이지 아니한 채 일방적으로 가출하여 이혼소송을 제기한 원고에게 있다고 보아야 할 것이다 라고 하면서 혼인생활의 파탄에 대하여 주된 책임이 있는 배우자는 그 파탄을 사유로 하여 이혼을 청구할 수 없는 것이나, 다만 그 상대방도 혼인생활을 계속할 의사가 없음이 객관적으로 명백함에도 오기나 보복적 감정에서 이혼에 응하지 않고 있을 뿐이라는 등 특별한 사정이 있는 경우에는, 예외적으로 유책배우자에게도 이혼청구권이 인정된다고 하였습니다(대판 2004. 2. 27. 2003므1890).

<상대방에게 혼인생활을 계속할 의사가 없음이 객관적으로 명백히 드러난 것으로 볼 수 없는 사례>

- 이혼에 따른 위자료나 재산분할에 관하여 피고가 제시하는 금액에 동의하면 이혼하겠다고 하더라도, 이러한 사정만으로는 피고가 혼인을 계속할 의사가 없음이 객관적으로 명백한데도 오기나 보복적인 감정에서 유책배우자인 원고의 이혼청구에 응하지 않는 것이라고 단정할 수는 없다(대판 1999. 10. 8. 99므1213).

- 남편의 간통을 추궁하는 처를 시아버지가 폭행하자, 처가 남편과 시아버지를 고소하였고, 부부가 이혼하기로 합의하고 위자료까지 지급되었다 해도 이혼의사가 객관적으로 명백하다고 할 수 없다(대판 1991. 11. 22. 91므23).

혼인파탄의 책임이 더 많은 자의 이혼청구

키포인트 남편의 이혼청구는 정당하지 않습니다.

어떻게 ➡ 혼인관계가 위와 같이 파탄에 이른 데 관해서는 아내보다는 남편의 책임이 더 무거우므로 남편은 이혼청구를 할 수 없습니다(대판 1994. 5. 27. 94므130).

이 유 ➡ 혼인파탄의 책임이 부부쌍방에게 있는 경우가 있습니다. 이럴 경우 혼인파탄에 대한 원고의 책임이 피고의 책임보다 가볍다면 이혼청구를 할 수 있습니다.

법원은 사실관계에 의하면 원고(남편)와 피고(아내)의 혼인은 이미 회복을 기대하기 어려운 정도로 파탄에 이르렀다고 보는 것이 상당하여 민법 제840조 제6호 소정의 "기타 혼인을 계속하기 어려운 중대한 사유가 있을 때"에 해당한다고 할 것이고, 이와 같이 혼인관계가 파탄에 이르렀음이 인정되는 경우에는 원고의 책임이 피고의 책임보다 더 무겁다고 인정되지 아니하는 한 원고의 이혼청구는 인용되어야 하는 것이나, 이 사건의 경우는 혼인관계가 위와 같이 파탄에 이른데 관하여는 원고의 책임이 피고의 책임보다 더 무겁다고 보는 것이 상당하다고 하면서 원고의 이혼청구를 배척하였습니다(대판 1994. 5. 27. 94므30).

정신질환으로 인한 이혼청구

> **이럴땐 ➡** 제 아내는 결혼 1년도 채 지나지 않아 조울증이 발병하여 저는 아내의 치료를 위해 수 차례에 걸쳐 병원에 입원시키는 등 노력을 하였지만 나아지지 않았습니다. 저는 아내와 이혼할 수 있습니까?

키포인트 재판상 이혼할 수 있습니다.

이렇게 ➡ 아내의 정신질환은 민법 제840조 제6호의 소정의 재판상 이혼사유에 해당됩니다.

이 유 ➡ 법원은 혼인 중 처에게 발생한 조울증이 장기간 지속되어 회복이 거의 불가능한 정신질환으로 이환되어 그 증상이 가벼운 정도에 그치는 경우라 할 수 없고, 그 질환이 단순히 애정과 정성으로 간호되거나 예후가 예측될 수 있는 것이 아닌 경우, 남편에게 계속하여 배우자로서의 의무에 따라 한정 없는 정신적, 경제적 희생을 감내한 채 처와의 혼인관계를 지속하고 살아가라고 하기에는 지나치게 가혹하다고 보아 민법 제840조 제6호 소정의 재판상 이혼사유에 해당한다고 판단하였습니다(대판 1997. 3. 28. 96므608, 615).

이혼소송 중 허위사실로 인한 명예훼손

이럴땐 ➡ 저는 남편을 상대로 이혼소송을 제기하여 소
송계속 중인데 남편의 친구에게 서신으로 남
편의 명예를 훼손하는 허위사실에 대한 문구
가 기재된 서신을 발송한 사실이 있습니다.
그런데 그것을 알게 된 남편이 저를 명예훼손
죄로 고소하겠다고 하는바, 이 경우에도 명예
훼손죄가 문제되는지요?

키포인트 문제되지 않을 것으로 보입니다.

이렇게 ➡ 형법 제307조 제2항은 "공연히 허위의 사실을 적
시하여 사람의 명예를 훼손한 자는 5년 이하의 징역, 10년
이하의 자격정지 또는 1,000만원 이하의 벌금에 처한다."라
고 규정하고 있습니다.

위 규정에 의한 명예훼손죄가 성립되면 '공연성'이 인정
되어야 하는바, 공연성에 관련된 판례를 보면, "명예훼손죄
에 있어서 공연성은 불특정 또는 다수인이 인식할 수 있는
상태를 의미하므로 비록 개별적으로 한 사람에 대하여 사
실을 유포하더라도 이로부터 불특정 또는 다수인에게 전파
될 가능성이 있다면 공연성의 요건을 충족한다 할 것이지
만, 이와 달리 전파될 가능성이 없다면 특정한 사람에 대
한 사실의 유포는 공연성을 결여한다 할 것이다."라고 하
면서 이혼소송 계획중인 처가 남편의 친구에게 서신을 보
내면서 남편의 명예를 훼손하는 문구가 기재된 서신을 동

봉한 경우, 공연성이 결여되었다고 본 사례가 있습니다(대법원 2000. 2. 11. 선고 99도4579 판결, 2000. 5. 16. 99도5622 판결, 1994. 9. 30. 선고 94도1880 판결).

따라서 위 사안에 있어서도 귀하가 남편친구에게 서신으로 남편에 대한 허위의 사실을 알렸다고 하여도 공연성이 인정되기 어려워 갑에 대한 명예훼손죄가 성립되기는 어려울 것으로 보입니다.

참고로 공연성과 관련하여 직장의 전산망에 설치된 전자게시판에 타인의 명예를 훼손하는 내용의 글을 게시한 행위가 명예훼손죄를 구성한다고 한 사례가 있습니다(대법원 2000. 5. 12. 선고 99도5734 판결).

간통고소 후 이혼청구소송만을 취하할 경우 법적 효력

키포인트 이혼소송 취소로 인해 처벌을 받지 않습니다.

이렇게 ➡ 간통죄에 관하여 형법 제241조에 의하면 "① 배우자가 있는 자가 간통한 때에는 2년 이하의 징역에 처한다. 그와 상간한 자도 같다. ② 전항의 죄는 배우자의 고소가 있어야 논한다. 단, 배우자가 간통을 종용 또는 유서한 때에는 고소할 수 없다."라고 규정하고 있고, 배우자의 고소권에 관하여 형사소송법 제229조에 의하면 "① 형법 제241조의 경우에는 혼인이 해소되거나 이혼소송을 제기한 후가 아니면 고소할 수 없다. ② 전항의 경우에 다시 혼인을 하거나 이혼소송을 취하한 때에는 고소는 취소된 것으로 간주한다."라고 규정하고 있습니다.

그러므로 간통죄에 대한 고소는 혼인이 해소되거나 이혼소송을 제기한 후가 아니면 할 수 없고, 다시 혼인을 하거나 이혼소송을 취하한 때에는 고소는 취소된 것으로 간주되는 것입니다.

그리고 위 고소는 혼인관계의 부존재 또는 이혼소송의 계속을 그 유효요건으로 하고 있다 할 것이므로 이러한 조건은 공소제기시부터 재판이 종결될 때까지 구비해야 하는 것이며, 판례도 "간통고소는 혼인의 해소 또는 이혼소송의 계속을 그 유효조건으로 하고 있으므로 고소 당시 이혼소송을 제기하였다 하더라도 그 소송이 취하되는 경우에는 최초부터 이혼소송을 제기하지 아니한 것과 같게 되어 간통고소는 소급하여 그 효력을 상실하게 된다."라고 하였습니다(대법원 1985. 9. 24. 선고 85도1744 판결).

또한 "간통죄에 대한 제1심 판결선고 후 고소인이 이혼심판청구를 취하하였다면 취하의 소급효로 인하여 간통고소 역시 소급하여 그 효력을 상실하므로, 간통죄의 공소 또는 소추조건을 결한 것을 공소제기절차가 법률의 규정에 위반하여 무효인 때에 해당한다."라고 하였습니다(대법원 1981. 10. 13. 선고 81도1975. 판결).

따라서 귀하가 이혼소송을 취하하게 되면 간통고소사건은 소추요건을 결하여 공소기각판결이 선고될 것으로 귀하의 남편과 갑녀는 간통죄로 처벌받지 않을 것입니다.

간통죄의 제1심 판결선고 후 이혼소송 취하시 간통죄의 효력

키포인트 공소기각 판정이 내려집니다.

이렇게 ➡ 법률상 혼인신고를 마친 부부 중 일방이 배우자 아닌 자(者)와 성관계를 가진 경우 다른 일방 배우자는 혼인이 해소되거나 이혼소송을 제기한 후 수사기관에 간통고소를 할 수 있습니다.

간통죄에 대하여 형법 제241조에 의하면 "배우자 있는 자가 간통한 때에는 2년 이하의 징역에 처한다. 그와 상간한 자도 같다."라고 규정하고 있으며, 형사소송법 제229조에 의하면 "① 형법 제241조의 경우에는 혼인이 해소되거나 이혼소송을 제기한 후가 아니면 고소할 수 없다. ② 전항의 경우에 다시 혼인을 하거나 이혼소송을 취하한 때에는 고소는 취소된 것으로 간주한다."라고 규정하고 있습니다.

그러므로 간통죄는 고소당시 제기한 이혼소송을 취하하

게 되면 간통고소는 취소된 것으로 봅니다.

그런데 형사소송법 제232조 제1항에 의하면 "고소는 제1심 판결선고 전까지 취소할 수 있다."라고 규정하고 있으며, 간통죄가 아닌 다른 친고죄인 강간죄의 경우 판례를 보면, "친고죄에 있어서의 고소의 취소는 제1심 판결선고 전까지만 할 수 있다고 형사소송법 제232조 제1항에 규정되어 있어 제1심 판결선고 후에 고소가 취소된 경우에는 그 취소의 효력이 없으므로 형사소송법 제327조 제5호의 공소기각의 재판을 할 수 없다."라고 하였습니다(대법원 1985. 2. 8. 선고 84도2682 판결).

즉, 간통죄에 대한 제1심 판결선고 후 고소인이 이혼심판청구를 취하한 경우의 효과와 관련된 판례를 보면 "간통죄에 대한 제1심 판결선고 후 고소인이 이혼심판청구를 취하하였다면 취하의 소급효로 인하여 간통고소 역시 소급하여 그 효력을 상실하므로, 간통죄의 공소 또한 소추요건을 결한 것으로 공소제기절차 법률의 규정에 위반하여 무효인 때에 해당한다."라고 하였으며(대법원 1981. 10. 13. 선고 81도1975 판결, 대법원 1985. 9. 24. 선고 85도1744 판결). "간통피고사건에 대한 제1심 판결선고 후에 고소인의 이혼심판청구사건이 취하간주된 경우에는 간통고소는 소급하여 효력을 상실하고 간통의 상간자가 이미 유죄판결을 받아 확정되었어도 이론을 달리하지 않는다."라고 하였고(대법원 1975. 6. 24. 선고 75도1449 판결), "형사소송법 제229조 제

1항 소정의 간통고소의 유효조건인 혼인관계의 부존재 또는 이혼소송의 계속은 공소제기시부터 재판이 종결될 때까지 구비하여야 하는 것이며, 고소당시 제기된 이혼소송은 그 후 소장이 각하 되었다면 최초부터 이혼소송은 제기하지 아니한 것과 같다 할 것이므로, 그 각하 일자가 간통피고사건의 제2심 판결선고 이후라 하여도 본건 간통고소는 소추조건을 결한 것이 되어 공소제기절차가 법률의 규정에 위반하여 무효인 때에 해당한다."라고 하였습니다(대법원 1975. 10. 7. 선고 75도1489 판결).

따라서 귀하의 남편은 형사소송법 제232조의 "고소는 제1심 판결선고 전까지 취소해야 한다."는 규정에도 불구하고 제1심 판결선고 후 귀하의 이혼심판청구취소로 인하여 이미 제1심에서 선고받은 간통죄는 공소제기요건이 없어져 형사소송법 제327조 제2호에 의해 법에 의하여 공소기각판결이 내려질 것으로 보입니다.

송달불능으로 이혼소송이 각하된 경우 간통고소의 효력

이럴땐 ➡ 저는 간통한 처(妻) 갑과 그 상간자인 을을 간통죄로 고소하였습니다. 그러나 갑과 을이 도주하여 수사가 진행되지 못하였고, 간통고소 전에 제기한 이혼소송은 소장의 송달불능으로 주소보정명령이 발하여졌으나 보정기간 내에 보정하지 못하여 각하 되었습니다. 이 경우 간통고소사건도 종결된다고 하는데 그렇다면 을을 처벌할 수 없는지요?

키포인트 처벌할 수 없습니다.

이렇게 ➡ 형사소송법 제229조에 의하면 "간통죄의 경우 혼인이 해소되거나 이혼소송을 제기한 후가 아니면 고소할 수 없다."라고 규정하고 있습니다.

또한, 이러한 판례를 보면 "간통의 고소는 혼인관계가 해소 또는 이혼소송의 계속을 조건으로 하는 것이므로, 간통고소 당시 이혼소송을 제기하였다 할지라도 그 소장이 각하 되는 경우에는 최초부터 이혼소송을 제기하지 아니한 것과 같아서 그 간통고소는 효력을 상실하게 된다."라고 하였습니다(대법원 1994. 6. 10. 선고 94도774 판결).

따라서 귀하가 고소한 간통사건이 기소되기 이전이었다면 공소권이 없다 하여 공소권 없음으로 불기소처분되어 종결될 것으로 보이고, 이미 공소가 제기되었다면 형사소송법 제327조 제2호 공소제기의 절차가 법률의 규정에 위반한 때에 해당되어 공소기각될 것으로 보입니다.

참고로 형사소송법 제232조 제2항에 의하면 고소를 취소한 자는 다시 고소하지 못한다고 규정하고 있습니다. 이혼 소장이 각하된 경우 고소가 소급하여 효력을 상실하게 됨으로써 고소를 취소한 것이나 다름없게 된 이상 이 경우에도 고소의 취소를 동일하게 취급하여 다시 고소할 수 없다 하겠습니다. 물론 고소인의 자유로운 의사에 기한 고소취소와 소장각하에 의한 고소의 효력상실은 달리 취급하여 소장각하의 경우에는 재고소가 가능하다고 보는 견해도 있으나, 판례는 고소취소와 동일하게 취급하고 있습니다(대법원 1997. 5. 23. 선고 95도477 판결).

협의이혼 후 이혼 전 간통행위에 대한 고소 가능한가?

이럴땐 ➡ 저는 얼마 전 협의이혼을 하였는데, 그 후 알고보니 처(妻)는 혼인기간 중 이미 다른 남자와 간통한 사실이 있었습니다. 지금이라도 그들을 간통죄로 고소할 수 있는지요?

키포인트 고소할 수 있습니다.

이렇게 ➡ 형법 제241조에 의하면 "① 배우자가 있는 자가 간통한 때에는 2년 이하의 징역에 처한다. 그와 상간한 자도 같다. ② 전항의 죄는 배우자의 고소가 있어야 논한다. 단, 배우자가 간통을 종용(慫慂) 또는 유서(宥恕)한 때에는 고소할 수 없다."라고 규정하고 있으며, 형사소송법 제229조 제1항에 의하면 "형법 제241조의 경우에는 혼인이 해소되거나 이혼소송을 제기한 후가 아니면 고소할 수 없다."라고 규정하고 있습니다.

그런데 원칙적으로 협의이혼의 확인이 있다고 하여 거기에 혼인생활 중에 있었던 간통행위를 용서한다는 의사가 당연히 내포되어 있다고는 할 수 없으므로(대법원 1986. 6. 24. 선고 86도482 판결), 귀하의 경우에도 협의이혼의사의 확인 전 혼인생활 중에 있었던 간통사실에 대하여도 이혼 당시 간통행위를 용서한다는 특별한 의사표시가 없었다면 간통죄로 고소가 가능할 것입니다.

참고로 협의이혼의사의 확인을 받고 이에 의한 이혼신고

를 하기 전에 한 간통고소의 효력은 혼인이 해소되었거나 이혼소송을 제기한 후에 해당되지 않으므로, 형사소송법 제229조 제1항에 위반된 고소라 할 수 있으나, 위 고소가 있은 뒤 위 협의이혼의 확인에 의한 협의이혼신고를 하여 혼인이 해소되었다면 위 고소는 혼인의 해소(解消)시로부터 장래를 향하여 유효한 고소가 된다 하겠습니다.

그리고 협의이혼의사확인을 받은 후 이혼신고 전에 행한 간통에 관하여 판례는 "혼인당사자가 더 이상 혼인관계를 지속할 의사가 없고 이혼의사의 합치가 있는 경우에는 비록 법률적으로 혼인관계가 존속한다고 하더라도 간통에 대한 사전동의인 종용(慫慂)에 해당하는 의사표시가 그 합의 속에 포함되어 있는 것으로 보아야 할 것이고, 그러한 합의가 없는 경우에는 비록 잠정적·임시적·조건적으로 이혼의사가 쌍방으로부터 표출되어 있다고 하더라도 간통종용의 경우에 해당하지 않는다."라고 하였습니다(대법원 2000. 7. 7. 선고 2000도868 판결, 2002. 7. 9. 선고 2002도2312 판결).

따라서 협의이혼의사확인을 받은 후 이혼신고 전에 행한 간통에 관하여 협의이혼의사의 확인이 간통의 종용(慫慂)인지는 구체적인 사안에 따라 개별적·구체적으로 결정되어야 할 것으로 보입니다.

친고죄의 공범 제1심판결선고 후 타공범자에 대한 고소취소

키 포 인 트 처벌을 받습니다.

이렇게 ➡ 형사소송법 제232조에 제1항에 의하면 "고소는 제1심판결선고전까지 취소할 수 있다."라고 규정하고 있으며, 형사소송법 제233조에 의하면 "친고죄의 공범 중 그 1인 또는 수인에 대한 고소 또는 그 취소는 다른 공범자에 대하여도 효력이 있다."라고 규정하고 있습니다.

그런데 필요적 공범인 상간자의 한 사람에 대하여 이미 제1심 판결이 선고된 후에 다른 한 사람에 대하여 한 고소 취소의 효력에 관하여 판례를 보면 "간통죄와 같은 친고죄에 있어서는 그 고소의 취소는 제1심 판결선고 전까지 이를 할 수 있다고 형사소송법 제232조 제1항이 규정하고 있고, 또 형사소송법 제233조에 이른바 고소와 그 취소에 관한 불가분의 원칙이 적용되는 결과 필요적 공범인 상간자의 한 사람에 대하여 이미 제1심 판결이 선고되어 그 사람에 대하여 고소취소의 효력이 미칠 수 없는 경우에는 비록 다른 한 사람에 대하여 아직 공소의 제기나 제1심 판결이 선고되기 이전이라 하더라도 벌써 그 고소를 취하할 수 가 없다.”라고 하였으며(대법원 1975. 6. 10. 선고 75도204 판결). “친고죄의 공범 중 그 일부에 대하여 제1심 판결이 선고된 후에는 제1심 판결 선고전의 다른 공범자에 대하여는 그 고소를 취소할 수 없고, 그 고소의 취소가 있다 하더라도 그 효력을 발생할 수 없으며, 이러한 법리는 필요적 공범이나 임의적 공범이냐를 구별함이 없이 모두 적용된다.”라고 하였습니다(대법원 1985. 11. 12. 선고 85도1940 판결).

따라서 위 사안에서 이미 갑남이 제1심 판결의 형이 선고되어 복역 중에 있는 상태에서는 갑이 을녀에 대한 고소를 취소한다고 하여도 그 고소취하는 효력이 없다고 할 것입니다.

간통현장 촬영을 위해 상간자의 주거에 침입한 행위가 정당행위에 해당하는가?

키 포인트 주거침입죄에 해당됩니다.

이렇게 ➡ 정당행위에 해당하지 않고 주거침입죄가 성립합니다.

이 유 ➡ 형법 제20조는 '법령에 의한 행위, 또는 업무로 인한 행위 기타 사회상규에 위배되지 아니하는 행위는 벌하지 아니한다'고 규정하고 있습니다.

형법 제20조 소정의 '사회상규에 위배되지 아니하는 행위'라 함은 법질서 전체의 정신이나 그 배후에 놓여 있는 사회윤리 내지 사회통념에 비추어 용인될 수 있는 행위를 말하고, 어떠한 행위가 사회상규에 위배되지 아니하는 정당한 행위로서 위법성이 조각되는 것인지는 구체적인 사정 아래서 합목적적, 합리적으로 고찰하여 개별적으로 판단되어야 하므로, 이와 같은 정당행위를 인정하려면 첫째, 그 행위의 동기나 목적의 정당성, 둘째, 행위의 수단이나 방법의 상당성, 셋째, 보호이익과 침해이익과의 법익권형성, 넷째, 긴급성, 다섯째, 그 행위 외에 다른 수단이나 방법이 없다는 보충성 등의 요건을 갖추어야 할 것을 요건으로 하고 있습니다.

따라서 간통 현장을 직접 목격하고 그 사진을 촬영하기 위하여 상간자의 주거에 침입한 행위가 정당행위에 해당하지 않는다고 하였습니다(대판 2003. 9. 26. 2003도3000).

즉, 피고인이 남편과 피해자가 이 사건 주택 내의 피해자의 방에서 간통을 할 것이라는 추측하에 피고인 1과 공소외 1 사이의 이혼소송에 사용할 증거자료 수집을 목적으로 그들의 간통 현장을 직접 목격하고 그 사진을 촬영하기 위하여 이 사건 주택에 침입한 것으로서 그러한 목적이 피해자의 주거생활의 평온이라는 법익침해를 정당화할 만한 이유가 될 수 없을 뿐 아니라, 원심이 내세운 사정들을 감안하더라도 피고인들의 위와 같은 행위가 그 수단과 방법에 있어서 상당성이 인정된다고 보기도 어려우며, 공소외 1과 피해자의 간통 또는 불륜관계에 관한 증거수집을 위하여 이와 같은 주거침입이 긴급하고 불가피한 수단이었다고 볼 수도 없다.

가출로 인한 이혼청구

키포인트 이혼소송을 청구해야 이혼이 됩니다.

이렇게 ➡ 귀하처럼 가출신고 후 6개월이 경과되면 자동적으로 이혼이 되는 것으로 생각하는 사람이 의외로 많으나, 이는 전혀 근거 없는 것으로 사실이 아닙니다.

혼인관계는 오직 배우자의 사망과 이혼에 의해서만 해소되고, 이혼의 경우에는 일정한 형식과 절차를 거치도록 민법은 규정하고 있습니다.

민법에 규정된 이혼의 방법에는 협의상 이혼(민법 제834조)과 재판상 이혼(민법 제840조)이 있으며, 협의이혼은 이혼에 관한 당사자 쌍방의 합의로 법원의 확인을 받아 가족관계등록법이 정한 바에 따라 신고함으로써 성립하는 방법이며, 재판상 이혼은 이혼원인이 있음에도 합의가 되지 않거나 협의할 수 없는 경우 법원의 재판에 의해서 이혼하는 방법입니다.

　재판상 이혼은 민법 제840조에 규정된 사유가 있는 경우에 한하여 가능한데, 귀하의 경우 처가 정당한 이유 없이 가출하여 6개월 이상 소식이 없다면 배우자로서의 동거, 부양, 협조의무 등을 포기한 것으로서 재판상 이혼사유 중 배우자의 악의의 유기에 해당된다고 할 수도 있을 것입니다.

　그리고 귀하가 갑과의 새출발을 원할 경우 법원에 이혼소송을 제기하여 공시송달방법에 의하여 송달하고 승소판결을 받는다면 그 판결이 확정된 후 1개월 이내에 재판의 등본 및 확정증명서를 첨부하여 이혼신고하면 될 것입니다.

이혼사유의 존재가 계속되는 경우 이혼청구권의 제척기간

키포인트 제기할 수 있습니다.

이렇게 ➡ 민법 제840조(재판상이혼원인) 제6호에 의하면 '기타 혼인을 계속할 수 없는 중대한 사유'가 있는 경우에는 부부의 일방은 가정법원에 이혼을 청구할 수 있는 것으로 규정하고 있습니다. 그러나 민법 제842조(기타 원인으로 인한 이혼청구권의 소멸)에 의하면 "제840조 제6호의 사유는 다른 일방이 이를 안 날로부터 6월 그 사유 있은 날로부터 2년을 경과하면 이혼을 청구하지 못한다."라고 규정하고 있습니다.

그런데 민법 제842조의 제소기간의 적용범위에 관한 판례를 보면, "민법 제840조 제6호 소정의 '기타 혼인을 계속하기 어려운 중대한 사유'가 이혼청구 당시까지도 계속 존재하는 것으로 보아야 할 경우에는 이혼청구권의 제척기간에 관한 민법 제842조가 적용되지 아니한다."라고 규정하고 있습니다(대법원 2001. 2. 23. 선고 2000므1561 판결, 1996. 11. 8. 선고 96므1243 판결).

위 사안에 있어서 갑이 남편 을의 불륜행위를 용서하였을 뿐만 아니라, 갑의 불륜행위나 각종 범죄행위가 있었던 때로부터 2년이 훨씬 경과한 때에야 이혼청구의 소를 제기하였다고 하여도 갑의 이혼소송은 을이 혼인 이후 갑에게 폭력을 행사하고 계속적으로 수차례걸쳐 각종 범죄행위를 저질러 4년여의 징역형을 선고받고 복역 중에 있음으로 인하여 정상적인 혼인관계를 유지할 수 없음을 이유로 한 경우에는 민법 제840조 제6호 소정의 '기타 혼인을 계속할 수 없는 중대한 사유'가 현재까지도 계속 존재하는 것으로 보아야 할 것이고, 이와 같은 경우에는 이혼청구권의 제척기간에 관한 민법 제842조(기타 원인으로 인한 이혼청구권의 소멸) '제840조 제6호의 사유는 다른 일방이 이를 안 날로부터 6월, 그 사유 있는 날로부터 2년을 경과하면 이혼을 청구하지 못한다.'라는 규정이 적용되지 않을 것으로 보이므로, 갑은 지금이라도 이혼청구소송을 제기할 수 있을 것으로 보입니다.

남편이 가정을 돌보지 않고 아내를 유기한 경우

이럴땐 ➡ 저는 3년 전 남편과 결혼하여 혼인신고를 하고 딸 1명을 두고 있는데, 지난해 가을부터 남편의 외박이 잦아지더니 몇 달 전부터는 집에 거의 들어오지 않고 시댁에서 잠을 자고 아침에 회사로 곧바로 출근을 하고 있습니다. 남편은 저와는 성격이 맞지 않다느니 정이 떨어졌다느니 하면서 더 이상 같이 살 수 없으니 이혼을 해달라고 하면서 생활비조차 주지 않고 있습니다. 저는 하는 수 없이 딸을 데리고 친정으로 와 있는데, 저로서는 어떻게 하면 되는지요?

키포인트 부양료청구소송을 제기하면 됩니다.

이렇게 ➡ 부부는 동거하면서 부양하고 협조해야 하며(민법 제826조), 또한 정조를 지키고 자녀양육비를 비롯하여 부부 공동생활에 필요한 비용은 특별한 약정이 없는 한 부부가 공동으로 부담하여야 합니다(민법 제833조, 제974조).

그런데 부부일방이 이러한 의무를 져버린 경우에는 다음 두 가지 선택의 길이 있습니다. 우선, 귀하의 경우 남편이 정당한 이유 없이 성격차이와 사랑이 식었다는 핑계 등으로 처자식을 돌보지 않아 남편으로서의 의무를 져버렸으므로, 그 의무이행을 법으로 강제하는 길이 있습니다.

즉, 남편을 상대로 법원에 부양료청구소송을 제기하여 승소판결을 받아 남편의 월급에서 매월 생활비는 받아내는 방법입니다.

　다음으로는 부부일방이 정당한 이유 없이 고의로 다른 일방을 돌보지 않고 유기(遺棄)하거나, 부정한 행위를 한 때, 기타 혼인을 계속하기 어려운 중대한 사유가 있어 결혼생활이 파탄에 이르게 되면 이는 재판상 이혼사유가 됩니다(민법 제840조).

　귀하의 경우 남편이 정당한 이유 없이 아내를 져버림으로써 결혼생활이 파탄에 이른 것이므로 그 책임이 남편에게 있다고 할 것이고, 따라서 귀하는 남편을 상대로 이혼소송을 제기하고 동시에 위자료 및 재산분할을 청구할 수도 있습니다.

　그리고 딸의 양육관계에 대하여는 당사자간에 합의가 이루어지지 않으면 법원에 양육자의 지정을 신청할 수 있습니다.

이혼판결확정 후 기간안에 이혼신고를 하지 않은 경우

키포인트 1개월이며 효력은 상실되지 않습니다.

이렇게 ➡ 재판상 이혼의 경우 소를 제기한 자는 판결이 확정된 날로부터 1개월 이내에 재판의 등본과 확정증명서를 첨부하여 이혼신고를 하여야 합니다(가족관계등록법 제78조, 제58조).

그러나 재판상이혼은 판결이 확정됨으로써 혼인해소의 효력이 발생되는 것이고, 이혼신고는 가족관계등록부 정리를 위한 보고적 신고에 불과하므로 위 이혼신고기간을 경과하였다고 하여 이혼의 효력이 상실되는 것은 아닙니다.

그리고 이혼판결이 확정되면 법원사무관 등은 지체 없이 당사자 또는 사건 본인의 등록기준지 가족관계등록사무를 처리하는 자에게 그 뜻을 통지하도록 되어 있고(가사소송규칙 제7조 제1항), 이러한 가족관계등록사무처리자에게의 통지는 그 통지사항에 관하여 당사자에게 가족관계등록법상의 신고의무가 있음을 전제로 한 것이므로 통지를 받은 등록사무관장자는 신고의무자에게 상당한 기간을 정하여 신고를 최고하고, 최고할 수 없거나 2회의 최고를 하여도 신고하지 아니하는 때에는 감독법원의 허가를 얻어 직권으로 통지 받은 사항을 기재하게 됩니다(가족관계등록법 제38조, 제18조 2항).

따라서 귀하가 신고기간 내에 이혼신고를 하지 않은 경우에는 5만원 이하의 과태료에 처해질 수 있고, 기간을 정하여 신고의 최고를 하였음에도 신고하지 아니하는 경우에는 10만원 이하의 과태료처분을 받게 됩니다(가족관계등록법 제121조, 제122조).

만일, 아직까지도 이혼사유가 직권으로 가족관계등록부에 기록되어 있지 않는다면 지금이라도 이혼신고를 하여야 할 것입니다.

가족관계등록법 제40조는 시·읍·면의 장은 신고기간이 경과한 후의 신고라도 이를 수리하여야 한다고 규정하고 있습니다.

신고기간이 경과한 것은 과태료의 문제가 발생할 뿐, 불수리의 원인은 아니므로 이를 수리하도록 규정하고 있습니다.

배우자가 생사가 불명인 경우 이혼청구

키포인트 이혼할 수 있습니다.

이렇게 ➡ 민법 제840조 5호의 이혼사유가 됩니다.

이 유 ➡ 배우자의 3년 이상의 생사불명은 재판상 이혼사유가 됩니다.

생사불명이란 살아 있는지 죽었는지 증명할 수 없는 경우를 말합니다. 3년이란 기간의 기산점은 남아 있는 배우자가 생사불명(예컨대 가출한 아내고 마지막으로 소식을 보내온 날)이 될 것입니다.

행방불명된 배우자를 상대로 한 이혼청구소송은 행방불명된 배우자의 최후주소지 통, 반장의 불거주사실확인서와 그 친족의 부재사실확인서 등을 첨부하여 공시송달절차에 의할 수 있고, 공시송달은 법원사무관 등이 송달할 서류를 보관하고 그 사유를 법원게시판에 게시한 날로부터 2주일을 경과하면 그 효력이 생깁니다(민사소송법 제194조). 이혼 판결이 확정되면 1개월 이내에 재판의 등본 및 확정증명서를 첨부하여 이혼신고를 할 수 있습니다.

이혼판결이 확정된 후에 돌아오더라도 실종선고가 취소된 경우와는 달리 혼인이 당연히 부활하는 것은 아닙니다.

폭행과 모욕 등 부당한 대우를 한 경우 이혼청구

키포인트 이혼할 수 있습니다.

이렇게 ➡ 이는 민법 제840조 3호의 이혼사유인 '배우자에 의한 심히 부당한 대우'에 해당됩니다.

이 유 ➡ 부부의 일방이 배우자 또는 그 직계존속으로부터 육체적·정신적 학대·모욕을 받았고, 이러한 상태에서 혼인생활을 계속하는 것이 당사자에게 심한 고통이 되는 경우에는 '부당한 대우'로서 이혼원인이 됩니다.

남편이 처의 춤바람과 남녀관계를 추궁한데 대하여 남편이 심한 의처증의 증세를 나타내는 정신병자가 아님에도 처가 남편을 정신병자로 몰아 정신병원이나 요양원등에 강제로 보내기 위해 납치를 기도하고, 수업중인 학생들 앞에서 수갑을 채우는 등으로 폭행과 모욕등 부당한 대우를 하여 혼인생활을 계속하기 어려운 지경에 이르렀다면 이는 민법 제840조 제3호 소정의 이혼사유에 해당합니다(대판 1985. 11. 26. 85므51).

이혼소송중 폭행에 대항하다 사망에 이르게 한 경우 정당방위 여부

키포인트 정당방위가 성립하지 않습니다.

이렇게 ➡ 정당방위나 과잉방위에 해당하지 않습니다(대판 2001. 5. 15. 2001도1089).

이 유 ➡ 자기 또는 타인의 법익에 대한 현재의 부당한 침해를 방위하기 위한 상당한 이유가 있는 행위는 벌하지 아니하는데, 이를 정당방위라고 합니다(형법 제20조 제1항).

그리고 방위행위가 상당성의 정도를 넘은 때에는 과잉방위라고 하며, 과잉방위는 형을 감경 또는 면제할 수 있습니다(형법 제20조 2항). 정당방위가 성립하려면 ① 현재의 부당한 침해가 있을 것, ② 자기 또는 타인의 법익을 방위하기 위한 행위일 것, ③ 상당한 이유가 있을 것 등의 세 가지 요건이 필요합니다.

여기서 상당한 이유라 함은 침해에 대한 방위가 사회상규에 비추어 상당한 정도를 넘지 않고 당연시 되는 것을 말합니다.

이혼소송중인 남편이 찾아와 가위로 폭행하고 변태적 성행위를 강요하는 데에 격분하여 처가 칼로 남편의 복부를 찔러 사망에 이르게 한 경우, 그 행위는 방위행위로서의 한도를 넘어선 것으로 사회통념상 용인될 수 없다는 이유로 정당방위나 과잉방위에 해당하지 않는다고 판시하였습니다(대판 2001. 5. 15. 2001도1089).

법원은 피해자가 피고인의 월세방으로 찾아온 사실, 문밖에 찾아온 사람이 피해자라는 것을 안 피고인은 피해자가 칼로 행패를 부릴 것을 염려하여 부엌에 있던 부엌칼 두 자루를 방의 침대 밑에 숨긴 사실이 있고, 피해자로부터 먼저 폭행·협박을 당하다가 이를 피하기 위하여 피해자를 칼로 찔렀다고 하더라도, 피해자의 폭행·협박의 정도에 비추어 피고인이 칼로 피해자를 찔러 즉사하게 한 행위는 피해자의 폭력으로부터 자신을 보호하기 위한 방위행위로서의 한도를 넘어선 것이라고 하지 않을 수 없고, 따라서 이러한 방위행위는 사회통념상 용인될 수 없는 것이므로, 자기의 법익에 대한 현재의 부당한 침해를 방어하기 위한 행위로서 상당한 이유가 있는 경우라거나, 방위행위가 그 정도를 초과한 경우에 해당한다고 할 수 없다고 하였습니다.

외국법원에 제소하여 이혼판결을 받은 경우 그 외국판결의 효력

키 포인트 효력이 없습니다.

이렇게 ➡ 대한민국에서 효력이 없습니다(대판 1994. 5. 10. 93므1051, 1068).

이 유 ➡ 법원은 대한민국에서의 이혼소송과 미국에서의 이혼소송을 비교해 볼 때 두 소송은 모두 동일 당사자간의 혼인신고에 의한 혼인의 해소라는 동일한 목적을 위한 것이고 비록 청구원인은 다소 다르지만 그 기본적 사실관계는 원고와 피고의 성장과정과 성격이 상이함으로 인한 갈등으로 혼인관계가 파탄에 이르렀다는 점 및 부부가 별거하고 있다는 점에서 동일한 사실에 기초하되 다만 우리 민법과 미국 네바다주법상의 각 이혼요건이 상이하기 때문에 법률적으로 이에 맞추어 청구원인을 다소 다르게 구성하였을 뿐임을 알 수 있다고 하였습니다.

그리고 이와 같이 동일 당사자 간의 동일 사건에 관하여 대한민국에서 판결이 확정된 후에 다시 외국에서 판결이 선고되어 확정되었다면 그 외국판결은 대한민국판결의 기판력에 저촉되는 것으로서 대한민국의 선량한 풍속 기타 사회질서에 위반되어 민사소송법 제203조 제3호에 정해진 외국판결의 승인요건을 흠결한 경우에 해당하므로 대한민국에서는 효력이 없다고 하였습니다(대판 1994. 5. 10. 선고 93므1051, 1068).

'혼인을 계속하기 어려운 중대한 사유'가 발생한 경우 원고의 이혼청구

키포인트 재심청구는 기각됩니다.

이렇게 ➡ 남편에게 주된 책임이 없이 혼인관계가 파탄되었으므로 위 이혼판결에 재심사유가 있더라도 결과적으로 정당하여 아내의 재심청구는 기각됩니다.

민법 제840조 제6호는 '기타 혼인을 계속하기 어려운 중대한 사유'를 규정하고 있습니다. 여기서 '혼인을 계속하기 어려운 중대한 사유가 있을 때'라 함은 부부간의 애정과 신뢰가 바탕이 되어야 할 혼인의 본질에 상응하는 부부공동생활관계가 회복할 수 없을 정도로 파탄되고 그 혼인생활의 계속을 강제하는 것이 일방 배우자에게 참을 수 없는 고통이 수반되는 경우를 말합니다(대법원 2003. 6. 13. 선고 2002므159 판결).

　법원은 민법 제840조 제6호 소정의 이혼사유에 관하여
원고측에게 오로지 또는 주로 책임이 있는 경우가 아닌 한
원칙적으로 이혼청구를 허용합니다.

　위 사례에 대해 원고(남편)와 피고(아내)사이의 혼인관계
는 피고가 정신질환으로 친정으로 가서 서로 별거하여 오
랫동안 소식이 단절됨에 따라 원고가 이혼심판을 선고받고
그 심판에 대한 피고의 재심청구까지 기각된 후 원고가 다
른 여자와 재혼함으로써 이제는 더 이상 돌이킬 수 없을
정도로 파탄에 이르렀다고 할 것이고, 그 파탄의 주된 책
임이 원고에게 있다고 볼 만한 자료도 없는 이 사건에서,
원고와 피고 사이의 혼인관계는 민법 제840조 제6호 소정
의 "혼인을 계속하기 어려운 중대한 사유가 있을 때"에 해
당한다고 할 것이므로, 이를 이유로 한 원고의 이 사건 이
혼심판청구는 이유가 있어 이를 인용하여야 할 것이고, 따
라서 재심대상심판에 민사소송법 제422조 제1항 제7호 소
정의 재심사유가 있다고 하더라도 원고의 이혼심판청구를
인용한 재심대상심판의 결론을 정당하다고 할 것이므로,
결국 피고의 이 사건 재심청구를 기각하여야 할 것이라고
판단하였습니다(대판 1991. 12. 24. 91므528).

부부간의 기본적인 신의와 혼인의 도덕성에 배치되는 행위를 한 사람은 이혼을 청구할 수 없다.

이럴땐 ➡ 제 새어머니는 독신으로 계시다 40세가 넘어 2남 4녀를 두고 홀몸으로 계신 제 아버지와 결혼하셨습니다. 독선적인 성격의 제 아버지 및 저희 자식들과 새어머니 사이에는 갈등과 불화도 있었지만 18년간 비교적 원만한 생활을 해왔습니다. 그런데 새어머니는 아버지한테 여러 차례 폭행을 당하시고는 자식들도 제대로 이해해주지 않는다고 집을 나가서 이혼을 요구하고 있습니다. 두분은 이혼해야 하나요?

키포인트 이혼청구는 기각합니다.

이렇게 ➡ 대법원은 위 사례에 대해 이혼사유에 해당하지 않으며, 설사 혼인관계가 더 이상 회복되기 어려울 정도로 파탄에 이르렀다고 하더라도 그에 대한 책임은 부부사이 및 전처자식들과의 갈등과 감정상의 대립을 해소하여 혼인생활의 유지를 위한 노력을 하지 아니한 새어머니에게 있다고 하여 이혼청구를 기각하였습니다(대판 1999. 2. 12. 97므612).

왜냐면 ➡ 법혼인은 부부간의 애정을 바탕으로 하여 일생의 공동생활을 목적으로 하는 도덕적·풍속적으로 정당시되는 결합으로서 부부 사이에는 동거하여 서로 부양하고 협조하여야할 의무가 있는 것이므로(민법 제826조 제1항), 혼인생활을 함에 있어서 부부는 애정과 신의 및 인내로써 서로 상대방을 이해하며 보호하여 혼인생활의 유지를 위한 최선의 노력을 기울여야 하는 것이고, 혼인생활 중에 그 장애가 되는 여러 사태에 직면하는 경우가 있다 하더라도 부부는 그러한 장애를 극복하기 위한 노력을 다해야 할 것이며, 일시 부부간의 화합을 저해하는 사정이 있다는 이유로 혼인생활의 파탄을 초래하는 행위를 하여서는 안됩니다.

따라서 이러한 부부간의 동거, 부양, 협조의무는 애정과 신뢰를 바탕으로 일생에 걸친 공동생활을 목적으로 하는 혼인의 본질이 요청하는 바로서, 부부사이에 출생한 자식이 없거나 재혼한 부부간이라 하여 달라질 수 없는 것이고, 재판상 이혼사유에 관한 평가 및 판단의 지도원리로 작용한다고 할 것이며, 배우자가 정당한 이유 없이 서로 동거, 부양, 협조하여야 할 부부로서의 의무를 포기하고 다른 일방을 버린 경우에는 재판상 이혼사유인 악의의 유기에 해당합니다.

대법원은 위 사례에 대해 원·피고의 연령, 혼인계속의 의사유무, 혼인생활의 기간, 혼인생활의 전체적 상황 등 여러 가지 사정을 종합적으로 고려하여 볼 때, 원심이 인정한 피고의 원고에 대한 일련의 독선적 행동이 혼인관계의 지속을 요구함이 가혹한 정도의 폭행, 학대 또는 중대한 모욕으로서 민법 제840조 제3호 소정의 이혼사유인 배우자로부터 심히 부당한 대우를 받았을 때에 해당한다고 보기 어렵고, 그로 인하여 원·피고 사이의 부부생활관계가 회

복할 수 없을 정도로 파탄됨으로써 민법 제840조 제6호 소
정의 기타 혼인을 계속하기 어려운 중대한 사유가 있다고
보기도 어렵다고 하였습니다. 설사 원·피고 사이의 혼인
관계가 더 이상 회복하기 어려울 정도로 파탄에 이르렀다
고 하더라도 그에 대한 주된 책임은 부부사이 및 자식들과
의 갈등과 감정상의 대립을 해소하여 혼인생활의 유지를
위한 노력을 하지 아니한 채, 인생의 말년에 이르러 피고
가 전혀 예기치 못한 상황에서 가출하여 내심 피고에 대하
여 재산상의 보장을 바라면서 피고와의 동거를 거부하는
등 부부간의 기본적 신의와 혼인의 도덕성에 배치되는 행
태를 보인 원고에게 있다고 하지 않을 수 없다고 하면서
원고(즉, 새어머니)의 이혼청구를 기각하였습니다(대판
1999. 2. 12. 97므612).

부부간의 갈등을 일시적으로 참고 있는 상태

이럴땐 ➡ 저희 부부는 크고 작은 문제로 다투며 서로 폭행하고, 부부간의 문제를 감정적 차원에서 대응하여 갈등을 증폭시키다가 이혼까지 하려고 하였습니다. 그러다가도 별일 없었다는 듯 지내기도 하였지만, 불화가 계속되어 별거를 하게 되었습니다. 저는 이혼을 원하지만 아내는 이에 반대하는데, 저희 부부는 이혼할 수 있습니까?

키포인트 이혼할 수 있습니다.

이렇게 ➡ 상대방에 대한 이해부족과 불신을 그대로 유지한 채 부부간의 갈등을 일시적으로 참고 있는 상태라면 혼인을 계속하기 어려운 중대한 사유가 있다고 볼 수 있어 이혼할 수 있습니다(대판 2004. 8. 20. 2004므955).

법원은 위 사례의 부부가 한차례 이혼소송 파동을 겪은 후에도 서로 애정과 신뢰를 쌓을 노력을 등한시한채 자신의 입장만을 고집하여 불화가 계속되면서 결국 별거하게 되고 남편이 이혼소송을 제기하였다면서, 위 부부 즉, 원·피고는 다툰 후에도 곧 별일 없었다는 듯이 지내기도 하였으나, 이는 자기 반성과 노력에서 비롯된 신뢰의 회복이라고 보여지기보다는 원·피고가 상대방에 대한 이해부족과 불신을 그대로 유지한 채 그들 사이의 갈등을 일시적으로 참고 있는 상태라고 보여질 뿐이라고 하였습니다. 또한 피고는 원고를 여전히 사랑하고 있다고 하면서 혼인생활의 계속을 간절히 희망하는 의사를 피력하고 있기는 하나, 평소 원고와 더 이상 못 살겠다고 말하곤 한 것 외에도 원고로부터 폭행을 당한 후에는 병원에서 상해진단서를 떼어놓거나 원·피고의 별거기간에도 혼인관계의 회복을 위한 별다른 노력을 하지 않는 등 그 진정한 의사는 비록 이혼을 원하고 있지는 않을지라도 피고가 피력하고 있는 의사만큼이나 혼인생활의 계속을 간절치 희망하고 있는 것으로는 보여지지 아니하고, 반면 원고는 이혼할 뜻을 분명히 하면서 이혼청구가 기각되더라도 피고와 재결합을 하지 않겠다는 의사를 피력하고 있는 점을 알 수 있는 바, 사정이 위와 같다면 원·피고의 혼인관계는 그 바탕이 되어야 할 애정과 신뢰가 상실되었고 2002. 7.경부터 지금까지 장기간 별거하면서 그 동안에 두 사람이 혼인관계의 회복을 위한 별다른 노력을 하지 아니함으로써 그 부부공동생활관계는 이제 회복할 수 없을 정도로 파탄되었고, 그 혼인생활의 계속을 강제하는 것이 원고에게는 참을 수 없는 고통이 된다고 볼 수 있을 것이라고 하였습니다(대판 2004. 8. 20. 2004므955).

이혼 후 재혼하였는데, 이혼확정심판이 재심에 의해
취소된 경우 재혼의 효력은 어떻게 되는가?

키 포 인 트 귀하와 A사이의 혼인은 중혼에 해당되어 취
소될 수 있습니다.

이렇게 ➡ 민법은 일부일처제를 채택하고 있으므로 배우자
있는 자는 중복해서 혼인할 수 없습니다(민법 제810조). 중
혼이란 법률혼이 이중으로 성립하는 경우를 말합니다.

이미 법률혼상태에 있는 사람이 다시 혼인신고를 하더라
도 그 신고가 수리되지 않을 것이므로 중혼이 성립하는 경
우는 드물다고 할 것입니다. 실제로 중혼이 성립하는 경우
는 이혼 후 재혼하였는데 이혼이 무효가 되거나 취소된 경
우, 국내와 국외에서 이중혼인을 한 경우, 실종(또는 부재)
선고후 재혼하였는데, 실종선고가 취소된 경우 등이 있습
니다.

법률상 부부였던 사람이 상대방을 상대로 이혼심판을 청
구하여 승소심판을 선고받고 그 심판이 확정되자 곧 다른
사람과 혼인하여 혼인신고를 마쳤으나 그 후 재심청구에

의하여 그 이혼심판의 취소 및 이혼청구기각의 심판이 확정되었다면 후혼은 중혼에 해당되므로 취소될 수 있습니다(대판 1994. 10. 11. 94므932).

중혼이 성립한 경우에는 당사자, 그 배우자, 당사자의 직계존속, 4촌 이내의 방계혈족 또는 검사가 후혼을 취소할 수 있습니다. 이 경우에는 가정법원에 우선 조정을 신청하여야 합니다(가사소송법 제2조 1항, 제50조).

고령의 부부에 대하여는 적법한 이혼사유가 있더라
도 이혼을 허용할 수 없는가?

키포인트 이혼할 수 없습니다.

이렇게 ➡ 위 사실만으로는 배우자에게 심히 부당한 대우를
당하였다거나 혼인관계가 회복할 수 없을 정도로 파탄에 이
르렀다고 보이지 않으므로 이혼할 수 없습니다(대판 1999.
11. 26. 99므180).

민법 제840조 제3호 소정의 이혼사유인 '배우자로부터
심히 부당한 대우를 받았을 때'라고 함은 혼인 당사자의
일방이 배우자로부터 혼인관계의 지속을 강요하는 것이 가
혹하다고 여겨질 정도의 폭행이나 학대 또는 중대한 모욕
을 받았을 경우를 말합니다. 또 같은 조 제6호 소정의 이
혼사유인 '기타 혼인을 계속하기 어려운 중대한 사유가 있
을 때'라 함은 부부간의 애정과 신뢰가 바탕이 되어야 할
혼인의 본질에 상응하는 부부공동생활관계가 회복할 수 없
을 정도로 파탄되고 그 혼인생활의 계속을 강제하는 것이

일방 배우자에게 참을 수 없는 고통이 되는 경우를 말합니다.

법원은 비록 피고가 원고에게 생활비를 적게 주어 원고로 하여금 경제적으로 어려운 생활을 하도록 하고 가부장적 권위로 원고를 대해 오는 한편 고령이 되어 원고를 이유 없이 의심하는 언행을 보인 적은 있으나, 피고 스스로도 절약하는 생활을 하여 현재 약 18억원에 상당하는 재산을 모은 점, 피고가 원고를 의심하는 언행을 하거나 알몸으로 집안을 돌아다니기도 한 것은 고령으로 인하여 생긴 정신장애 증상에 기인하며 원고는 위와 같은 정신장애 증상이 있는 피고를 돌보고 부양하여야 할 의무가 있는 점, 현재 원고는 만75세이고, 피고는 만83세에 이르는 고령인 점 및 혼인기간, 혼인 당시의 가치기준과 남녀관계 등을 종합하면, 위 인정 사실만으로 피고가 원고에게 심히 부당한 대우를 하였다거나 원고와 피고의 혼인관계가 이미 회복할 수 없을 정도로 파탄에 이르렀다고는 보이지 아니하고 달리 이를 인정할 만한 증거가 없다고 판단하여, 민법 제840조 제3호와 제6호의 이혼사유를 원인으로 하는 원고의 이혼청구 및 그에 따른 위자료 및 재산분할청구를 모두 배척하였습니다(대판 1999. 11. 26. 99므180).

또한 이혼사유에의 해당여부를 판단함에 있어 원고와 피고가 현재 고령인 점과 혼인기간, 혼인 당시의 가치기준과 남녀관계를 참작한다는 판시부분도 혼인기간이 긴 고령의 부부에 대하여는 적법한 이혼사유가 있더라도 이혼을 허용할 수 없다거나 가부장적 남존여비의 관념에 기초하여 여자 배우자에 대하여는 남자 배우자에 비하여 이혼을 엄격히 제한하겠다는 취지는 아니라고 하였습니다.

부부의 일방이 정신병적인 증세를 보인다 하여 곧 이혼청구를 할 수 있는가?

키포인트 약간의 정신분열증이나 가벼운 정신병증세 또는 우울증세는 이혼사유에 해당하지 않습니다.

이렇게 ➡ 부부의 일방이 정신병적인 증세를 보여 혼인관계를 유지하는데 어려움이 있다고 하더라도 그 증상이 가벼운 정도에 그치는 경우라든가, 회복이 가능한 경우인 때에는 그 상대방 배우자는 사랑과 희생으로 그 병의 치료를 위하여 전력을 다하여야 할 의무가 있는 것이고, 이러한 노력을 제대로 하여 보지 않고 정신병 증세로 인하여 혼인관계를 계속하기 어렵다고 주장하여 곧 이혼청구를 할 수는 없습니다 (대판 2004. 9. 13. 2004므740).

그러나 가정은 단순히 부부만의 공동체에 지나지 않는 것이 아니고 그 자녀 등 모든 구성원의 공동생활을 보호하는 기능을 가진 것으로서 부부 중 일방이 불치의 정신병에 이환되었고, 그 질환이 단순히 애정과 정성으로 간호되거나 예후가 예측될 수 있는 것이 아니고 그 가정의 구성원 전체에게 끊임없는 정신적·육체적 희생을 요구하는 것이며, 경제적 형편에 비추어 많은 재정적 지출을 요하고 그로 인한 다른 가족들의 고통이 언제 끝날지 모르는 상태에 이르렀다면, 온 가족이 헤어날 수 없는 고통을 받더라도 타방 배우자는 배우자 간의 애정에 터잡은 의무에 따라 한정없이 참고 살아가라고 강요할 수는 없는 것이므로, 이러한 경우는 민법 제840조 제6호 소정의 재판상 이혼사유에 해당합니다(대판 2004. 9. 13. 2004므740).

간통한 남편과 폭행한 시아버지를 고소하고 이혼하
는 조건으로 고소를 취소하고 위자료를 받은 것이
이혼사유가 되는가?

키포인트 정당하지 않습니다.

이렇게 ➡ 혼인이 파탄된 것은 남편의 전적인 책임이므로
이혼을 조건으로 위자료를 받았다해도 남편은 이혼을 청구
할 수 없습니다(대판 1991. 11. 22. 91므23).

혼인파탄에 주된 책임이 있는 유책배우자는 원칙적으로
이혼청구를 할 수 없다는 것이 대법원의 확고한 태도입니
다.

상대방에게 실제로 혼인을 계속할 의사와 동거할 의사가
전혀 없고 단순히 청구인에게 괴로움을 주기 위하여 이혼
에 응하지 않고 있다는 등의 특별한 사정이 없이는 혼인의

파탄에 대하여 전적인 책임이 있는 청구인에게 재판상 이혼청구권이 없습니다.

위 사례에 대해 법원은 청구인(부)의 간통으로 가정이 파탄되고 이를 추궁하는 과정에서 시아버지가 실제로 피청구인(처)을 폭행한 이상 피청구인 남편과 시아버지를 고소하고(고소취소됨) 부부가 이혼하기로 합의하고 위자료까지 지급되었다 해도, 이로써 부부관계가 돌이킬 수 없을 정도로 파탄되어 부부쌍방이 이혼의 의사로 상당기간 사실상 부부관계의 실체를 해소한 채 생활해 왔다는 등의 특별한 사정이 없는 한, 그러한 합의의 존재만으로 혼인을 계속할 수 없는 중대한 사유가 있다고 할 수 없는 것이므로, 유책배우자인 청구인으로서는 민법 제840조 제6호 사유가 있음을 이유로 혼인을 구할 수는 없다고 할 것이다라고 하였습니다(대판 1991. 11. 22. 91므23).

제3편. 위자료·재산분할

1. 위자료

가. 위자료의 의미

위자료는 일반적으로 정신상의 손해, 무형의 손해 또는 비재산상의 손해에 관한 배상금이라고도 하고 정신적 고통에 대한 금전적 손해배상이라고도 하는데, 이는 재산상의 손해에 관한 배상금에 대응하는 개념입니다.

정신상 손해는 재산적손해와는 달라서 등가차적 물건의 급부 또는 원상회복은 불가능한 것이므로, 결국 위자료란 보호 받아야 할 정신상의 이익을 침해 당함으로 해서 받게 되는 정신상의 고통에 관하여 금전지급 방법에 의한 고통의 제거 내지는 경감이라고 할 수 있습니다.

위자료는 주로 침해로 인하여 과거 또는 현재에 입고 있는 정신상의 고통에 대한 손해 배상인 것이지만 반드시 그것에 국한되는 것이라 할 수 없고, 장래 고통을 느끼게 될 것임이 합리적으로 기대되는 경우라면 장래의 고통에 대하여서도 미리 청구할 수 있습니다. 장래의 손해에 관하여는 절대적 확실성을 입증하도록 요구하는 것은 무리라 할 것이나 그렇다고 하여 막연히 추상적 가능성이 있다는 것만으로는 부족하고 적어도 합리적 기대성은 있어야 합니다.

나. 위자료의 근거법 조항

위자료의 액수산정은 법원이 여러 가지 점을 참작하여 직권에 의해 결정하며 대개 다음의 것을 참작하게 됩니다.

1. 혼인파탄의 원인과 책임
2. 유책정도(잘못을 저지른 배우자로부터 받은 정신적 고통의 정도)
3. 재산상태 및 생활정도 가족상황
4. 동거기간 및 혼인생활 내력
5. 당사자의 학력, 연령, 경력, 직업 등 신분사항
6. 자녀 및 부양관계
7. 재혼의 가능성

다. 위자료의 액수

재판상 이혼의 경우에 민법상 재산분할청구권 조항이 신설되기 전까지 법원에서 선고되었던 위자료의 액수는 보통 남자재산의 20~30%인 경우가 가장 많고, 재산형성에 아내의 공로가 많았던 맞벌이부부 등 특별한 경우에는 남자재산의 절반까지도 위자료로 지급하도록 하였으나, 재산분할을 법적으로 인정하게 된 1991. 1. 1. 이후로는 위자료는 인용되는 액수 가액 가운데서 재산 분할적 요소가 배제되고 순수한 정신적 고통에 대한 배상적 요소만이 고려되기 때문에 상대적으로 위비율도 낮아지고 있습니다.

2. 재산분할 청구권

재산분할의 구체적 인정범위

가. 재산분할청구권이란?

혼인 중 부부쌍방의 협력에 의하여 형성된 재산에 관하여 자기가 재산 형성에 협력한 몫을 되돌려 주라는 권리를 말합니다.

나. 재산분할의 대상

혼인 중 쌍방의 협력에 의하여 취득한 재산

혼인 전에 부부일방이 취득하여 소유하고 있던 재산(특유재산)은 분할의 대상이 아닙니다.

또한 혼인 중이더라도 쌍방의 협력과는 관계없이 부부의 일방이 상속, 증여 등에 의하여 취득한 재산도 분할의 대상이 아닙니다.

단, 상대방이 그 특유재산의 유지에 적극적으로 협력하여 감소를 방지하였을 경우에는 그 한도 내에서 분할의 대상이 될 수 있습니다.

1) 재산분할청구인 자신명의의 재산

혼인 중 쌍방의 협력에 의하여 취득한 재산이라면 소유명의가 누구에게 있는가를 불문하고 청산의 대상이 됩니다.

2) 제3자 명의의 재산

부부 중 일방이 제3자에게 명의신탁한 부동산도 청산의 대상이 된다.

3) 무형재산

예를 들면 혼인 중 일방이 상대방의 도움으로 장래 고액의 소득을 얻게 하는 능력이나 전문적 자격을 취득한 경우 이 능력이나 자격으로 인한 예상 수입도 청산의 대상이 됩니다.

4) 혼인 중 주로 일방에 의하여 형성된 재산

부부 중 일방이 경영하는 사업, 병원 등의 영업자산도 분할의 대상이 됩니다. 이러한 영업자산은 일방의 특유한 능력에 의하여 형성되고, 상대방은 그 취득에 대하여 직접적으로 협력하지는 않았지만 간접적으로 가사노동 등의 내조에 의하여 협력하였다고 볼 수 있으므로 청산의 대상이 됩니다.

5) 퇴직금, 연금

부정한 사례(퇴직하지 않고 직장에 근무하고 있는 경우)

긍정한 사례(이미 퇴직하여 퇴직금을 수령한 경우)

6) 일방의 제3자에 대한 채무

부부일방이 혼인 중 제3자에게 부담한 채무는 일상 가사에 관한 것 이외에는 원칙적으로 그 개인의 채무로서 청산의 대상이 되지 않습니다.

일방 당사자의 사업상의 채무는 재산분할의 대상인 소극재산에 포함되지 않습니다.

다만 그 채무가 공동재산의 형성에 수반하여 부담한 채무일 경우에는 청산의 대상이 됩니다. 다만 공동재산이라고 할만한 것이 없는 경우 재산분할을 할만한 재산이 없으므로 재산분할을 할 수 없습니다.

7) 일방이 재산형성에 기여한 바가 없는 경우

청구인이 혼인 중에 집에 있는 돈을 들고 가출하거나

밤낮으로 외출하여 다른 남자와 놀러다니느라고 가사에 충실하지 않는 경우

원심에서는 혼인 중 형성된 재산에 대하여 청구인이 기여한 바가 없다하여 재산분할 청구 기각

대법원에서는 청구인이 가사노동에 충실하지 않았다하여도 이와 같은 사정은 재산 분할의 액수와 방법을 정함에 있어서 참작할 사유는 될지언정 그와 같은 사정만으로 청구인이 위와 같은 재산의 형성에 기여하지 않았다고 단정할 수는 없다고 보았습니다.

혼인초부터 심한 정신질환 증세를 보이며 정상적인 결혼생활을 하지 못하였던 처의 재산분할청구에 대하여 처가 위 재산의 취득에 기여하였다고 볼만한 증거가 없다하여 기각한 사례가 있습니다.

다. 이혼에 따른 재산분할의 액수와 방법

재산분할을 할 것인지 여부 및 그 액수와 방법은 당사자의 협의에 의하고, 협의가 되지 아니하거나 협의를 할 수 없는 때에는 가정법원은 당사자의 청구에 의하여 당사자 쌍방의 협력으로 이룩한 재산의 액수 기타 사정을 참작하여 분할의 액수와 방법을 정합니다.

1) 재산분할협의가 있었다고 볼 수 없는 사례

부부가 협의이혼을 전제로 재산분할 약정을 한 경우 그 후 혼인관계가 존속하거나 재판상 이혼이 이루어진 경우에는 그 협의는 조건의 불성취 협의이혼이 안된 사실로 인하여 효력이 발생하지 않으므로 재산분할에 관한 심판을 청구해야 합니다.

재산분할을 청구할 수 있는 사람의 범위는,

① 협의이혼한 사람의 일방

② 재판상 이혼을 청구한 사람

③ 실혼관계를 해소한 사람의 일방

④ 유책배우자

등이며 재산분할은 부부쌍방의 공동재산에 대한 기여비율에 따른 분배이기 때문에 혼인파탄에 대한 귀책문제는 전혀 고려될 여지가 없습니다. 따라서 유책배우자도 재산분할을 청구할 수 있습니다.

2) 이혼과 병합하여 재산분할 청구를 하는 경우 가집행선고를 붙일 수 있는지 여부

민법상 재산분할 청구권은 이혼을 한 당사자 일방이 다른 일방에 대하여 재산분할을 청구할 수 있는 권리로서 이혼이 성립한 때에 그 전에 이혼소송과 병합하여 재산분할청구를 하고, 법원이 이혼과 동시에 재산분할을 명하는 판결을 하는 경우에도 이혼판결은 확정되지 아니한 상태이므로 그 시점에서 가집행을 허용할 수는 없습니다.

· 재산분할청구권의 행사기간

재산분할청구권은 이혼한 날로부터 2년 이내에 행사하여야 하고, 그 기간이 경과되면 청구권이 소멸되어 이를 청구할 수 없습니다.

라. 위자료 청구권

부부일방과 상대방 사이의 혼인이 일방의 유책행위로 말미암아 회복할 수 없을 정도로 파탄상태에 이름으로써 상대방이 커다란 정신적 고통을 받으리라는 점은 경험칙상 손쉽게 짐작할 수 있으므로 그 일방은 상대방에게 위자료를 지급할 의무가 있습니다.

1) 위자료 지급기준

유책배우자의 위자료 액수를 산정함에 있어서는,
① 유책행위에 이르게 된 경위와 정도
② 혼인관계 파탄의 원인과 책임
③ 배우자의 연령
④ 재산상태
⑤ 학력
⑥ 성별
⑦ 혼인기간
⑧ 혼인기간 중 부부의 협력
⑨ 재산을 축적한데 대한 공로 등
변론에 나타나는 모든 사정을 참작하여 법원이 직권으로 하게됩니다.

판례의 경향을 보면 유책배우자의 현재 재산이 얼마나 되느냐 하는 점이 가장 큰 요인으로 작용하고 있는 것으로 보입니다.

마. 제3자의 불법행위 책임

제3자가 혼인생활에 부당하게 간섭하여 혼인(사실혼관계 포함)을 파탄에 이르게 한 행위를 한 자는 불법행위를 원인으로 한 손해배상을 하여야 합니다.

예를 들어

① 시어머니가 혼인생활의 파탄에 가담한 경우 시어머니

도 배상책임을 집니다.

② 배우자의 일방과 간통한 자는 다른 일방의 배우자에게 불법행위 책임을 집니다.

③ 유부녀에 대한 강간 또는 강간미수범

④ 배우자의 일방과 간통한 자(첩)

⑤ 유부남인줄 알면서도 지속적인 교제를 하는 경우

등이 있습니다.

사실혼관계를 부당하게 파기한 경우 손해배상책임

키포인트 손해배상청구를 할 수 있습니다.

이렇게 ➡ 남편은 사실혼관계 부당파기로 인한 손해배상 책임을 면할 수 없습니다(대판 1998. 8. 21. 97므544, 551).

이 유 ➡ 사실혼이란 사실상의 부부로서 혼인생활을 하고 있으면서 단지 혼인신고를 하지 않았기 때문에 법률혼으로 인정되지 않는 부부관계를 말합니다. 즉, 사실혼으로 인정되기 위해서는 당사자간에 혼인의사의 합치가 있어야 하고, 부부공동생활의 실체가 존재해야만 합니다.

민법은 사실혼에 관한 규정을 두고 있지 않으나 학설과 판례는 사실혼에 대해서 일정한 법적 효과를 인정해 왔습니다. 비록 혼인신고라는 형식적인 요건을 갖추지 않았으나 실제로 존재하는 사실상의 혼인관계를 법적으로 보호할 필요성이 있었기 때문입니다.

사실혼관계에 있어서도 부부는 민법 제826조 제1항 소정의 동거하며 서로 부양하고 협조하여야 할 의무가 있으므로 혼인생활을 함에 있어 부부는 서로 협조하고 애정과 인내로써 상대방을 이해하며 보호하여 혼인생활의 유지를 위한 최선의 노력을 기울여야 합니다. 사실혼 배우자의 일방이 정당한 이유 없이 서로 동거, 부양, 협조하여야 할 부부로서의 의무를 포기한 경우에는 그 배우자는 악의의 유기에 의하여 사실혼관계를 부당하게 파기한 것이 된다고 할 것이므로 상대방 배우자에게 재판상 이혼원인에 상당하는 귀책사유 있음이 밝혀지지 아니하는 한 원칙적으로 사실혼관계 부당파기로 인한 손해배상책임을 면할 수 없습니다(대판 1998. 8. 21. 97므544, 551).

알아두기

<사실혼관계를 부당파기로 인한 위자료 산정 기준>

법원은 "사실혼관계의 부당파기로 인한 위자료의 액수산정은 반드시 이를 증거에 의하여 입증할 수 있는 성질의 것이 아니므로 법원은 유책행위에 이르게 된 경위와 정도, 파탄의 원인과 책임, 당사자의 연령·직업·가족상황과 재산상태 등 여러 가지 사정을 참작하여 경험칙에 반하지 않는 범위 내에서 그 직권에 의하여 액수를 결정할 것이다."라고 하였습니다(대판 1998. 8. 21. 97므544, 551).

이혼시 혼인비용에 대해서도 손해배상을 청구

키 포인트 청구할 수 없습니다.

이렇게 ➡ 혼인이 성립되어 일정 기간 실질적으로 부부 공동생활을 한 경우에는 혼인준비 및 혼인을 위해 지출된 비용은 위자료에 포함되지 않습니다.

이　유 ➡ 재판상 이혼의 경우 이혼피해자는 과실 있는 상대방에 대하여 재산상의 손해와 정신상의 고통에 대한 손해배상을 청구할 수 있습니다.

이혼시의 위자료는 원래 혼인파탄의 원인이 된 배우자의 불법행위(배우자의 부정행위·악의의 유기 등)로 인한 신체적·정신적 고통 또는 이혼 그 자체로 인하여 받은 고통(이혼 이후의 삶에 대한 불안 등)에 대해 금전적으로 손해배상을 하는 것입니다(민법 제843조, 제806조 2호). 따라서 혼인을 위해 지출된 비용 등은 정상적으로 법률상의 혼인이 성립되었다면 그 본래의 목적을 위해 사용된 것이기 때문에 이후에 이혼을 하더라도 배상을 청구할 수 없습니다(서울가정법원 1997. 4. 16. 97르141).

<약혼해제로 인한 예물반환청구권>

약혼이 상대방의 과실로 인하여 해제된 경우에는 당사자의 일방은 상대방에 대하여 손해배상을 청구할 수 있습니다(민법 제806조 1항).

손해배상의 범위는 재산상의 손해와 정신적 고통에 대한 위자료를 포함합니다.

약혼예물의 법적 성질에 대해서는 '혼인의 불성립을 해제조건으로 하는 증여'라고 보는 것이 일반적입니다. 따라서 약혼이 해제되어 혼인의 성립가능성이 없어진 경우에는 혼인의 불성립이라는 해제조건이 성취된 것이므로 증여계약은 효력을 잃게 되고, 이미 증여된 약혼예물 등은 부당이득이 되므로 반환되어야 합니다. 그러나 일단 혼인이 성립한 경우에는 혼인의 불성립이라는 해제조건은 성취불능이 되었으므로 이혼을 하게 된다 해도 예물이나 지참금 등은 반환하지 않아도 됩니다(대판 1994. 12. 27. 94므895).

성적 불능을 이유로 한 이혼청구시 위자료

이럴땐 ➡ 제 남편은 성기능이 불완전함에도 이를 속이고 결혼식을 한 후 젊은 부부로서 신혼생활을 6개월 동안 한 번도 부부관계를 갖지 않았습니다. 이를 이유로 이혼을 하게 되면 위자료를 청구할 수 있습니까?

키포인트 위자료를 청구할 수 있습니다.

이렇게 ➡ 법원은 '성기능이 불완전함에도 이를 은폐한 채 처와 형식상 혼례식을 거행하고 젊은 부부로서 신혼생활(약 6개월간)을 정상적인 성생활을 원하는 처로서는 정신상 고통을 받았음은 당연한 바라 할 것이다.'라고 판시하였습니다.

알아두기

<이혼에 따른 위자료의 유형>

1. 이혼사유인 개별적인 위법행위로 인한 정신적 고통에 대한 위자료

이 위자료는 이혼사유인 폭행·협박·학대·모욕 등 개별적인 위법행위로 인하여 개인의 신체·자유·명예 등 인격적 권리가 침해된 경우 이로 인한 정신적 고통을 위로하기 위한 것입니다. 이는 이른바 '혼인 중의 고통'에 대한 위로금이라고 할 수 있습니다.

2. 이혼 그 자체로 인한 정신적 고통에 대한 위자료

이 위자료는 상대방의 행위로 인하여 이혼하지 않을 수

없게 된 당사자는, 배우자라는 지위나 신분법상의 이익
상실, 이혼에 따르는 사회적 평가의 저하, 장래생활에
대한 불안, 혼인에 대한 기대감의 상실과 같은 정신적
고통을 받는데, 이러한 고통을 위로하기 위한, 이른바
'이혼 후의 고통'에 대한 위로금입니다.

판례는 위 두 가지 유형에 위자료 청구에 대하여 모두
불법행위에 기한 손해배상이라고 해석하고 있습니다.

성년자자녀에 대한 부양의무 부담의 재산분할액의 참작

키포인트 참작하지 않습니다.

이렇게 ➡ 자녀들이 성년에 달하므로 위자료나 재산분할의 액수를 정함에 있어서 자녀 부양에 관한 사정은 참작되지 않습니다.

이 유➡ 이혼하는 부부의 자녀들이 이미 모두 성년에 달한 경우, 부가 자녀들에게 부양의무를 진다 하더라도 이는 어디까지나 부와 자녀들 사이의 법률관계일 뿐, 이를 부부의 이혼으로 인하여 이혼 배우자에게 지급할 위자료나 재산분할의 액수를 정하는 데 참작할 사정으로 볼 수는 없습니다(대판 2003. 8. 19. 2003므941).

법원은 위 사건에 대하여 원고(남편)가 자신의 명의로 2,200만 원의 임차보증금 반환채권을 보유하고 있는 사실, 피고(아내) 명의로 소유권이전등기가 경료되어 있는 800㎡ 및 대 179㎡의 원심 변론종결 당시의 시가 합계액이 3,575만 원인 사실, 피고가 원고와 사이에서 낳은 딸들의 학자금 마련을 위하여 여러 차례에 걸쳐 공무원연금관리공단으로부터 대출을 받아 현재 그 대출 잔액이 2,617만 원인 사실, 피고의 예상 퇴직금액이 1억 원 정도인 사실 등 판시 사실들을 인정한 다음, 위 각 분할 대상 자산의 취득 및 유지에 대한 원고의 기여도를 순자산 총액의 30%로 평가하고, 다만 분할 대상 자산의 형태, 이용상황, 현재의 소유 명의와 취득의 경위 및 혼인생활의 과정, 원·피고의 연령, 이혼 이후 당사자 쌍방의 생활능력, 피고가 가까운 장래에 1억 원 가량의 퇴직금을 수령할 예정인 점 등의 사정을 두루 참작하여, 위 분할 대상 자산 및 채무를 보유·부담의 현황 그대로 원고와 피고에게 확정적으로 귀속시키되, 그와 별도로 피고가 원고에게 1,000만 원을 추가로 지급함이 상당하다고 판시하였습니다(대판 2003. 8. 19. 2003므941).

쌍방의 귀책사유로 혼인이 파탄된 경우 위자료 청구

키포인트 주지 않아도 됩니다.

이렇게 ➡ 부부 쌍방에게 혼인파탄에 비슷한 정도의 책임이 있는 경우에 그 중 일방은 위자료를 청구할 수 없습니다(대판 1991. 4. 26. 93므1273).

이　유 ➡ 혼인관계가 회복될 수 없을 정도로 파탄된 경우에 혼인파탄에 주된 책임이 있는 유책배우자는 이혼청구를 할 수 없습니다. 그러나 상대방에게도 이혼의사가 있다고 인정되는 경우라든가 부부 쌍방에게 혼인파탄의 책임이 있는 경우 등에는 예외적으로 유책배우자에게도 이혼청구권이 인정됩니다.

법원은 부부간의 혼인관계는 피청구인(남편)의 거친 성격과 그로 인한 청구인(아내)에 대한 잦은 폭행 및 학대 등에 의한 원인과 청구인의 방종한 생활태도나 시어머니 및 전처 소생 딸에 대한 소홀한 대우 그리고 잦은 가출과 그로 인한 비교적 오랜기간 동안의 별거로 말미암아 서로 애정과 신뢰가 상실되어 이미 돌이킬 수 없는 정도의 파탄 상태에 이르렀다 할 것이고 그와 같이 이른 데에는 쌍방이 모두 책임이 있다 할 것이나 적어도 청구인의 책임이 피청구인의 책임에 비하여 더 중하다고 보여지지 않는다고 판단하여 청구인의 주장을 받아들였습니다(대판 1990. 4. 10. 88므1071).

그리고 혼인파탄에 원고와 피고 쌍방에게 귀책사유가 있고 그 정도를 비교하여 볼 때 어느 쪽에게 더 무거운 책임이 있다고 하기 어려울 정도로 쌍방의 책임정도가 대등한 경우 일방 당사자는 위자료를 청구할 수 없습니다(대판 1994. 4. 26. 93므1273).

<유책배우자에 대한 위자료 수액의 산정방법>

유책배우자에 대한 위자료 수액을 산정함에 있어서는, 유책행위에 이르게 된 경위와 정도, 혼인관계파탄의 원인과 책임, 배우자의 연령과 재산상태 등 변론에 나타나는 모든 사정을 참작하여 법원이 직권으로 정합니다(대판 2004. 7. 9. 2003므2251, 2268).

배우자의 불륜대상자에 대한 위자료 청구

키포인트 위자료 청구할 수 있습니다.

어떻게 ➡ 배우자 있는 사람과 간통한 사람은 다른 일방 배우자에게 위자료를 지급하여야 합니다.

이 유 ➡ 배우자의 일방과 간통한 사람(남녀를 불문)는 다른 일방 배우자에게 불법행위책임을 집니다(대판 1967. 4. 25. 67다99). 다만 배우자의 자녀에 대해서는 원칙적으로 불법행위책임을지지 않습니다(대판 2005. 5. 13. 2004다1899).

이 책임이 인정되기 위해서는 반드시 간통에 의하여 혼인관계가 파탄에 이를 필요까지는 없습니다. 그러나 책임이 성립하기 위해서는 배우자가 있는 것을 간통의 상대방이 알고 있어야 합니다.

판례는 '소위 첩계약은 본처의 동의 유무를 불문하고 선량한 풍속에 반하는 사항을 내용으로 하는 법률행위로서 무효일 뿐만 아니라 위법한 행위이므로, 부첩관계에 있는 부 및 첩은 특별한 사정이 없는 한 그로 인한 본처가 입은 정신상의 고통에 대하여 배상할 의무가 있고, 이러한 손해

배상책임이 성립하기 위하여 반드시 부첩관계로 인한 혼인
관계가 파탄에 이를 필요까지는 없다. 한편, 본처가 장래의
부첩관계에 대하여 동의하는 것은 그 자체가 선량한 풍속
에 반하는 것으로서 무효이나, 기왕의 부첩관계를 용서한
때에는 그것이 손해배상청구권의 포기라고 해석되는 한 그
대로 법적 효력이 인정될 수 있다'고 판시하고 있습니다(대
판 1998. 4. 10. 96므1434).

부당한 대우를 한 시부모에 대한 위자료 청구

이럴땐 ➡ 저의 시아버지와 남편은 제가 다소 지능이 낮다는 이유로 합세하여 저를 친정으로 돌려보내기 위하여, 시아버지는 술만 먹으면 친정으로 가라고 폭언을 일삼아 학대하고, 남편은 다른 남자와 간통한 사실을 자백하라고 누명을 씌워 구타하였습니다. 저는 분한 나머지 농약을 마시고 자살하려고 하였는데, 남편이 저를 친정으로 끌고 가다시피하여 내쫓았습니다. 저는 이들을 상대로 위자료를 청구할 수 있습니까?

키포인트 위자료 청구할 수 있습니다.

이렇게 ➡ 남편과 시아버지 모두에게 위자료를 청구할 수 있습니다. 다만 시아버지의 경우는 이혼판결이 선고되어야 위자료를 청구할 수 있습니다.

이 유 ➡ 위 사례의 경우는 민법 제840조 3호의 이혼사유인 '배우자 또는 그 직계존속에 의한 심히 부당한 대우'에 해당됩니다(대판 1969. 3. 25. 68므29).

제3자(예 : 배우자의 직계존속 등)가 배우자의 일방과 합세하여 혼인관계(사실혼관계 포함)에 부당하게 개입함으로써 혼인을 파탄에 이르게 하였다면, 이러한 행위는 다른 일방의 배우자에 대해서 불법행위가 될 수 있습니다(대판 1970. 4. 28. 69므27). 예컨대 아내가 강간을 당하여 정신적 피해를 입은 남편은 강간범죄자에게 손해배상을 청구할 수 있고, 남편과 함께 시아버지로부터 부당한 대우를 받은 며느리도 이혼심판을 청구하여 이혼판결이 내려지면 시아버지에 대해서도 혼인파탄의 책임을 물어 손해배상을 청구할 수 있습니다. 다만, '배우자의 직계존속으로부터 심히 부당한 대우를 받았다'는 이유로 이혼판결이 선고된 경우는 위자료 청구를 할 수 있지만 이혼판결이 선고되지 아니한 경우는, 단순히 그 직계존속으로부터 심히 부당한 대우를 받았다는 것만으로는 위자료를 청구할 수 없습니다(대판 1969. 8. 19. 69므17).

시아버지가 며느리에게 어떤 대우(행위)를 하였는데 그것이 이혼사유가 되지 아니 하는 경우, 그 대우와 이혼위자료 사이에는 인과관계가 없기 때문에 손해배상을 인정할 수 없다는 취지라고 해석됩니다.

알아두기

<위자료청구권의 소멸시효>

배우자 또는 제3자의 불법행위로 혼인관계가 파탄되어 정신적 고통을 당한 사람에게 인정되는 위자료 청구권은 이혼이 성립된 날(혼인이 해소된 날)부터 3년 동안만 유효하고, 3년이 지나면 시효로 소멸됩니다(민법 제766조 1항). 따라서 혼인파탄으로 피해를 입은 당사자는 이혼을 한 날부터 3년 이내에 혼인파탄 사유를 제공하여 이혼에 이르게 한 사람을 상대로 위자료를 청구하여야 합니다. 위자료청구권의 소멸시효의 기산일을 '이혼이 성립된 날'로 하는 것은 배우자 또는 제3자의 유책행위로 인하여 이혼을 하지 않을 수 없게 되어 정신적 고통을 입었음을 이유로 그 손해배상을 청구할 때, 그 손해는 이혼이 성립되어야 비로소 평가할 수 있고, 이혼의 성립여부가 아직 확정되지 아니한 동안에는 그 손해를 알 수 없기 때문입니다.

또한 위자료청구권을 행사하여 법원으로부터 위자료 판결을 확정받은 경우에도 확정판결 후 10년이 경과되면 소멸합니다(민법 제165조 1항).

이혼의 방식에 따른 위자료청구권

키포인트 청구할 수 있습니다.

이렇게 ➡ 이혼의 방식은 위자료청구에 어떤 영향을 미치는
것은 아니므로 협의이혼을 한 경우에도 위자료를 청구할 수
있습니다(대판 1977. 1. 25. 76다2223).

이 유 ➡ 사기나 강박으로 혼인한 사람이 혼인취소 또는
이혼판결에 의하지 않고 '협의이혼'을 한 경우에도 손해배상
(위자료)을 청구할 수 있습니다. 다시 말하면 잘못된 혼인의
해소방식 여하에 따라 손해배상청구에 어떠한 영향이 미치
는 것은 아닙니다(대판 1977. 1. 25. 76다2223).

이혼소송 도중에 '재판상 화해'를 하여 이혼소송이 끝났
다고 하더라도, 위자료청구소송을 별도로 할 수 있고, 화해
성립 이전에 부정행위를 이유로 한 이혼청구권이 소멸한
것인가의 여부는 손해배상청구에는 아무런 지장이 없습니
다(대판 1987. 5. 26. 85므41).

배우자의 부정행위를 용서한 경우에 그 부정행위를 이유
로 하는 이혼청구권은 소멸됩니다. 따라서 부정행위를 용
서한 후에 단기간 내에 다시 혼인관계가 파탄되어 이혼을

한다 할지라도 상대배우자는 전에 있었던 부정행위를 이유로 위자료를 청구할 수 없습니다(서울가정법원 1997. 9. 11. 96드9656, 97드50989).

<위자료청구의 방법>

재판상 이혼을 하는 경우에는 이혼심판을 청구할 때 위자료를 함께 청구하면 됩니다. 그렇지 않은 경우에는 별도로 손해배상(위자료) 청구소송을 할 수 있으나, 이 경우에는 미리 가정법원에 조정을 신청해야 합니다(가사소송법 제2조 1항, 제50조).

이혼으로 인한 위자료청구권의 상속

이럴땐 ➡ 제 친구는 3년 전 남편과 혼인하였으나 남편의 부정행위로 인하여 혼인이 파탄에 이르게 되었습니다. 이에 제 친구는 남편을 상대로 이혼 및 위자료지급청구소송을 제기하여 '서로 이혼하고 남편은 아내에게 위자료 5,000만원을 지급하라.'라는 확정판결을 받았습니다. 그러나 제 친구는 위자료를 지급 받지 못하고 심장마비로 사망하였는데, 이 경우 친구의 친정부모가 위 위자료청구권을 상속받을 수 있는지요?

키포인트 상속받을 수 있습니다.

이렇게 ➡ 민법 제806조 제3항에 의하면 "정신상 고통에 대한 배상청구권은 양도 또는 승계하지 못한다. 그러나 당사자 간에 이미 그 배상에 관한 계약이 성립되거나 소를 제기한 후에 그러하지 아니한다."라고 규정하여 혼인해제로 인한 위자료는 원칙적으로 양도·승계가 되지 않음을 명시하고 있으며, 이 규정을 재판상 이혼, 혼인의 무효·취소, 입양의 무효·취소, 파양을 원인으로 한 위자료에 관하여 준용하고 있습니다(민법 제825조, 제843조, 제897조, 제908조).

이에 관한 판례를 보면 "이혼위자료청구권은 상대방 배우자의 유책·불법한 행위에 의하여 혼인관계가 파탄상태에 이르러 이혼하게 된 경우 그로 인하여 입게 된 정신적 고통을 위자하기 위한 손해배상청구권으로서 이혼시점에서 확정, 평가되고 이혼에 의하여 비로소 창설되는 것이 아니

며, 이혼위자료청구권의 양도 내지 승계의 가능 여부에 관
하여 민법 제806조 제3항은 혼인해제로 인한 손해배상청구
권에 관하여 정신상 고통에 대한 손해배상청구권은 양도
또는 승계하지 못하지만 당사자간에 배상에 관한 계약이
성립되거나 소를 제기한 후에는 그러하지 아니하다고 규정
하고 같은 법 제843조가 위 규정을 재판상 이혼의 경우에
준용하고 있으므로 이혼위자료청구권은 원칙적으로 일신전
속적 권리로서 양도나 상속 등 승계가 되지 아니하나 이는
행사상 일신전속권이고 귀속상 일신전속권은 아니라 할 것
인바, 그 청구권자가 위자료의 지급을 구하는 소송을 제기
함으로써 청구권을 행사할 의사가 외부적 객관적으로 명백
하게 된 이상 양도나 상속 등 승계가 가능하다."라고 하였
습니다(대법원 1993. 5. 27. 92므143 판결, 1994. 10. 28. 선
고 94므246, 94므253 판결).

따라서 위 사안의 경우 갑녀는 위자료 5,000만원에 관한
확정판결문을 받아 둔 상태에서 사망하였으므로, 갑녀의
친정부모는 위 위자료청구채권을 상속받을 수 있다 할 것
이고, 이에 승계집행문을 부여받아 을의 재산에 강재집행
을 할 수 있을 것입니다.

참고로 일반불법행위로 인하여 사망한 경우의 위자료청
구권에 대하여 판례는 "정신적 손해에 대한 배상(위자료)
청구권은 피해자가 이를 포기하거나 면제하였다고 볼 수
있는 특별한 사정이 없는 한 생전에 청구의 의사표시할 필

요 없이 원칙적으로 상속하는 것이다."라고 하여(대법원 1966. 10. 18. 선고 66다1335 판결) 가족편의 위자료청구권과는 다르게 상속됨이 원칙임을 확인하고 있을 뿐만 아니라 민법은 "타인의 생명을 침해한 자는 피해자의 직계비속, 직계존속 및 배우자에 대하여는 재산상 손해 없는 경우에도 손해배상의 책임이 있다."라고 규정하여(민법 제752조), 생명침해가 있는 경우에는 피해자와 일정한 신분관계 있는 자도 각자 고유의 위자료를 가해자에게 청구할 수 있음을 밝히고 있습니다.

위자료액수의 산정기준

키포인트 기준이 있지만 사건에 따라 탄력적으로 결정됩니다.

이렇게 ➡ 법원에서는 위자료 액수를 산정할 때 법원의 직권으로 이혼사유, 당사자의 책임 정도, 재산상태나 생활정도, 혼인기간, 당사자의 학력, 자녀의 양육관계 등을 고려하여 결정합니다(대판 1981. 10. 13. 80므100). 따라서 구체적 사건에 따라 탄력적으로 결정될 수 있습니다.

이 유 ➡ 위자료액수의 산정은 재산상의 손해와 달라서 반드시 증거에 의하여 수학적으로 입증할 수 있는 성질의 것이 아닙니다. 그러므로 법원은 여러 가지 사정을 참작하여 직권으로 그 액수를 결정할 수 있는 것이고 반드시 증거로 이를 산정하여야 하는 것은 아닙니다(대판 1981. 10. 13. 80므100).

피고 측 사정으로는, 현재의 재산·수입·직업, 혼인외 출생자는 인지의 유무, 생활비의 지급상황 등을 고려하여야 할 것이고, 원고 측의 사정으로는, 현재의 생활상황(재산·수입·직업 등), 연령, 성별, 파탄의 책임, 초혼인지 재혼인지 등을 참작하여야 할 것입니다.

　법원은 이혼에 이르게 된 혼인파탄의 원인이 부부 쌍방 모두에게 인정되는 경우, 당사자 쌍방이 받은 정신적 고통의 정도(불법행위책임의 비율)에 따라 위자료 액수를 산정하고 있습니다(대판 1994. 4. 26. 93므1273, 1280).

　요즘에는 현행 민법에 재산분할제도를 도입하면서, 종전의 재산분할적 요소를 배제하고 순수한 정신적 고통에 대한 배상요소만을 고려하기 때문에 위자료 액수가 상당히 낮게 결정되는 것이 판례의 경향입니다. 대체로 재산분할을 별도로 하는 경우, 위자료 액수는 3천만원을 기준으로 해서 위에서 본 위자료액수 산정기준의 요소를 고려하여 가감하는 것으로 보입니다.

위자료지급 불이행시 강제방법

키포인트 이행명령을 하면 됩니다.

어떻게 ➡ 가사소송법에서 가정법원은 판결·심판·조정조서 또는 조정에 갈음하는 결정에 의하여 금전의 지급 등 재산상의 의무, 유아의 인도의무 또는 자(子)와의 면접교섭허용의무를 이행하여야 할 자가 정당한 이유없이 그 의무를 이행하지 아니할 때에는 당사자의 신청에 의하여 일정한 기간 내에 그 의무를 이행할 것을 명할 수 있다고 규정하고 있습니다(동법 제64조). 당사자 또는 관계인이 정당한 이유 없이 이행명령에 위반한 때는 가정법원·조정위원회 또는 조정담당판사는 직권 또는 권리자의 신청에 의하여 결정으로 100만원이하의 과태료에 처할 수 있고, 금전의 정기적 지급을 명령받은 자가 정당한 이유 없이 3기 이상 그 의무를 이행하지 아니한 때에는 30일의 범위 내에서 그 의무이행이 있을 때까지 법원에서 붙잡아 가두도록 하는 감치처분을 결정할 수도 있습니다(가사소송법 제67조 제1항, 제68조 제1항 1호).

그러므로 이혼 및 위자료청구소송에서 승소하였으나 위자료지급명령을 이행하지 않을 경우 그의 재산에 대한 강제집행절차를 밟아 지급받을 수 있으나, 상대방의 재산이 없거나 파악되지 않을 경우에는 법원에 그 이행명령을 신청하여 과태료처분 등의 제재를 받게 함으로써 간접강제를 해 보는 것도 효과적일 수 있을 것입니다.

알아두기

<부동산의 가압류>

오랜 이혼소송과정을 거쳐서 이혼판결을 받았다 하더라도 그 집행단계에 이르러 집행하려고 보니 이미 상대방이 재산을 빼돌렸다든지 하는 경우에는 판결문도 아무 소용이 없게 됩니다. 따라서 이혼소송을 제기하기 전에 미리 재산을 확보하여 둘 필요가 있습니다. 이혼과 위자료청구를 하는 경우에는 부동산가압류신청을 하면 됩니다.

이혼 위자료 지급조로 아파트를 양도한 경우, '1세대 1주택' 해당여부

이럴땐 ➡ 저는 아내와 이혼하면서 위자료조로 제 소유로서 거주기간이 2년 남짓 된 아파트를 양도하였는데, 이 경우 양도소득의 비과세되는 '1세대 1주택'에 해당되는지요?

키포인트 양도소득이 비과세되는 '1세대 1주택'에 해당되지 않습니다.

어떻게 ➡ 법원은 조세법률주의 원칙상 비과세요건에 관한 법령은 과세요건에 관한 법령과 마찬가지로 엄격하게 해석하여야 할 것이고, 합리적인 이유 없이 확장해석, 또는 유추해석하는 것은 허용하지 않습니다(대판 1995. 11. 7. 선고 95누92 판결, 당원 1994. 2. 22. 선고 92누18603 판결 등 참조). 위 사례에 대해 법원은 구 소득세법시행령(1994. 12. 31. 대통령령 제14467호로 전문 개정되기 전의 것) 제15조 제1항 단서는 3년 이상의 거주기간의 제한을 받지 아니하고 그 양도소득이 비과세되는 '1세대 1주택'에 해당하는 경우의 하나로 제3호에서 '재무부령이 정하는 부득이한 사유가 있는 경우'를 규정하고 있으므로, 주택의 양도인이 그 주택에서 3년 이상 거주하지 못하게 된 것이 아무리 부득이한 사유 때문이라 하더라도 그 사유가 위 시행령 제15조 제1항 제3호의 위임을 받아 규정된 구 소득세법시행규칙(1995. 5. 3. 총리령 제505호로 전문 개정되기 전의 것) 제6조 제4항 각 호에 제한적으로 열거하고 있는 '취학, 질병의 요양, 근무 또는 사업상의 형편으로 세대 전원이 다른 시·읍·면으로 퇴거하는 경우'(제1호) 등에 포함되어 있지 아니하면 그 주택은 위 구 소득세법시행령 제15조 제1항 제3호가 규정하고 있는 거주기간의 제한을 받지 아니하고 그 양도소득이 비과세되는 '1세대 1주택'에 해당된다고 볼 수 없다 할 것이다라고 판시하였습니다(대판 1996. 11. 22. 96누11440).

따라서 이 사건 아파트의 양도는 양도소득세가 과세되지 아니하는 '1세대 1주택'의 양도에 해당하지 아니하므로 이로 인한 남편의 소득에 대하여는 양도 소득세가 부과됩니다.

사실혼관계가 파탄시 재산분할청구권

키포인트 분할청구할 수 있습니다.

이렇게 ➡ 재산분할에 관한 민법의 규정은 사실혼관계에도 유추적용되고, 퇴직금도 재산분할의 대상으로 삼을 수 있습니다(대판 1995. 3. 28. 94므1584).

이 유 ➡ 재산분할청구권이란 이혼을 한 당사자의 일방이 다른 일방에 대하여 재산의 분할을 청구할 수 있는 권리를 말합니다. 부부가 이혼하는 경우에는 혼인 생활 중에 협력하여 이룬 재산에 대해서도 적절한 청산이 필요합니다.

우리 민법은 부부별산제를 취하고 있어, 혼인 중에 한쪽 배우자의 명의로 취득한 재산은 원칙적으로 그 배우자에게 속하는 '특유재산'으로 보고 있습니다. 그래서 과거에는 남편이 수입을 벌어오고 아내가 남편의 소득활동에 직접 협력하거나, 전업주부로서 가사활동을 했을 경우, 아내가 남편의 노동력 재생산에 협조했음에도 불구하고, 모든 수입과 그 수입의 합리적 운용으로 인한 이익을 모두 남편의 소유로 귀속시켰습니다.

따라서 그 재산의 형성에 기여한 아내의 협력은 무가치하게 평가되는 불평등한 현상을 만들었습니다. 이러한 문제점을 해결하고자 1990년 민법 개정시에 재산분할제도를 채택하여 혼인 중에 형성되었거나 증식된 '실질적인 부부 공동재산'을 대상으로 그 형성에 기여한 정도에 따라 분할을 청구할 수 있게 되었습니다.

법원은 사실혼이란 당사자 사이에 혼인의 의사가 있고, 객관적·사회관념상으로 가족질서적인 면에서 부부공동생활을 인정할 만한 혼인생활의 실체가 있는 경우이므로, 법률혼에 대한 민법의 규정 중 혼인신고를 전제로 하는 규정은 유추적용할 수 없으나, 부부재산의 청산의 의미를 갖는 재산분할에 관한 규정은 부부의 생활공동체라는 실질에 비추어 인정되는 것이므로, 사실혼관계에도 준용 또는 유추적용할 수 있다고 하였습니다.

또한 퇴직금은 혼인중에 제공한 근로에 대한 대가가 유예된 것이므로 부부의 혼인중 재산의 일부가 되며, 부부 중 일방이 직장에서 일하다가 이혼 당시에 이미 퇴직금 등의 금원을 수령하여 소지하고 있는 경우에는 이를 청산의 대상으로 삼을 수 있다고 판시하였습니다(대판 1995. 3. 28. 94므1584).

알아두기

<중혼적 사실혼 관계 해소의 경우, 재산분할 허용 여부>

  법률상 배우자 있는 자는 그 법률혼 관계가 사실상 이혼 상태라는 등의 특별한 사정이 없는 한 사실혼 관계에 있는 상대방에게 그와의 사실혼 해소를 이유로 재산분할을 청구함은 허용되지 않습니다(대판 1995. 7. 3. 94스30).

이혼하기 전에 한 재산분할협의의 효력

키포인트 효력이 발생하지 않습니다.

이렇게 ➡ 재판상 이혼청구를 하여 재판상 이혼이 이루어졌다고 협의이혼을 조건으로 한 재산분할협의는 조건의 불성취로 인하여 효력이 발생하지 않습니다.

이 유 ➡ 부부가 장차 협의상 이혼할 것을 약정하면서 이를 전제로 하여 위 재산분할에 관한 협의를 하는 경우에 있어서는, 특별한 사정이 없는 한, 장차 당사자 사이에 협의상 이혼이 이루어질 것을 조건으로 하여 조건부 의사표시가 행하여지는 것이라 할 것이므로, 그 협의 후 당사자가 약정한 대로 협의상 이혼이 이루어진 경우에 한하여 그 협의의 효력이 발생하는 것이지, 어떠한 원인으로든지 협의상 이혼이 이루어지지 아니하고 혼인관계가 존속하게 되거나 당사자 일방이 제기한 이혼청구의 소에 의하여 재판상이혼(화해 또는 조정에 의한 이혼을 포함한다. 이하 같다)이 이루어진 경우에는, 위 협의는 조건의 불성취로 인하여 효력이 발생하지 않습니다(대판 2003. 8. 19. 2001다14061).

따라서 새로운 협의가 이루어지지 않는 한 당사자의 일

방은 다른 일방을 상대로 하여 새로이 재산분할청구를 하여야 하며, 협의이혼을 조건으로 하여 이루어진 협의내용의 이행을 청구할 수는 없습니다.

재산분할에 관한 협의는 혼인 중 당사자 쌍방의 협력으로 이룩한 재산의 분할에 관하여 이미 이혼을 마친 당사자 또는 아직 이혼하지 않은 당사자 사이에 행하여지는 협의를 가리키는 것으로, 아직 이혼하지 않은 당사자가 장차 협의상 이혼할 것을 약정하면서 이를 전제로 하여 위 재산분할에 관한 협의를 하는 경우에 있어서는 그 협의 후 당사자가 약정한 대로 협의상 이혼이 이루어진 경우에 그 협의의 효력이 발생합니다(대판 2001. 5. 8. 2000다58804).

<재산분할을 청구할 수 있는 정당한 당사자>

재산분할을 청구할 수 있는 정당한 당사자는 ① 협의이혼 당사자 ② 재판상 이혼을 하는 당사자 ③ 혼인취소판결이 선고되어 부부관계가 해소되는 당사자 ④ 사실혼 부부의 한쪽입니다. 재산분할은 부부 중 한쪽이 다른 한쪽을 상대방으로 삼아 청구하여야 한다(가사소송규칙 제96조).

이혼위자료 명목으로 유일한 재산을 증여한 경우, 이혼급부 여부

키포인트 취소할 수 없습니다.

이렇게 ➡ 이혼위자료 명목으로 유일한 재산을 증여한 경우, 위 증여가 이혼에 따르는 재산분할의 성격을 포함하는 이혼급부로 볼 수 있고, 남편이 이혼하는 아내에게 분할해 준 재산액이 부당하게 과대하지 않고 재산분할을 가장한 재산처분으로 인정할 만한 특별한 사정이 없는 한 그 재산분할은 유효합니다(대판 2001. 5. 8. 2000다58804).

이 유 ➡ 이혼에 있어서 재산분할은 부부가 혼인 중에 가지고 있었던 실질상의 공동재산을 청산하여 분배함과 동시에 이혼 후에 상대방의 생활유지에 이바지하는 데 있지만, 분할자의 유책행위에 의하여 이혼함으로 인하여 입게 되는 정신적 손해(위자료)를 배상하기 위한 급부로서의 성질까지 포함하여 분할할 수도 있습니다. 재산분할의 액수와 방법을 정함에 있어서는 당사자 쌍방의 협력으로 이룩한 재산의 액수 기타 사정을 참작하여야 합니다(민법 제839조의2 제2항).

법원은 재산분할자가 이미 채무초과의 상태에 있다거나 또는 어떤 재산을 분할한다면 무자력이 되는 경우에도 분할자가 부담하는 채무액 및 그것이 공동재산의 형성에 어느 정도 기여하고 있는지 여부를 포함하여 재산분할의 액수와 방법을 정할 수 있다고 할 것이고, 재산분할자가 당해 재산분할에 의하여 무자력이 되어 일반채권자에 대한 공동담보를 감소시키는 결과가 된다고 하더라도 그러한 재산분할이 민법 제839조의2 제2항의 규정 취지에 반하여 상당하다고 할 수 없을 정도로 과대하고, 재산분할을 구실로 이루어진 재산처분이라고 인정할 만한 특별한 사정이 없는 한 사해행위로서 채권자취소권의 대상이 되지 아니하고, 위와 같은 특별한 사정이 있어 사해행위로서 채권자취소권의 대상이 되는 경우에도 취소되는 범위는 그 상당한 부분을 초과하는 부분에 한정된다고 할 것이다라고 하였습니다(대판 2001. 5. 8. 2000다58804).

<재산분할 청구와 위자료청구와의 관계>

1. 청산적 요소

민법이 부부별산제를 채용하고 있는 결과, 혼인중 부부 쌍방의 협력으로 형성·유지된 재산이더라도 그 명의를 부부 중 한 사람의 이름으로 하여 두는 일이 흔합니다. 그러나 이것을 혼인 종료·해소시에 형식 그대로 한쪽의 명의인에게 그대로 귀속시키는 것은 현저히 공평에 어긋나게 됩니다.

그래서 혼인을 종료·해소할 때는 위와 같은 부부의 실질적 공동재산을 그 재산의 형성, 유지에 기울인 양쪽의 기여도(공헌도)에 따라 공평하게 분배하는 것이 청산적 재산분할이고, 이것이 재산분할제도의 주요한 목적이고 요체라고 할 수 있습니다.

2. 부양적 요소

재산분할청구권은 이혼 후 전 배우자에 대한 부양적 요소를 포함하고 있습니다. 혼인생활이 상당한 기간 지속되었고, 부부의 일방이 직업을 포기하고 오랜 기간 가사와 육아에 종사하였다면, 이혼 후 즉시 새로운 직업을 구하여 경제적으로 자립하기 쉽지 않습니다. 그렇다면 이와 같은 전 배우자는 경제적 빈곤을 감수할 수 밖에 없는데, 이러한 결과는 혼인의 본질에 비추어 보아도 부당합니다. 부부의 일방이 가족을 위하여 가사노동에 전념한 결과 경제적 자립능력을 상실하게 되었다면, 경제적으로 여유가 있는 다른 일방은 적어도 전배우자가 경제적으로 자립할 수 있을 때까지 금전적으로 지원함으로써 혼인중의 가사와 육아로 인한 희생(경제적 자립능력 상실)에 대해서 보상하는 것이 타당합니다. 많은 나라의 입법례도 이혼후 전배우자에 대한 부양의무를 인정하고 있습니다.

3. 위자료적 요소

위자료청구권과 재산분할청구권은 그 성질을 달리하는 별개의 권리로 보아야 하므로 위자료적 요소를 재산분할에서 참작할 것은 아니라고 주장하는 학설도 있습니다. 그러나 대법원은 이혼에 따른 재산분할을 함에 있어 혼인중 형성한 재산의 청산적 요소와 이혼 후의 부양적 요소 외에 정신적 손해(위자료)를 배상하기 위한 급부로서의 성질까지 포함하여 분할할 수 있다고 봅니다(대판 2000. 10. 10. 2000다27084).

부모로부터 증여받은 돈으로 구입한 부동산에 대한 재산분할 청구

이럴땐 ➡ 저는 3년동안 결혼생활을 한 남편과 이혼하려고 하는데, 남편은 지금 살고 있는 아파트는 시아버님께서 결혼 당시 마련해준 자금으로 구입한 것이라며 재산분할의 대상이 아니라고 주장합니다. 저는 제 몫을 찾을 수 있습니까?

키포인트 재산분할을 청구할 수 있습니다.

이렇게 ➡ 부부 일방의 명의로 되어 있는 특유재산이라고 해도 그 재산을 유지·보존한 만큼 공동재산에 해당되므로, 법원에 재산분할을 청구할 수 있습니다.

이 유 ➡ 우리 민법은 부부별산제를 취하고 있어, 혼인 중에 한쪽 배우자의 명의로 취득한 재산은 원칙적으로 그 배우자에게 속하는 특유재산으로 보고 있습니다. 그러나 혼인 중에 부부공동의 협력에 의해서 취득한 재산은 부부 일방의 명의로 되어 있는 특유재산이라고 해도 분할의 대상이 됩니다(대판 1999. 6. 11. 96므1397). 이러한 재산은 형식적으로는 부부 일방의 특유재산이지만, 실질적으로는 부부의 공동재산이라고 보아야 하므로, 혼인관계가 종료될 때에는 재산형성에 대한 기여도에 따라 분할되는 것이 타당합니다. 또한 혼인중에 부부공동의 협력에 의해서 취득한 재산이 아니라도(예를 들어서 부부 일방이 상속받은 재산, 증여받은 재산 등), 그 재산의 유지와 증가에 기여한 바가 있다면, 위와 같은 취지에서 그 부분에 대해서는 분할을 청구할 수 있습니다.

판례에 따라서는 "부부 일방의 특유재산은 원칙적으로 분할의 대상이 되지 아니하나 특유재산일지라도 다른 일방이 적극적으로 그 특유재산의 유지에 협력하여 그 감소를 방지하였거나 그 증식에 협력하였다고 인정되는 경우에는 분할의 대상이 될 수 있다"는 태도를 취하는 경우도 있습니다(대판 2002. 8. 28. 2002스36).

위 사례의 경우 시아버지가 혼인한 아들 부부에게 주택구입자금을 증여했다면 그것은 부부의 공유재산이므로 청산의 대상이 됩니다. 설령 공유성을 인정하지 않아 남편의 특유재산으로 분류된다 할지라도 아내가 3년의 혼인공동생활동안 알뜰하게 가사노동을 해서 그 주택자금의 감소방지에 기여했다고 평가할 수 있으므로 아내는 재판에 의한 분할결정으로 주택자금에서 자신의 기여 정도에 따른 몫을 찾아올 수 있습니다.

유책배우자의 재산분할청구권

키포인트 재산분할을 청구할 수 있습니다.

이렇게 ➡ 혼인 중에 부부가 협력하여 이룩한 재산이 있는 경우에는 혼인관계의 파탄에 대하여 책임이 있는 배우자라도 재산의 분할을 청구할 수 있습니다(대결 1993. 5. 11. 93스6).

이 유 ➡ 혼인파탄에 주된 책임이 있는 유책배우자라 할지라도 재산형성에 대하여 기여한 부분이 있다면 재산분할을 청구할 수 있습니다. 이혼시 재산분할청구권제도는 혼인 중 부부 공동의 노력으로 이룩한 재산에 대하여 자신이 기여한 부분을 돌려받는다는 취지로 이해되고 있으므로, 유책배우자도 자신의 기여에 따라 재산분할청구를 할 수 있습니다.

법원은 "혼인 중에 부부가 협력하여 이룩한 재산이 있는 경우에는 혼인관계의 파탄에 대하여 책임이 있는 배우자라도 재산의 분할을 청구할 수 있다. 다만, 돈을 가지고 가출하여 낭비하면서 부정한 행위를 하였다면, 이와 같은 사정은 재산분할의 액수와 방법을 정함에 있어서 참작할 사유는 될 수 있다"고 하였습니다(대판 1993. 5. 11. 자 93스6).

<재산분할청구권 행사기간의 법적 성질>

재산분할청구권은 이혼한 날로부터 2년 내에 행사하여야 하고 그 기간이 경과하면 소멸되어 이를 청구할 수 없는바(민법 제839조의 2), 이때의 2년이라는 기간은 일반 소멸시효기간이 아니라 제척기간으로써 그 기간이 도과하였는지 여부는 당사자의 주장에 관계없이 법원이 당연히 조사하여 고려할 사항입니다(대판 1994. 9. 9. 94다17536).

재산분할시 가사노동의 평가

키포인트 재산분할을 청구할 수 있습니다.

이렇게 ➡ 가사노동은 재산형성에의 기여가 인정되므로 재산분할을 청구할 수 있습니다(대결 1993. 5. 11. 93스6).

이 유 ➡ 부부의 일방(예를 들어서 처)이 가사와 육아를 전담하고, 다른 일방(夫)이 소득활동을 담당한 경우에 이혼시 처는 혼인중에 부의 명의로 취득한 재산(부의 특유재산)에 대하여 분할을 청구할 수 있습니다. 가사와 육아를 전담하는 아내의 노동과 직장에서 소득활동을 하는 남편의 노동은 비록 종류는 다르지만, 그 가치에 있어서는 동일하게 평가되어야 마땅합니다. 이 두 가지 종류의 노동은 가족공동체를 유지하는데 있어서 다 같이 필수적인 요소이므로, 그 중 어느 것이 더 우월하다는 판단을 내릴 수 없기 때문이다. 또한 가사노동은 가사사용인(파출부)의 노동과도 직접적으로 비교될 수 없는 성질의 것입니다. 가사를 돌보고 자녀를 양육하는 가사노동에는 일반노동과 비교될 수 없는 요소 즉, 헌신과 애정이 스며들어 있기 때문입니다.

노동의 가치를 인정한다면, 혼인기간 동안 증가한 재산에 대해서도 그에 상응하는 지분을 인정하는 것이 당연하다면, 판례도 재산형성에 대한 가사노동의 기여를 인정하여 재산분할에서 고려해야 할 기준으로 삼고 있습니다.

재산분할제도는 부부가 혼인 중에 취득한 실질적인 공동재산을 청산·분배하는 것을 주된 목적으로 하는 것이므로 부부가 이혼할 때 쌍방의 협력으로 이룩한 재산이 있는 한, 처가 가사노동을 분담하는 등의 방법으로 부의 재산의 유지 또는 증가에 기여하였다면 쌍방의 협력으로 이룩된 재산은 재산분할의 대상이 된다고 하였습니다(대결 1993. 5. 11. 93스6).

재산분할의 대상으로 삼은 부동산이 혼인 전에 부의 부모로부터 증여받은 특유재산이라 할 지라도 다른 일방이 적극적으로 그 특유재산의 유지에 협력하여 그 감소를 방지하였거나 그 증식에 협력하였다고 인정되는 경우에는 재산분할의 대상이 될 수 있는 것이고, 처는 가사를 전담하는 외에 24시간 개점하는 잡화상연쇄점을 경영할 당시 그 경리업무를 전담하면서 부와 함께 잡화상 경영에 참여하여 가사비용의 조달에 협력하여 특유재산의 감소방지에 일정한 기여를 하였으므로, 부의 특유재산에 대하여 재산분할을 청구할 수 있다고 하였습니다(대판 1994. 5. 13. 93므1020). 가사노동의 가치를 소득활동에 비하여 낮게 평가하고 있는 판례도 있는데, 대판 1994. 12. 2. 94므1072는 가사노동의 가치를 소득활동에 비하여 낮게 평가하고 있다 "재산분할대상인 건물의 형성에 관한 처의 기여행위가 가사를 전담하는 뒷바라지에 불과하고 별다른 경제적 활동은 없었다는 사정 등을 함께 고려하면, 재산분할로 부에 대하여 처에게 그 건물의 2분의 1 지분 소유권이전등기를 명한 것은 과다한 것으로서 형평의 원칙에 현저하게 반한다"고 하였습니다.

처가 마련한 자금으로 취득한 재산이지만 남편이 가
사비용을 조달한 경우 재산분할여부

이럴땐 ➡ 저희 부부는 이혼하려고 하는데, 제 남편은
제가 친정어머니로부터 받은 돈과 결혼 전에
모아둔 돈으로 취득한 부동산에 대해 분할청
구를 하였습니다. 남편은 약국을 경영하면서
부정기적으로 생활비를 보조하였을 뿐이고,
충실하지 않았습니다. 남편의 재산분할청구
는 합당한가요?

키포인트 남편의 재산분할청구는 합당합니다.

이렇게 ➡ 처가 주로 마련한 자금과 노력으로 취득한 재산
이라 할지라도 남편이 가사비용의 조달 등으로 직·간접으
로 재산의 유지 및 증가에 기여한 경우, 그와 같이 쌍방의
협력으로 이룩된 재산이 재산분할의 대상이 됩니다. 그리고
남편이 가사에 불충실한 행위를 하였다고 하더라도, 그러한
사정은 재산분할의 액수와 방법을 정함에 있어서 참작할 사
유가 될 수 있을지언정 그와 같은 사정만으로 남편이 위와
같은 재산의 형성에 기여하지 않았다고 단정할 수 없습니다
(대판 1995. 10. 12. 95므175·95므182).

이 유 ➡ 민법 제839조의 2에 규정된 재산분할제도는 혼인
중에 취득한 실질적인 공동재산을 청산 분배하는 것을 주된
목적으로 하는 것이므로, 부부가 재판상 이혼을 할 때 쌍방
의 협력으로 이룩한 재산이 있는 한, 법원으로서는 당사자의
청구에 의하여 그 재산의 형성에 기여한 정도 등 당사자 쌍

방의 일체의 사정을 참작하여 분할의 액수와 방법을 정하여야 합니다. 법원은 비록 처가 주로 마련한 자금과 노력으로 취득한 재산이라 할지라도 남편이 가사비용의 조달 등으로 직·간접적으로 재산의 유지 및 증가에 기여하였다면 그와 같이 쌍방의 협력으로 이룩된 재산은 재산분할의 대상이 된다고 하였습니다.

법원은 남편이 분할을 요구하는 부동산들은 부부의 혼인기간 중에 구입한 부동산들로서, 주로 원고(아내)가 마련한 자금과 노력으로 취득한 것이기는 하나, 피고(남편)로서도 독자적으로 사업을 경영하거나 약국을 경영하면서 원고에게 정기적은 아니라 하더라도 생활비 등의 보조를 하는 이외의 원고로 하여금 안정된 마음으로 가사를 돌보면서 부동산 투자와 은행예금 등을 통하여 자산을 증식시킬 수 있도록 하는 등 하여 그 취득 및 유지에 기여한 바가 있다 할 것이므로, 결국 위 부동산들은 모두 실질적으로 원·피고가 혼인생활 중 쌍방의 협력으로 이룩한 공동의 재산이라고 판단하였습니다.

또한 피고가 가사에 불충실한 행위를 하였다 하더라도, 위와 같은 사정은 재산분할의 액수와 방법을 정함에 있어서 참작할 사유가 될 수 있을지언정 그와 같은 사정만으로 피고가 위와 같은 재산의 형성에 기여하지 않았다고 단정할 수 없을 것이라고 하였습니다.

<재산분할액 사정의 기초가 되는 재산의 가액을 반드시 시가감정에 의하여 인정하여야 하는지 여부>

재산분할액 산정의 기초가 되는 재산의 가액을 반드시 시가감정에 의하여 인정하여야 하는 것이라고는 할 수 없다(당원 1994. 10. 25. 선고 94므734 판결).

남편이 임의로 매각한 부동산이 재산의 분할청구대상 여부

키포인트 분할청구할 수 있습니다.

이렇게 ➡ 부부가 혼인 중에 협력하여 이룬 공동재산을 남편이 별거중에 임의로 매각하였다면, 그 매각대금은 이혼에 따른 재산분할의 대상이 됩니다(서울가정법원 1993. 6. 9. 92드38625).

이 유 ➡ 재산분할청구권제도는 혼인중 부부가 협력하여 이룩한 재산이 있을 경우 그 재산이 상대방 배우자의 특유재산으로 되어있다 하더라도 그에 대하여 당연히 분할을 청구할 수 있다는 취지에서 마련된 것입니다.

따라서 부부가 이혼할 때 쌍방의 협력으로 이룩한 재산이 있는 한 처가 가사노동, 헌신적인 육아활동 등의 방법으로 남편의 재산의 유지 또는 증가에 기여하였다면 쌍방의 협력으로 이룩된 재산은 재산분할의 대상이 됩니다.

또한 부부의 일방이 혼인 전부터 가지고 있던 고유재산, 상속이나 증여에 의해서 취득한 재산 또는 이러한 재산을 기초로 하여 형성한 재산이라고 해도 다른 일방이 재산의 유지와 감소방지에 기여한 경우에는 재산분할의 대상이 됩니다(대판 1993. 6. 11. 92므1054).

제3자 명의의 재산이더라도 그것이 부부 중 일방에 의하여 명의신탁된 재산이거나 또는 부부의 일방이 실질적으로 지배하고 있는 재산으로서 부부 공동의 협력에 의하여 형성된 것이라면 이 역시 재산분할의 대상이 된다고 해석하는 것이 타당합니다(대판 1998. 4. 10. 96므1434).

장래에 받을 퇴직금도 재산분할의 대상여부

키포인트 재산분할 대상으로 할 수 없습니다.

이렇게 ➡ 부부일방이 이혼 당시 직장에 근무하고 있는 경우 퇴직일과 수령할 퇴직금이 확정되었다는 등의 특별한 사정이 없다면, 장차 퇴직금을 받을 개연성이 있다는 사정만으로 장래의 퇴직금을 청산의 대상이 되는 재산에 포함시킬 수 없습니다(대판 1995. 5. 23. 94므1713).

이 유 ➡ 퇴직금은 혼인중에 제공한 근로에 대한 대가가 유예된 것이므로, 부부가 혼인 중에 공동의 협력으로 이룩한 재산이라고 볼 수 있다(대판 1995. 3. 28. 94므1584). 이는 부가 혼인중에 근로를 제공하여 임금을 받고 처가 가사노동을 통하여 부의 근로를 뒷받침하는 경우 부가 받는 임금이 부부 공동의 협력에 의한 것으로서 부부의 실질적인 공동재산이라고 보는 논리와 같습니다. 따라서 부부 중 일방이 이미 퇴직금을 받아서 가지고 있는 경우에는 이혼시 다른 일방은 퇴직금을 재산분할의 대상으로 삼을 수 있습니다. 그러나 장래에 퇴직금을 받을 가능성이 있다는 사정만으로는 장래의 퇴직금을 재산분할의 대상이 되는 재산에 포함시킬 수 없으며, "기타사정"으로 참작될 수 있을 뿐입니다(대판 1995. 5.

23. 94므1713). 부부의 일방이 퇴직 후에 수령하게 될 연금도 퇴직금과 마찬가지로 고려하여 재산분할의 액수와 방법을 정하는 것이 타당하다고 할 것입니다.

법원은 재판상 이혼을 전제로 한 재산분할에 있어 분할의 대상이 되는 재산과 그 액수는 이혼소송의 사실심 변론종결일을 기준으로 하여 정하여야 하고, 그 당시 직장에 근무하는 부부 일방의 퇴직과 퇴직금이 확정된 바 없으면 장래의 퇴직금을 분할의 대상이 되는 재산으로 삼을 수 없음이 원칙이지만, 그 뒤에 부부 일방이 퇴직하여 퇴직금을 수령하였고 재산분할청구권의 행사기간이 경과하지 않았으면 수령한 퇴직금 중 혼인한 때로부터 위 기준일까지의 기간 중에 제공한 근로의 대가에 해당하는 퇴직금 부분은 분할의 대상인 재산이 된다고 하였습니다(대결 2000. 5. 2. 자 2000스13).

부부일방이 혼인 중에 부담한 제3자에 대한 채무의 이혼시 청산대상여부

이럴땐 ➡ **부부가 이혼할 때 적극재산 외에 부부의 일방이 부담하고 있는 조세채무·손해배상채무 등도 재산분할의 대상이 됩니까?**

키포인트 재산형성에 수반한 경우는 대상이 됩니다.

이렇게 ➡ 부부의 실질적인 공동재산(재산분할의 대상이 되는 재산)의 형성에 수반하여 부담한 채무인 경우에는 청산의 대상이 됩니다(대판 1993. 5. 25. 92므501).

이 유 ➡ 부부의 일방이 혼인 중 제3자에 대하여 부담한 채무는 일상가사에 관한 법률행위로 인한 채무를 제외하고는 원칙적으로 개인채무로서 재산분할에서 고려되지 않습니다. 그러나 부부의 실질적인 공동재산(재산분할의 대상이 되는 재산)의 형성에 수반하여 부담한 채무인 경우에는 청산의 대상이 됩니다.

예컨대 부동산에 대한 임대차보증금반환채무는 특별한 사정이 없는 한 혼인중 재산의 형성에 수반한 채무로서 청산의 대상이 된다고 하였습니다(대판 1999. 6. 11. 96므1397).

대법원은 현행 부부재산제도는 부부별산제를 기본으로 하고 있어 부부 각자의 채무는 각자가 부담하는 것이 원칙이므로 부부가 이혼하는 경우 일방이 혼인 중 제3자에게 부담한 채무는 일상가사에 관한 것 이외에는 원칙적으로 그 개인의 채무로서 청산의 대상이 되지 않으나 그것이 공동재산의 형성·유지에 수반하여 부담한 채무인 때에는 청산의 대상이 되며, 그 채무로 인하여 취득한 특정 적극재산이 남아 있지 않더라도 그 채무부담행위가 부부공동의 이익을 위한 것으로 인정될 때에는 혼인 중의 공동재산의 형성·유지에 수반하는 것으로 보아 청산의 대상이 된다고 봅니다(대법원 2002. 8. 28.자 2002스36 결정, 2005. 8. 19. 선고 2003므1166, 1173 판결 등).

이혼에 따른 재산분할은 혼인 중 쌍방의 협력으로 형성된 공동재산의 청산이라는 성격에 상대방에 대한 부양적 성격이 가미된 제도임에 비추어, 이미 채무초과 상태에 있는 채무자가 이혼을 하면서 배우자에게 재산분할로 일정한 재산을 양도함으로써 결과적으로 일반 채권자에 대한 공동담보를 감소시키는 결과로 되어도, 그 재산분할이 민법 제839조의2 제2항의 규정 취지에 따른 상당한 정도로 벗어나는 과대한 것이라고 인정할 만한 특별한 사정이 없는 한 사해행위로서 취소될 것이 아니나, 상당한 정도를 벗어난다고 볼 특별한 사정이 있는 때에는 그 초과하는 부분은 사해행위로서 취소의 대상으로 될 수 있습니다(대법원 2000. 7. 28. 선고 2000다14101 판결, 2000. 9. 29. 선고 2000다25569 판결 등 참조). 이 때 채무자의 재산분할이 상당한지 여부는 민법 제839조의2가 정한 재산분할의 일반원칙에 따라 판단하되, 이혼한 당사자 일방의 이익과 채권자의 이익을 비교·형량하여 그 재산분할이 분할자의 채권자와의 관계에서도 상당한 것인지가 함께 고려됩니다(대법원 1984. 7. 24. 선고 84다카68 판결, 2000. 9. 29. 선고 2000다25569 판결 등 참조). 한편, 이혼하는 부부의 일방이 재산분할의 대상이 되는 채무를 부담하고 있어 총재산가액에서 위 채무액을 공제하면 남는 금액이 없는 경우에는 상대방의 재산분할 청구는 받아들여질 수 없습니다(대법원 1997. 9. 26. 선고 97므933 판결 참조).

알아두기

채권자취소권에 의하여 보호되는 채권은 원칙적으로 사해행위라고 볼 수 있는 행위가 있기 전에 발생된 것이어야 하지만 사해행위 당시에 이미 채권 성립의 기초가 되는 법률관계가 발생되어 있고, 가까운 장래에 그 법률관계에 터 잡아 채권이 성립되리라는 점에 대한 고도의 개연성이 있으며, 실제로 가까운 장래에 그 개연성이 현실화되어 채권이 성립된 경우에는 그 채권도 채권자취소권의 피보전채권이 될 수 있고, 이는 부부의 이혼으로 인한 협의재산분할이 사해행위취소의 대상으로 된 경우에도 같습니다(대법원 2001. 2. 9. 선고 2000다63516 판결 등 참조). 따라서 재산분할 협의 당시에 이미 채무 성립의 기초가 되는 법률관계가 발생되어 있고 가까운 장래에 그 법률관계에 터 잡아 채무가 성립되리라는 점에 대한 고도의 개연성이 있으며, 실제로 가까운 장래에 그 개연성이 현실화되어 채무가 성립되었고, 그 채무가 부부 공동재산의 형성·유지에 수반한 것으로 인정될 때에는 이를 채무자의 무자력 여부를 판단함에 있어 고려하여야 할 뿐만 아니라 재산분할의 대상으로도 삼아 재산분할의 상당성을 판단하여야 합니다(대판 2006. 9. 14. 2005다74900).

부부의 일방이 부담하는 채무를 고려하여 재산분할
을 하는 경우 그 지급액

이럴땐 ➡ 재산가액이 1억, 청산의 대상이 되는 채무가
4천만원이라면 재산분할로 인해 받을 수 있
는 금액을 얼마입니까?

키포인트 3천만원일 것으로 판단됩니다.

이렇게 ➡ 재산가액이 1억, 청산의 대상이 되는 채무가 4천
만원인데, 재산의 절반에 대해서 분할을 명한다면 1억에서 4
천만원을 뺀 나머지인 6천만원을 기준으로 하여 그 절반인
3천만원의 지급을 명합니다.

이 유 ➡ 부부의 일방이 청산의 대상이 되는 채무를 부담
하고 있는 경우에는 이를 고려하여 재산분할의 비율 또는
액수를 정해야 하는데, 금전의 지급을 명하는 방식의 경우에
는 채무액을 재산가액으로부터 공제한 잔액을 기준으로 하
여 지급액을 산정합니다.

또한 목적물의 지분을 취득시켜 공유로 하는 경우에는
상대방의 취득비율을 줄이는 방식으로 분할비율을 조정하
여야 합니다. 판례는 예를 들어서 재산분할의 대상이 되는
부 명의의 아파트 가액이 1억인데, 이 아파트를 취득하기
위하여 부가 은행에서 4천만원의 대출을 받은 경우, 처에
게 부와 동등한 공유지분을 취득시키는 심판을 한다면, 처
의 지분은 1/2이 아니라 3/10으로 조정되는 것이 타당하다

고 하였습니다(대판 1994. 12. 2. 94므1072).

　부부 공동의 채무를 부부의 일방(처)에게 귀속시킨다는 취지의 원심판결이 확정된다고 하더라도 이로 인하여 그 채무 중 다른 일방(부)이 부담하여야 할 부분이 그 일방(처)에게 면책적으로 인수되는 법률적 효력은 발생하지 않습니다(대판 1999. 11. 26. 99므1596).

배우자가 장래에 얻게 될 수입의 재산분할여부

이럴땐 ➡ 저는 남편을 물심양면으로 지원하여 남편이 교수가 되었습니다. 그후 얼마 지나지 않아 불화가 있어 이혼하게 되었는데, 남편이 장래 얻게 될 수입에 대해서도 재산분할을 청구할 수 있습니까?

키 포 인 트 청구할 수 있습니다.

이렇게 ➡ 남편이 교수인 경우 장래 예상되는 남편의 수입에 대하여 재산분할 청구를 하여 일정부분 정산받을 수 있습니다(대판 1998. 6. 12. 98므213).

이　유 ➡ 현재는 분할의 대상이 되는 재산이 거의 없으나, 앞으로 상대방에게 수입이 예상되는 경우에는 그와 같은 사정을 고려하여 재산분할을 액수와 방법을 정하여야 할 것입니다. 판례는 예를 들어서 부부의 일방이 물심양면으로 지원하여 다른 일방이 전문의 자격을 취득하게 되었으나, 그 이후 곧 이혼하게 된 경우에는 다른 일방의 장래의 수입을 고려하여 분할급의 방식으로 재산분할을 명하였습니다(대판 1998. 6. 12. 98므213).

즉 아내의 내조로 남편이 교수가 되었다고 하더라도 금액으로 확정되지 않는 앞으로의 재산취득 능력은 직접 청산대상에 포함시킬 수 없으나, 아내는 법원에 이러한 재산취득 능력, 즉 교수라는 무형의 자산에 대한 재산분할청구를 하여 일정 부분 정산받을 수 있습니다.

＜재산분할을 하여야 할 배우자가 이를 이행하지 않은 경우＞

재산분할을 정기급으로 하는 경우에 의무자가 이를 이행하지 않는 경우에는 민사집행법에 의한 강제집행 이외에 가사소송법이 정하는 이행명령의 방법을 사용할 수 있다. 즉 당사자의 신청에 의하여 가정법원이 의무자에게 일정한 기간 내에 의무를 이행할 것을 명하고 이 명령에 위반하면 100만원 이하의 과태료에 처할 수 있습니다. 또한 명령을 받은 자가 정당한 이유없이 3기 이상 의무를 이행하지 않은 때에는 권리자의 신청에 의하여 가정법원이 결정으로 30일의 범위 내에서 의무이행이 있을 때까지 의무자를 감치에 처할 수 있습니다(가사소송법 제64조, 제67조).

이혼과 혼인이 수차례 반복되는 경우 재산분할

이럴땐 ➡ 저희 부부는 13년 동안 법률혼과 사실혼이 3회에 걸쳐 이어지다가 파탄되었고, 각 협의이혼에 따른 별거기간이 6개월과 2개월 남짓에 불과하였습니다. 이 경우 재산분할은 어떻게 됩니까?

키포인트 쌍방의 협력에 의해 이룩한 재산은 모두 재산분할의 대상이 됩니다.

이렇게 ➡ 특별한 사정이 없는 한 그 각 혼인 중에 쌍방의 협력에 의하여 이룩한 재산은 모두 청산의 대상이 될 수 있습니다(대판 2000. 8. 18. 98므1855).

이 유 ➡ 부부 사이에 혼인과 이혼이 몇 차례에 걸쳐 반복되었고, 각각의 협의이혼 후에 재산분할을 하지 않았을 뿐만 아니라 이혼에 따른 별거기간이 비교적 단기인 경우 이전의 각 혼인기간 중에 부부의 협력에 의하여 이룩한 재산은 모두 분할의 대상이 될 수 있다고 보아야 할 것입니다. 이 경우 재산분할청구권에 관한 제척기간의 규정은 적용되지 않습니다.

법원은 "원·피고 사이에 13년 남짓 동안 법률혼과 사실혼이 3회에 걸쳐 계속 이어지다가 파탄되었고 그 각 협의이혼에 따른 별거기간이 6개월과 2개월 남짓에 불과한 경우에 마지막 사실혼의 해소에 따른 재산분할을 함에 있어서는 그에 앞서 이루어진 이혼에 따른 재산분할 문제를 정

산하였다거나 이를 포기하였다고 볼 만한 특별한 사정이
없는 한 그 각 혼인 중에 쌍방의 협력에 의하여 이룩한 재
산은 모두 청산의 대상이 될 수 있다고 보는 것이 상당하
다”고 판시하고 있습니다(대판 2000. 8. 18. 99므1855).

혼인파탄 후에 취득한 재산의 분할대상여부

이럴땐 ➡ 저희 부부는 사이가 돌이킬 수 없을 정도로 악화되어 별거를 하였는데, 별거 후에도 저는 시부모님을 병구완하면서 봉양하고 6명의 아이들을 교육시켜 혼인시켰습니다. 남편은 별거 후에 직장을 그만두고 퇴직금으로 사업을 해서 부동산을 구입했습니다. 저는 이 부동산에 대해 분할청구를 할 수 있습니까?

키포인트 분할청구를 할 수 있습니다.

이렇게 ➡ 별거 후에도 내조를 한 셈이므로 별거 이후 남편이 재신의 명의로 취득한 재산이라고 해도 처가 그 재산의 형성·유지·증식과정에 기여한 것이므로 분할의 대상이 됩니다(서울가정법원 2000. 7. 6. 98드96753).

이 유 ➡ 별거 이후 부부 일방이 자신의 명의로 취득한 재산이라 할지라도 다른 일방이 그 재산의 형성에 기여하였다면 분할의 대상이 됩니다.

법원은 '별거 이후 처가 계속하여 부의 부모들을 병구완하면서 봉양하고, 6명의 자녀들을 교육시켜 혼인시키는 등의 내조를 하였다면 별거 이후 부가 자신의 명의로 취득한 재산이라 해도 처가 그 재산의 형성, 유지, 증식과정에 기여한 것으로 보아서 분할의 대상이 된다'고 판시하고 있습니다(서울가정법원 2000. 7. 6. 98드96753).

그러나 혼인생활의 파탄후에 부부의 일방이 자신의 명의

로 되어 있는 부동산을 담보로 하여 금전을 차용한 경우 그 채무가 일상가사에 관한 것이라거나 공동재산의 유지와 관련된 것이라는 점을 증명하지 못하는 한 청산의 대상이 되지 않습니다(서울가정법원 2000. 7. 6. 98드96753).

<재산분할과 가집행>

재산분할청구권은 이혼이 성립한 때에 비로소 발생하는 것이므로, 당사자가 이혼소송과 병합하여 재산분할청구를 하여, 법원이 이혼과 동시에 재산분할을 명하는 판결을 한 경우에도 이혼판결이 확정되지 않은 상태에서는 가집행이 허용되지 않습니다(대판 1998. 11. 13. 98므1193).

이혼시 재산분할의 방법

키포인트 유상양도에 해당하지 않습니다.

이렇게 ➡ 법원은 민법 제839조의2에 규정된 재산분할제도는 그 법적 성격, 분할대상 및 범위 등에 비추어 볼 때 실질적으로는 공유물분할에 해당하는 것이어서 공유물분할에 관한 법리가 준용되어야 할 것인바, 공유물의 분할은 법률상으로는 공유자 상호간의 지분의 교환 또는 매매라고 볼 것이나 실질적으로는 공유물에 대하여 관념적으로 그 지분에 상당하는 비율에 따라 제한적으로 행사되던 권리, 즉 지분권을 분할로 인하여 취득하는 특정 부분에 집중시켜 그 특정 부분에만 존속시키는 것으로 소유형태가 변경된 것뿐이어서 이를 자산의 유상양도라고 할 수 없으며, 이러한 법리는 이혼시 재산분할의 방법으로 부부 일방의 소유명의로 되어 있던 부동산을 상대방에게 이전한 경우에도 마찬가지라고 할 것이고, 또한 재산분할로 인하여 이전받은 부동산을 그 후에 양도하는 경우 그 양도차익을 산정함에 있어서는 취득가액은 최초의 취득시를 기준으로 정할 것이지 재산분할을 원인으로 한 소유권이전시를 기준으로 하는 것은 아닙니다(대판 2003. 11. 14. 2002두6422).

<재산분할청구권과 채권자 대위권>

법원은 "처가 부를 상대로 이혼 및 재산분할, 위자료 청구를 하여 소송이 계속되어 있는 상태에서 부에 대한 자기의 채권(재산분할청구권)을 보전하기 위해 부의 제3자에 대한 권리를 대위 행사한 경우, 재산분할청구권은 협의 또는 심판에 의하여 그 구체적 내용이 형성되기까지는 그 범위 및 내용이 불명확·불확정하기 때문에 구체적으로 권리가 발생하였다고 할 수 없으므로 이를 보전하기 위하여 채권자대위권을 행사할 수 없다"고 하였다. 또한 "위자료 청구권은 금전채권으로서 당해 채권의 채무자인 부의 무자력이 인정되어야만 비로소 대위에 의해 보전될 권리적격이 있다고 할 수 있으므로, 부의 무자력이 인정되지 않는 한 보전의 필요성이 없다"고 하였습니다(대판 1999. 4. 9. 98다58016).

재산분할청구권 포기

키포인트 재산분할포기각서는 무효가 됩니다.

이렇게 ➡ 협의이혼을 약정하면서 이를 전제로 재산분할포기각서를 써줬다면 그 각서는 유효하지만, 협의이혼이 되지 않고 이혼소송으로 진행되면 그 각서는 무효가 됩니다.

이 유 ➡ 혼인해소 전에 재산분할청구권의 포기를 허용하면 사회적 약자인 배우자가 희생될 염려가 있으므로, 이를 허용하지 않는 것이 타당하다고 할 것입니다. 다만, 혼인이 파탄에 이른 당사자의 협의이혼을 할 것을 약정하면서 이를 전제로 하여 재산분할청구권을 포기하기로 합의하였다면, 이는 협의이혼절차가 유효하게 이루어질 것으로 조건으로 하는 조건부 의사표시로서 유효하다는 것이 판례의 태도입니다(대판 1995. 10. 12. 95다23156).

이미 이혼을 했거나 혹은 협의이혼을 하려는 당사자들은 혼인 중 당사자 쌍방의 협력에 의해 형성하고 증식한 재산의 분할에 관하여 자유롭게 협의할 수 있고, 그 협의대로 재산분할을 할 경우 재산분할 청구권은 자연히 소멸합니다

(대법원 1993. 12. 28. 선고93므409 판결).

그러나 이들 중 장차 협의이혼을 하기로 하여 이루어진 재산분할 협의는 '협의이혼의 성립을 조건으로 하여 효력을 발생시키는 의사표시' 즉, 조건부 계약이므로, 어떠한 이유에 의해서든지 협의이혼이 성립되지 않은 경우, 그 '재산분할 협의'는 무효가 됩니다. 다시 말해, 협의이혼과 재산분할에 관해 협의한 이후 혼인 관계를 지속했거나, 협의이혼이 성립되지 않아 재판상 이혼(화해 또는 조정에 의한 이혼 포함)으로 진행된 경우에는, 재산분할에 관한 협의했던 내용은 조건의 불성취로 인하여 무효가 됩니다.

따라서 남편이 이혼소송을 제기하여 재판상 이혼을 하게 되는 경우 아내는 재산분할을 청구할 수 있습니다.

알아두기

<재산분할청구권의 행사기간>

재산분할청구권은 이혼한 날로부터 2년 내에 행사하여야 하고 그 기간이 지나면 청구권이 소멸되어 재산분할을 청구할 수 없습니다(민법 제839조의 2 제3항).

<부부관계의 불화 중에 작성한 각서가 재산분할의 합의 인지 여부>

부부가 혼인 중에 금전문제로 부부싸움을 계속하여 오다가 '모든 재산을 배우자 한쪽의 소유라 한다'는 각서를 교부하고, 그 후에도 처분권을 위임하는 관련서류를 교부하였으나 그 각서 또는 관련서류 교부 당시 이혼에 관한 언급은 없었고, 그 후로도 혼인관계가 계속된 점 등에 비추어 '그러한 각서 또는 관련 서류의 교부'로써 이혼을 전제로 한 재산분할에 관한 협의가 있었다고 볼 수 없다는 것은 법원의 태도입니다(대판 1997. 7. 22. 96므318 · 325).

재산분할을 합의후 해제

키포인트 행사할 수 있습니다.

이렇게 ➡ 당사자의 한쪽이 합의내용을 일부 이행하지 아니할 경우 상대방은 이를 이유로 합의를 해제하고 재산분할을 청구할 수 있습니다(대판 1993. 12. 28. 93므409).

이 유 ➡ 가정법원이 재산분할의 재판을 하는 것은, 재산분할에 관하여 이혼당사자 사이에 협의가 성립되지 아니 하거나 협의할 수 없는 때에만 하는 것입니다(민법 제839조의2 제2항). 그러므로 당사자 사이에 이미 재산분할에 관한 협의가 성립되어 있다면, 당사자 한쪽이 재산분할청구가 있더라도 그것은 청구의 이익이 없어서 각하를 당합니다. 이미 이루어진 재산분할에 관한 약정의 이행을 청구하면 되고 이는 민사사건이고, 마류 비송사건인 재산분할에는 해당하지 않습니다(서울가판 1996. 3. 29. 95드58781, 58798).

재산분할의 협의는 공정증서로 작성하여 할 수도 있고 당사자의 한쪽이 합의내용의 일부를 이행하지 아니할 경우에는 상대방 당사자는 이를 이유로 합의를 해제하고 재산분할을 청구할 수도 있습니다(대판 1993. 12. 28. 93므409).

예를 들면 당사자 양쪽이 협의하기로 하고, 이혼에 따른 자녀양육, 위자료, 재산분할 따위의 조건에 관하여 합의하여 공증까지 하였다. 피고(남편)가 그 후 합의내용의 일부를 이행하지 아니하므로 원고가 이 사건 이혼, 위자료 및 재산분할 등을 청구하는 소송을 제기하고 합의해제를 서면으로 통지한 사안에 대하여 법원은 이 경우 재산분할합의 (1991. 6. 26. 자)는 적법하게 해제되어 더 이상 존속하지 아니 하므로 처는 여전히 재산분할청구권을 행사할 수 있다고 인정하였습니다(대판 1993. 12. 28 93므409).

협의이혼을 전제(조건)으로 재산분할협의를 하였으나 그 후 합의이혼을 하지 못하고 재판상 이혼이 이루어진 경우에는 그 분할협의는 조건불성취로 효력이 발생하지 않게 되었으므로, 민사소송으로 그 재산분할협의 내용 자체의 이행을 구할 수 없고, 가사소송으로 재산분할청구를 하여야 합니다(대판 1995. 10. 12. 95다123156).

알아두기

<재판상 재산분할의 방법>

재산분할의 방법에 관하여 당사자 양쪽의 협력으로 이룩한 재산의 액수 기타 사정을 참작하여 분할의 액수와 방법을 정하게 되어 있습니다(민법 제839조의2 제2항).

구체적인 분할비율은 가정법원이 후견적 입장에서 혼인생활의 실태, 재산의 형성과 유지에 기여한 정도 등을 종합적으로 고려하여 재량으로 정하게 됩니다.

1. 금전분할

금전으로 재산을 분할하는 방법은, 재산분할의 원칙적 방법입니다. 이 방법에는 ① 분할액을 일시에 지급하라고 하는 일시불, ② 분할총액을 정한 이상 상대방의 자력을 고려하여 분할하여 지급하게 하는 분할불(分割拂), ③ 분할총액을 정하지 않고 분할할 기간을 정하고, 일정한 액수를 정기적으로 지급하게 하는 정기불(定期拂)이 있습니다. 실제 재판에서는 일시불이 많습니다.

2. 현물분할

재산분할에도 현물분할이 있고 실제 재판례도 많습니다. 예컨대 ① 청구인의 장래 주거용으로 사용될 건물과 그 대지 등처럼 그 현물이 이혼 후의 생활에 필요불가결한 경우에는 그 현물이 분할되는 경우가 많습니다. ② 상대방의 자력으로 보아 금전지급이 곤란한 경우에도 현물분할이 인정됩니다. ③ 그리고 그 현물의 취득, 유지에 청구인의 기여도가 큰 경우에 이 현물분할이 인정됩니다. ④ 또 건물의 대지가 청구인 특유의 소유물이라든지, 청구인의 친족의 소유인 경우에도 이혼 후의 법률관계를 고려하여 건물을 청구인에게 분여하는 소가 있습니다.

보험금의 재산분할의 대상여부

키포인트 분할하지 않아도 됩니다.

이렇게 ➡ 교통사고로 인하여 받은 교통안전보험금과 남편이 자신을 수익자로 하여 불입한 보험금은 부부 쌍방의 협력으로 이룩한 재산으로 볼 수 없으므로 이를 분할하지 않아도 됩니다(대결 2002. 8. 28. 2002스36).

이 유 ➡ 민법 제839조의2에 규정된 재산분할제도는 혼인 중에 취득한 실질적인 공동재산을 청산 분배하는 것을 주된 목적으로 하는 것이므로, 부부가 이혼을 할 때 쌍방의 협력으로 이룩한 재산이 있는 한, 법원으로서는 당사자의 청구에 의하여 그 재산의 형성에 기여한 정도 등 당사자 쌍방의 일체의 사정을 참작하여 분할의 액수와 방법을 정하여야 하는바, 이 경우 부부 일방의 특유재산은 원칙적으로 분할의 대상이 되지 아니하나 특유재산일지라도 다른 일방이 적극적으로 그 특유재산의 유지에 협력하여 그 감소를 방지하였거나 그 증식에 협력하였다고 인정되는 경우에는 분할의 대상이 될 수 있습니다.

대법원은 위 사례에 대하여 남편을 보험수익자로 한 보험금은 남편의 특유재산으로 보이고, 그 보험금이 당사자 쌍방의 협력으로 이룩한 재산이라고 볼 만한 자료가 없으므로, 가사 아내가 이를 수령하였다 하더라도 아내로서는 남편에 대하여 동액 상당의 지급의무를 부담한다 할 것이고, 이와 같은 채무는 재산분할과는 별도로 존속하는 것이라고 할 것이어서 아내가 보험금을 수령하였다 하더라도 그 수령한 금원을 재산분할의 대상으로 삼을 수는 없다고 판시하였습니다(대결 2002. 8. 28. 2002스36).

<재산분할 산정의 기초가 되는 재산가액의 평가 방법>

재산분할 산정의 기초가 되는 재산의 가액은 반드시 시가감정에 의하여 인정하여야 하는 것은 아니지만 객관성과 합리성이 있는 자료에 의하여 평가하여야 합니다(대결 2002. 8.. 28. 2002스36).

부부일방이 혼인 중에 부담한 제3자에 대한 채무의 청산대상

키포인트 청산의 대상이 됩니다.

이렇게 ➡ 위 대출금채무는 일상가사에 관한 것이거나 적어도 부부 공동재산의 형성에 수반하여 부담한 채무이므로 청산의 대상입니다(대결 2002. 8. 28. 2002스36).

이 유 ➡ 부부 일방이 혼인 중 제3자에게 부담한 채무는 일상가사에 관한 것 이외에는 원칙으로 그 개인의 채무로서 청산의 대상이 되지 않으나 그것이 공동재산의 형성에 수반하여 부담한 채무인 경우에는 청산의 대상이 됩니다(1998. 2. 13. 선고 97므1486, 1493).

여기서 '일상 가사에 관한 채무'란 아이들 학비 또는 양육 등 생활을 유지하기 위한 비용으로 지출하기 위해 타인으로부터 금전을 대여한 경우를 말하며, '부부 공동재산의 형성에 수반한 채무'란 주택 융자금 등을 들 수 있습니다. 이들 채무는 부부 일방의 부담으로 되어 있다 하더라도 이혼 시 청산의 대상에 포함됩니다.

그리고 이렇게 이혼 당사자 일방에게 청산 대상에 포함

되는 채무 부담이 있는 경우, 청산 대상이 되는 총재산가
액에서 그 채무액을 공제하여 남는 재산(실질 재산)을 기
준으로 재산분할 액수를 산정합니다. 이때 실질 재산에서
채무액을 공제하여 남는 재산이 없다면 상대방은 재산분할
을 청구할 수 없습니다.

위 사례에 대해 법원은 아내가 농협으로부터 가계일반자
금대출 명목으로 2,000만 원을 대출받아 협의이혼 당시 대
출잔액이 있었음을 알 수 있고, 재항고인의 위 대출금채무
는 일상가사에 관한 것이거나 적어도 부부 공동재산의 형
성에 수반하여 부담한 채무일 가능성이 많아 보인다고 하
였습니다(대판 2002. 8. 28. 자 2002스36).

이혼전 재산분할

키포인트 초과부분만 취소가 됩니다.

이렇게 ➡ 부동산의 증여가 협의이혼신고를 하기 약 5개월 전에 이루어졌다는 사정만으로 이를 이혼에 따른 재산분할이 아니라고 단정할 수 없습니다(대판 2006. 9. 14. 2006다33258).

이혼에 따른 재산분할은 혼인 중 부부 쌍방의 협력으로 이룩한 공동재산의 청산이라는 성격에 경제적으로 곤궁한 상대방에 대한 부양적 성격이 가미된 제도로서, 이미 채무 초과 상태에 있는 채무자가 이혼을 하면서 그 배우자에게 재산분할로 일정한 재산을 양도함으로써 일반 채권자에 대한 공동담보를 감소시키는 결과가 된다고 하더라도, 이러한 재산분할이 민법 제839조의2 제2항의 규정 취지에 따른 상당한 정도를 벗어나는 과대한 것이라고 인정할 만한 특별한 사정이 없는 한 사해행위로서 채권자에 의한 취소의 대상으로 되는 것은 아닙니다. 다만 상당한 정도를 벗어나는 초과 부분에 관한 한 적법한 재산분할이라고 할 수 없어 취소의 대상으로 될 수 있을 것이나, 이처럼 상당한 정도를 벗어나는 과대한 재산분할이라고 볼 특별한 사정이 있다는 점에 관한 입증책임은 채권자에게 있습니다(대판 2001. 2. 23. 2000다57757).

위 사례에 대해 대법원은 피고가 2003. 5. 23. 소외인으로부터 그의 유일한 부동산인 이 사건 부동산을 증여받고 같은 달 24. 그 소유권이전등기를 마치고 2003. 10. 20. 협의이혼 신고를 하였다면, 단지 이 사건 부동산의 증여가 협의이혼 신고를 하기 약 5개월 전에 이루어졌다는 사정만으로 이를 이혼에 따른 재산분할이 아니라고 단정할 수는 없고, 달리 그 협의이혼이 가장이혼이라는 등 특별한 사정이 없는 한 피고의 주장대로 실질적으로는 소외인과의 협의이혼에 따른 재산분할로 볼 여지가 없지 아니하며, 만일 소외인이 피고에 대한 재산분할로서 이 사건 부동산을 양도한 것이 사실이라도 그것이 상당한 정도를 넘는 과도한 것이라면 그 상당성을 벗어나는 초과 부분만 취소의 대상으로 될 수 있을 것이므로, 원심으로서는 마땅히 피고와 소외인 사이의 협의이혼과 이 사건 부동산의 증여 경위 등을 더 심리하여 실제로 그 증여가 재산분할에 해당하는지 여부 및 만일 그러하다면 쌍방의 재산 보유 상황 등 두 사람의 혼인 이후 이혼에 이르기까지의 모든 사정을 종합하여 피고가 받을 적정한 재산분할의 액수를 확정한 다음 이를 초과하는 부분이 있을 경우 그 부분에 한하여 사해행위로서 취소를 명하였어야 할 것이다라고 하였습니다(대판 2006. 9. 14. 2006다33258).

재산분할과 과세

키포인트 증여세를 부과할 수 없습니다

이렇게 ➡ 이혼 시 재산분할은 혼인중에 형성된 실질적인 공동재산에 대한 청산과 이혼 후의 부양이라는 측면에서 인정되는 것이므로, 무상의 재산증여와는 무관하다. 따라서 재산분할로 취득한 재산에 대하여 증여세를 부과할 수 없습니다(대판 1997. 11. 28. 96누4725).

재산분할에 따른 부동산 소유권의 이전에 취득세의 비과세대상을 한정적으로 규정한 지방세법 제110조 제4호의 '공유권의 분할로 인한 취득'에 해당하지 않으며, 지방세법 제105조 제1항의 부동산 취득에 해당하므로, 취득세의 부과는 타당하다는 것이 판례의 입장입니다(대판 2003. 8. 19. 2003두4331). 또한 같은 판례에 따르면 이혼에 따른 재산분할을 원인으로 한 부동산이전등기는 지방세법 제128조의 등록세 비과세대상에 포함되지 않고, 지방세법 제131조 제1항 제5호의 공유물 분할에도 해당하지 않으므로, 등록세를 부과하는 것이 타당하다고 합니다.

반면에 양도소득세와 관련하여 판례는, 이혼시 재산분할은 실질적으로 공유물분할에 해당하는 것이므로, 재산분할의 방편으로 행하여진 자산의 이전에 대하여는 공유물분할에 관한 법리가 준용되어야 합니다. 따라서 재산분할에 의해서 이루어지는 자산의 이전은 양도소득세의 과세대상이 되는 유상양도에 포함된다고 볼 수 없으므로, 양도소득세를 부과할 수 없다는 입장입니다(대판 1998. 2. 13. 96누14401).

<재산분할로 취득한 부동산을 다시 양도하여 양도차익을 계산하는 경우, 취득가액의 기준시기>

재산분할로 취득한 부동산을 다시 양도하여 그 양도차익을 계산하는 경우, 취득가액은 최초의 취득시를 기준으로 정하여야 하며, 재산분할에 따른 소유권이전시를 기준으로 할 것은 아니라고 합니다(대판 2003. 11. 14. 2002두6422).

<위자료 및 재산분할금을 지급하기 위하여 부동산 처분이 불가피하다면 양도소득세 부과예상액을 그 분할대상 재산 가액에서 미리 공제하여야 하는가?>

이혼 및 재산분할 사건에서 위자료 및 재산분할금을 지급하기 위하여 부동산의 처분이 불가피하다 하여 그 처분에 관하여 부과될 양도소득세 상당액을 분할대상재산의 가액에서 미리 공제하여야 한다고 볼 수 없다(대판 1994. 12. 2. 94므901, 94므918).

재산분할로 받은 부동산에 대한 취득세와 등록세

키포인트 재산분할로 부동산을 넘겨받은 경우 취득세를 납부하여야 합니다.

이렇게 ➡ 지방세법에서 말하는 부동산의 취득은 소유권이전의 형식으로 부동산을 취득하는 모든 경우를 말합니다. 또 "공유부동산의 분할에 따라, 다른 공유자가 가지고 있던 지분을 취득하는 것도 부동산의 취득에 해당합니다." 그리하여 이론적으로는 청산적 재산분할로 부동산을 넘겨받은 경우에도 부동산취득세를 납부하여야 합니다.

이혼위자료나, 재산분할로 부동산을 넘겨받은 경우, 그 부동산의 신고가격의 70%, 또는 시가표준액 중 높은 금액에 대한 20/1,000에 해당하는 취득세와 15/1,000의 등록세, 3/1,000에 해당하는 교육세를 납부하여야 합니다(지방세법 제111조, 제112조, 제131조 등). 등록세는 부동산등기부에 등록하는 모든 부동산의 경우 적용되기 때문입니다.

재산분할 부분이 특정되지 아니한 채 자산이 이전된 경우의 입증책임

키포인트 입증하지 않아도 됩니다.

이렇게 ➡ 이혼을 하면서 위자료와 재산분할, 자녀양육비 등의 각각의 액수를 구체적으로 정하지 아니한 채 자산을 이전한 경우 그 자산 중 양도소득세의 과세대상이 되는 유상양도에 해당하는 위자료 및 자녀양육비의 입증책임도 원칙적으로는 과세처분청에 있습니다(대판 2002. 6. 14. 2001두4573).

이 유 ➡ 과세처분의 위법을 이유로 그 취소를 구하는 행정소송에서 과세요건의 존재에 대한 입증책임이 처분청에 있는 것과 마찬가지로 협의이혼 또는 재판상 화해나 조정에 의한 이혼을 하면서 위자료와 재산분할, 자녀양육비 등의 각각의 액수를 구체적으로 정하지 아니한 채 자산을 이전한 경우 그 자산 중 양도소득세의 과세대상이 되는 유상양도에 해당하는 위자료 및 자녀양육비의 입증책임도 원칙적으로는 처분청에 있다는 것이 법원의 태도입니다. 다만 이 때 처분청이 위자료나 자녀양육비의 액수까지 구체적으로 주장·입증할 필요는 없고, 단지 그 액수를 정할 수 있는 자료를 법원에 제출하는 것으로 충분하며, 이에 대하여 법원은 이와 같은 자료를 토대로 혼인기간, 파탄의 원인 및 당사자의 귀책사유, 재산정도 및 직업, 당해 양도자산의 가액 등 여러 사정을 참작하여 직권으로 위자료나 자녀양육비의 액수를 정하여야 한다고 합니다(대판 2002. 6. 14. 2001두4573).

위자료조로 국민주택입주자 지위의 이전등기 가능여부

이럴땐 ➡ 저는 결혼 5년만에 남편의 부정행위로 이혼하면서 남편명의로 분양받은 국민주택규모ㅡ이 아파트(잔금까지 지급되었으나, 남편 명의로 소유권이전은 되지 않은 상태임)를 위자료조로 양도받았습니다. 이러한 경우 위 아파트의 소유권이전등기를 남편명의를 거치지 아니하고 제 명의로 바로 등기할 수 있는지요?

키포인트 등기할 수 없습니다.

이렇게 ➡ 업주체로부터 당초 국민주택규모의 입주자지위를 선정받은 남편이 그 지위를 이혼위자료조로 처에게 양도한 경우 위 국민주택(아파트)의 소유자 명의를 양도받은 처에게 바로 소유권이전등기 할 수 있는지 문제가 될 수 있습니다.

이에 관한 법원행정처장의 질의회답을 보면, "사업주체인 갑이 건설·공급하는 국민주택(아파트)의 입주자로 선정된 을이 이혼으로 인한 위자료지급에 갈음하여 입주자선정지위를 배우자 병에게 양도하였다면, 위 국민주택(아파트)에 대한 소유권이전등기도 갑에서 을로, 을에서 병으로 순차 이루어져야 하고 갑에서 직접 병명의로 소유권이전등기신청은 할 수 없다."라고 하였습니다(1996. 5. 7. 등기 3402-340 질의회답).

따라서 위 사안의 경우에도 귀하 명의로 직접 위 아파트의 소유권이전등기를 할 수 없을 것으로 보여집니다.

재산분할 부동산의 채권자취소권 대상여부

키 포 인 트 과다증여한 경우 취소시킬 수 있습니다.

이렇게 ➡ 민법 제406조 제1항에 의하면 "채무자가 채권자를 해함을 알고 재산권을 목적으로 한 법률행위를 한 때에는 채권자는 그 취소 및 원상회복을 법원에 청구할 수 있다. 그러나 그 행위로 인하여 이익을 받은 자나 전득(傳得)한 자가 그 행위 또는 전득 당시에 채권자를 해함을 알지 못한 경우에는 그러하지 아니하다."라고 하여 채권자취소권(債權者取消權)을 규정하고 있습니다.

그런데 이혼에 따른 재산분할을 함에 있어 정신적 손해(위자료)를 배상하기 위한 급부로서의 성질까지 포함하여 분할할 수 있는지 및 그 재산분할이 사해행위로서 채권자취소권의 대상이 되기 위한 요건 및 취소의 범위에 관하여 판례를 보면, "이혼에 있어서 재산분할은 부부가 혼인 중에 가지고 있었던 실질상의 공동재산을 청산하여 분배함과 동시에 이혼 후에 상대방의 생활유지에 이바지하는데 있지만, 분할자의 유책행위에 의하여 이혼함으로 인하여 입게 되는 정신적 손해(위자료)를 배상하기 위한 급부로서의 성질까지 포함하여 분할할 수도 있다고 할 것인바, 재산분할의 액수와 방법을 정함에 있어서는 당사자 쌍방의 협력으로 이룩한 재산의 액수 기타 사정을 참작하여야 하는 것이 민법 제839조의2 제2항의 규정상 명백하므로, 재산분할자가 이미 채무초과의 상태에 있다거나 또는 어떤 재산을 분할한다면 무자력이 되는 경우에도 분할자가 부담하는 채무액 및 그것이 공동재산의 형성에 어느 정도 기여하고 있는지 여부를 포함하여 재산분할의 액수와 방법을 정할 수 있다고 할 것이고, 재산분할자가 당해 재산분할에 의하여 무자력이 되어 일반채권자에 대한 공동담보를 감소시키는 결과가 된다고 하더라도 그러한 재산분할이 민법 제839조의2 제2항의 규정취지에 반하여 상당하다고 할 수 없을 정도로 과대하고, 재산분할을 구실로 이루어진 재산처분이라고 인정할 만한 특별한 사정이 없는 한 사해행위로서 채권자취소권의 대상이 되지 아니하고, 위와 같은 특별한 사정이 있어 사해행위로서 채권자취소권의 대상이 되는 경우에도 취소되는 범위는 그 상당한 부분을 초과하는 부분에 한정된다고 할 것이다."라고 하였습니다(대법원 2001. 5. 8. 선고 2000다58804 판결, 2000. 7. 28. 선고 99다6180 판결).

또한 "상당한 정도로 벗어나는 초과부분에 대하여는 적법한 재산분할이라고 할 수 없기 때문에 이는 사해행위에

해당하여 취소의 대상으로 될 수 있을 것이나, 이 경우에
도 취소되는 범위는 그 상당한 정도로 초과하는 부분에 한
정하여야 하고, 위와 같이 상당한 정도를 벗어나는 과대한
재산분할이라고 볼 만한 특별한 사정이 있다는 점에 관한
입증책임은 채권자에게 있다.”라고 하였습니다(대법원
2001. 2. 9. 선고 2000다63516 판결, 2000. 9. 29. 선고 2000
다25569 판결, 2000. 7. 28. 선고 2000다14101 판결).

　따라서 위 사안에서도 갑은 위 판례의 취지에 비추어 재
산분할의 상당한 정도를 벗어난 부분에 대하여는 병을 상
대로 사해행위 취소의 소를 제기하여 그 가액의 배상을 청
구할 수도 있을 것이지만, 재산분할의 상당한 정도를 벗어
나는 과대한 재산분할이라고 볼 만한 특별한 사정이 있다
는 점에 관한 입증책임은 갑에게 있습니다. 그리고 이 경
우 법원은 을과 병의 혼인에서 이혼에 이르기까지의 경위,
혼인생활 중 을명의로 아파트를 취득한 사정, 두 사람이
이혼 후 소유하게 되는 재산의 정도와 함께 을이 병에게
위 아파트를 재산분할로 양도함으로써 을에게는 집행가능
한 재산이 거의 없게 되는 사정, 갑이 을에 대하여 가지는
채권의 액수 등 모든 사정을 참작하여 을이 병에게 위 아
파트 전체를 재산분할로서 양도하는 것이 그 상당성을 넘
는 것으로 보일 경우 협의이혼에 따른 위자료 상당액을 제
외한 재산분할의 액수를 확정한 다음 그 초과부분에 한하
여 사해행위로서 취소를 명하게 될 것으로 보입니다.

재산분할청구권의 보전을 위한 채권자대위권 행사

이럴땐 ➡ 갑은 위자료 및 재산분할문제는 거론하지 않고 남편 을과 협의이혼을 하였습니다. 그런데 이혼 후 2년이 아직 지나지 않았으므로 을을 상대로 재산분할청구를 하여 심판이 계류중인데, 을이 그의 아버지 병명의로 명의신탁한 부동산이 있는바, 갑이 재산분할청구권을 보전하기 위하여 병명의의 위 부동산에 대하여 을을 대위하여 처분금지가처분을 할 수 있는지요?

키포인트 할 수 있습니다.

이렇게 ➡ 채권자대위권(債權者代位權)에 관하여 민법 제404조에 의하면 "① 채권자는 자기의 채권을 보전하기 위하여 채무자의 권리를 행사할 수 있다. 그러나 일신에 전속한 권리는 그러하지 아니하다. ② 채권자는 그 채권의 기한이 도래하기 전에는 법원의 허가 없이 전항의 권리를 행사하지 못한다. 그러나 보존행위는 그러하지 아니하다."라고 규정하고 있습니다.

민법 제404조 소정의 채권자대위권은 채권자가 채무자에 대한 자기의 채권을 보전하기 위해 필요한 경우 채무자의 제3자에 대한 권리를 대위행사 할 수 있는 권리를 말하는 것이므로, 채권자가 이러한 채권자대위권을 행사하려면 우선 대위에 의해 보전될 채권이 존재하여야 함은 물론, 원칙적으로 그 이행기가 도래하였을 것이 필요하고 나아가 그 같은 채권이 금전채권이라면 보전의 필요성 즉, 채무자가 무자력인 사실 또한 인정되어야 하는데, 만일 채권자가 채권자대위권을 소송의 방법으로 행사하는 이른바 채권자대위소송에 있어 대위에 의해 보전될 채권자의 채무자에 대한 권리 자체가 존재하지 아니하거나 존재하더라도 그 보전의 필요성이 인정되지 아니하는 경우 이는 채권자가 스스로 원고가 되어 채무자의 제3채무자에 대한 권리를 행사할 소송수행권능이 없는 셈이 되므로, 결국 그 대위소송은 당사자적격이 결여하여 부적법하다고 말할 수 밖에 없고, 이러한 법리를 채권자대위에 의한 보전처분의 신청에 있어서도 마찬가지라 할 것입니다.

그런데 이혼으로 인한 재산분할청구권을 보전하기 위하여 채권자대위권을 행사할 수 있는지에 관하여 판례를 보면 "이혼으로 인한 재산분할청구권은 협의 또는 심판에 의하여 그 구체적 내용이 형성되기까지는 그 범위 및 내용이 불명확·불확정하기 때문에 구체적으로 권리가 발생하였다고 할 수 없으므로 이를 보전하기 위하여 채권자대위권을 행사할 수 없다."라고 하였습니다(대법원 1999. 4. 9. 선고 98다58016 판결, 서울가법 1993. 11. 11. 선고 93느2877 판결).

즉, 이혼에 의한 재산분할청구권은 성질상 혼인 당사자인 채권자와 채무자간의 협의 또는 확정심판 등에 의하여 그 구체적 내용이 최종 형성되기 전에는 그 범위 및 내용이 불확정·불명확한 상태에 놓여 있어 아직 현실의 구체적 권리로 존재한다고 말하기 어렵고, 그 이행기가 도래하였다고 보기는 더더욱 어려우므로 협의 또는 심판 등을 통해 구체적 내용이 형성되어야만 비로소 대위에 의해 보전될 권리적격을 갖추게 되고, 채권자도 그 때 가서야 그 권리에 기해 채무자의 제3채무자에 대한 권리를 대위행사 할 수 있게 된다는 것입니다.

따라서 위 사안에서 갑과 을은 현재 재산분할청구심판이 계류중이므로 아직은 재산분할청구권의 범위 및 내용이 불확정·불명확한 상태에 놓여 있어 그러한 재산분할청구채권을 보전하기 위하여 채권자대위권을 행사하여 병 명의의 위 부동산에 대하여 을을 대위하여 처분금지가처분을 할 수 없을 것으로 보입니다.

사망한 부(父)의 과실이 자(子)의 보험금산정시 과실로 참작되는지?

키포인트 참작할 수 있습니다.

이렇게 ➡ 불법행위에 있어서 가해자의 과실은 의무위반이
라는 강력한 과실인데 반하여 피해자의 과실을 따지는 과실
상계에 있어서의 과실은 전자의 것과는 달리 사회통념상, 신
의성실의 원칙상, 공동생활상 요구되는 약한 의미의 부주의
를 가리키는 것으로 보아야 합니다(대법원 1999. 2. 26. 선고
98다52469 판결, 2001. 3. 23. 선고99다33397 판결).

과실상계에서 피해자의 과실로 참작되어야 할 피해자측
의 범위에 대하여 판례는 "차량사고에 있어 운전자의 과실
을 피해자측의 과실로 보아 동승자에 대하여 과실상계를
하기 위하여는, 그 차량 운전자가 동승자와 신분상 또는

상황관계상 일체를 이루고 있어 운전자의 과실을 동승자에 대한 과실상계 사유로 삼는 것이 공평의 원칙에 합치한다는 구체적인 사정이 전제가 되어야 한다."고 판단하고 있습니다(대법원 1998. 8. 21. 선고 98다23232 판결).

위 사안과 관련된 판례도, "교통사고의 피해자인 미성년자가 부모의 이혼으로 인하여 친권자로 지정된 모(母)와 함께 살고 있었으나, 사고 당시 부(父)가 재결합하려고 모(母)와 만나고 있던 중이었으며, 부(父)가 그 미성년자와 모(母)를 비롯한 처가식구들을 차에 태우고 장인, 장모의 묘소에 성묘를 하기 위해 가던 중 사고가 발생한 경우, 사고 당시 부녀간이나 부부간에 완전한 별거상태가 아니라 왕래가 있었던 것으로 추정되고, 그 미성년자는 사고로 사망한 부(父)의 상속인으로서 가해자가 구상권을 행사한 경우 결국 그 구상채무를 부담하게 된다는 점에 비추어, 이들을 신분상 내지 사회생활상 일체를 이루는 관계로 보아 그 미성년자에 대한 개인용자동차종합보험보통약관 중 무보험자동차에 의한 상해조항에 따른 보험금산정시 부(父)의 운전상 과실을 피해자측 과실로 참작하는 것이 공평의 관념에서 상당하다."라고 하였습니다(대법원 1999. 7. 23. 선고 98다31868 판결).

따라서 위 사안에 있어서도 갑이 가입한 자동차종합보험의 무보험자동차상해보험산정에 있어서 갑의 운전상 과실을 피해자인 을의 과실로서 참작할 수 있을 것으로 보입니다.

사실상 파탄에 이른 부부간 계약취소의 효력

키포인트 취소할 수 없습니다.

이렇게 ➡ 부부간의 계약은 혼인중에는 언제든지 부부의 일방이 위를 취소할 수 없습니다(민법 제828조). 위 규정을 형식적으로 해석한다면 귀하의 경우에는 남편 갑과의 사이에 법률적인 의미에서는 여전히 부부관계를 유지하고 있는 것이므로, 위 규정상 '혼인 중'에 해당하고, 따라서 갑의 계약취소는 유효한 것으로 볼 수 있습니다.

그러나 판례는 "민법 제828조는 부부간의 계약은 '혼인 중' 언제든지 부부의 일방이 이를 취소할 수 있다고 규정하고 있는바, 여기에서 혼인 중이라 함은 단지 형식적으로 혼인관계가 계속되고 있는 상태를 의미하는 것이 아니라,

형식적으로는 물론 실질적으로도 원만한 혼인관계가 계속되가고 있는 상태를 뜻한다고 보아야 할 것이고, 따라서 혼인관계가 비록 형식적으로 계속되고 있다고 하더라도 실질적으로 파탄에 이른 상태라면 위 규정에 의한 계약의 취소는 이를 할 수 없는 것이다.”라고 하였습니다(대법원 1993. 11. 26. 선고 93다40072 판결, 1979. 10. 3. 선고 79다1344 판결).

따라서 귀하와 같이 이미 혼인생활이 사실상 파탄에 이른 경우에도 법률상 이혼을 한 경우와 마찬가지로 보아 혼인 중에 체결한 계약에 대하여 부부일방이 취소할 수 없는 것이라 할 것이므로, 위 사안에서 원만한 혼인기간 중 성립한 증여계약을 사실상 파탄에 이른 기간에는 더 이상 취소할 수 없는 것이라 할 것입니다.

이혼 또는 혼인취소시 재산분할청구

이럴땐 ➡ 저는 남편 갑과 혼인생활 10년 만에 가정불화로 협의이혼을 하였습니다. 저는 혼인기간 동안 맞벌이를 계속하였으나, 그 기간중 취득한 부동산은 모두 갑 단독명의로 하였습니다. 그런데 위 부동산을 같이 노력하여 마련한 재산이므로 이혼하는 시점에서 제 몫을 찾고 싶은데, 그 내용과 그 절차는 어떤지요?

키포인트 재산분할을 신청하시면 됩니다.

이렇게 ➡ 민법 제834조 및 제839조의2에서 이혼한 자의 일방은 다른 일방에 대하여 재산분할을 청구할 수 있고, 재산분할에 관하여 협의가 되지 아니하거나 협의할 수 없는 때에는 가정법원은 당사자의 청구에 의하여 당사자 쌍방의 협력으로 이룩한 재산의 액수 기타 사정을 참작하여 분할의 액수와 방법을 정한다고 규정하고 있습니다.

종전에는 이혼시 재산관계 청산은 주로 위자료로써 해결해왔으나, 민법은 별도로 재산분할청구권규정을 두고 있으며, 판례도 "위자료청구권과 재산분할청구권은 그 성질을 달리하기 때문에 위자료청구와 함께 재산분할청구를 할 수도 있고, 혼인 중에 부부가 협력하여 이룩한 재산이 있는 경우에는 혼인관계의 파탄에 책임이 있는 배우자라도 재산의 분할을 청구할 수 있다."라고 하였습니다(대법원 1993. 5. 11. 자93스6 결정).

　　그리고 분할대상 재산은 당사자가 함께 협력하여 이룩한 재산만이 그 대상이 되므로, 혼인 전부터 각자 소유하고 있던 재산이나 일방이 상속·증여 등으로 취득한 재산 등의 특유재산은 원칙적으로 청산대상이 안되지만, 그 특유재산의 유지·감소방지에 기여한 정도가 클 경우에는 청산대상이 될 수도 있습니다(대법원 1996. 2. 9. 선고 94므635 등 판결).

　　청산의 비율이나 방법은 일률적인 기준이 있는 것이 아니고 재산형성에 있어서의 기여도, 혼인의 기간, 혼인 중 생활정도, 유책성(有責性), 현재의 생활상황, 장래의 전망, 피부양자유무, 이혼위자료의 유무 등을 고려하여 정하게 되며, 에컨대, 남편이 가사에 불충실한 행위를 하였다고 하더라도 그 사정은 재산분할액수와 방법을 정함에 있어서 참작사유가 될 수 있을지언정 그 사정만으로 남편이 재산형성에 기여하지 않았다고 단정할 수 없으며, 재산분할액 산정의 기초가 되는 재산의 가액은 반드시 시가감정에 의하여 인정하여야 하는 것은 아니지만, 객관성과 합리성이 있는 자료에 의하여 평가하여야 합니다(대법원 1999. 6. 11. 선고 96므1397 판결, 1995. 10. 12. 선고 95므175 판결).

회사퇴직금의 재산분할청구 대상여부

키포인트 가능하지 않습니다.

이렇게 ➡ 이혼하려고 하는 배우자의 일방이 직장에 근무중인 경우에는 그의 직장퇴직일과 수령할 퇴직금이 확정되었다는 등의 특별한 사정이 없는 한, 그가 장래에 받을 퇴직금은 재산분할에 따른 청산대상에 포함되지 않는다.

판례도 "퇴직금은 혼인 중에 제공한 근로에 대한 대가가 유예된 것이므로 부부의 혼인 중 재산의 일부가 되며, 부부 중 일방이 직장에서 일하다가 이혼 당시에 이미 퇴직금 등의 금원을 수령하여 소지하고 있는 경우에는 이를 청산의 대상으로 삼을 수 있다."라고 하였으나(대법원 1995. 3. 28. 선고 94므1584 판결), "부부 일방이 아직 퇴직하지 아니한 채 직장에 근무하고 있을 경우 그의 퇴직일과 수령할 퇴직금이 확정되었다는 등의 특별한 사정이 없다면, 그가 장차 퇴직금을 받을 개연성이 있다는 사정만으로 그 장래의 퇴직금을 받을 개연성이 있다는 사정은 민법 제839조의

2 제2항 소정의 재산분할의 액수와 방법을 정하는데 필요한 ‘기타 사정’으로 참작되면 족하다”라고 하였습니다(대법원 2002. 8. 28. 자 2002스36 결정, 1998. 6. 12. 선고 98므213 판결).

또한, “재판상 이혼을 전제로 한 재산분할에 있어 분할의 대상이 되는 재산과 그 액수는 이혼소송의 사실심 변론종결일을 기준으로 하여 정하여야 하고, 이혼소송의 사실심 변론종결일 당시 직장에 근무하는 부부 일방의 퇴직과 퇴직금이 확정된 바 없으면 장래의 퇴직금을 분할의 대상이 되는 재산으로 삼을 수 없음이 원칙이지만, 그 뒤에 부부 일방이 퇴직하여 퇴직금을 수령하였고 재산분할청구권의 행사기간이 경과하지 않았으면 수령한 퇴직금 중 혼인한 때로부터 위 기준일까지의 기간 중에 제공한 근로의 대가에 해당하는 퇴직금 부분은 분할의 대상인 재산이 된다.”라고 한 바 있습니다(대법원 2000. 5. 2. 자 2000스13 결정).

따라서 위 사안에 있어서도 갑이 아직 퇴직하지 아니한 채 근무하고 있고, 퇴직일과 수령할 퇴직금이 확정되지 아니한 상태로 보여지므로 그 퇴직금을 재산분할청구의 대상으로 삼을 수 없을 것입니다. 다만, 분할의 액수와 방법을 정하는데 필요한 ‘기타 사정’으로 참작할 수는 있으므로 재산분할청구시 장래 퇴직금을 받을 개연성이 있다는 사정을 주장하는 것이 좋을 듯합니다.

향후 수령할 공무원 퇴직연금의 재산분할의 대상여부

키포인트 대상이 되지 않습니다.

이렇게 ➡ 협의이혼의 경우 재산분할청구권에 관하여 민법 제839조의2에 의하면 "① 협의상 이혼한 자의 일방은 다른 일방에 대하여 재산분할을 청구할 수 있다. ② 제1항의 재산분할에 관하여 협의가 되지 아니하거나 협의할 수 없는 때에는 가정법원은 당사자의 청구에 의하여 당사자 쌍방의 협력으로 이룩한 재산의 액수 기타 사정을 참작하여 분할의 액수와 방법을 정한다. ③ 제1항의 재산분할청구권은 이혼한 날부터 2년을 경과한 때에는 소멸한다."라고 규정하고 있습니다. 그리고 재판상 이혼의 경우에도 민법 제843조에 의하여 위 규정이 준용됩니다.

위와 같은 재산분할제도는 부부가 혼인 중에 취득한 실질적인 공동재산을 청산·분배하는 것을 주된 목적으로 하는 것이므로, 혼인 중에 부부가 협력하여 이룩한 재산이 있는 경우에는 혼인관계의 파탄에 대하여 책임이 있는 배우자라도 재산의 분할을 청구할 수 있습니다(대법원 1993. 5. 11. 자 93스6 결정).

그런데 위 사안에서는 향후 수령할 퇴직연금이 재산분할의 대상이 되는지 문제됩니다.

이에 관하여 판례를 보면, "향후 수령할 퇴직연금은 여명을 확정할 수 없으므로, 이를 바로 분할대상재산에 포함시킬 수는 없고, 이를 참작하여 분할액수와 방법을 정함이 상당하다."라고 하였습니다(대법원 1997. 3. 14. 선고 96므1533, 1540 판결, 2002. 8. 28. 자 2002스36 결정).

따라서 위 사안에 있어서도 귀하와 갑이 이혼한 경우 갑이 장차 지급 받게 될 퇴직연금은 재산분할대상재산에 포함시킬 수는 없고, 분할액수를 정함에 있어서는 참작할 수 있을 것으로 보입니다.

법원의 재산분할대상 직권조사

키 포 인 트 포함시킬 수 있습니다.

이렇게 ➡ 위 사안과 관련된 판례를 보면 "가사소송비절차에 관하여는 가사소송법에 특별한 규정이 없는 한, 비송사건절차법 제1편의 규정을 준용하고 있으며, 비송사건절차에 있어서는 민사소송의 경우와는 달리 당사자의 변론에만 의존하는 것이 아니고, 법원이 자기의 권능과 책임으로 재판의 기초가 되는 자료를 수집하는 이른바 직권탐지주의에 의하고 있으므로, 원고가 어떤 부동산을 재산분할대상의 하나로 포함시킨 종전주장을 철회하였더라도, 법원은 원고의 주장에 구애되지 아니하고 재산분할의 대상이 무엇인지 직권으로 사실조사를 하여 포함시킬 수 있다."라고 하였습니다(대법원 1995. 3. 28. 선고 94므1584 판결, 1999. 11. 26. 선고 99므1596 등 판결).

그러므로 이혼하는 당사자가 재산분할청구소송을 제기한 경우 법원은 당사자의 주장에 구애받지 아니하고 재산분할의 대상이 무엇인지 직권으로 사실조사를 하여 포함시킬 수 있다 할 것이고, 이혼당사자의 소유부동산과 채무관계,

현황, 그 형성과정 및 이용상황 등에 비추어 적정한 재산
분할방법을 결정하고 그 비율에 관하여는 당사자들의 나이
와 직업, 생활정도, 수입, 재산상태, 혼인관계가 파탄에 이
르게 된 경위, 당사자가 그 재산의 형성에 기여한 정도 등
모든 사정을 참작하여 적극재산의 가액에서 소극재산인 채
무를 공제한 금액 등으로 결정할 수 있다 할 것입니다.

협의이혼을 전제 한 재산분할약정의 재판상이혼시 적용여부

이럴땐 ➡ 저는 남편 갑과 협의이혼하기로 하면서 혼인 기간동안 갑명의로 마련한 부동산 중 주택 1동을 제 명의로 이전하기로 하고 그 약정서를 써서 인증까지 해두었습니다. 그러나 자녀의 친권행사문제로 의견이 맞지 않아 협의이혼을 하지 못하고, 갑의 부정행위를 이유로 한 재판상이혼을 청구하여 이혼판결을 받았습니다. 재산분할청구는 위 약정서가 있었으므로 하지 않았는데, 갑은 협의이혼이 되지 않았으므로 위 약정은 무효라면서 위 주택의 명의이전을 거부하고 있습니다. 이 경우 민사소송으로 소유권이전등기청구가 가능한지요?

키포인트 재산분할청구를 해야합니다.

이렇게 ➡ 위 사안과 관련된 판례를 보면 "재산분할에 관한 협의는 혼인 중 당사자쌍방의 협력으로 이룩한 재산의 분할에 관하여 이미 이혼을 마친 당사자 또는 아직 이혼하지 않은 당사자 사이에 행하여지는 협의를 가리키는 것인바, 그 중 아직 이혼하지 않은 당사자가 장차 협의상 이혼할 것을 약정하면서 이를 전제로 하여 위 재산분할에 관한 협의를 하는 경우에 있어서는, 특별한 사정이 없는 한 장차 당사자 사이에 협의상 이혼이 이루어질 것을 조건으로 하여 조건부 의사표시가 행하여지는 것이라 할 것이므로, 그 협의후 당사자가 약정한 대로 협의상 이혼이 이루어진 경우에 한하여 그 협의의 효력이 발생하는 것이지, 어떠한 원인으로든지 협의상 이혼이 이루어지지 아니하고 혼인관계가 존속하게 되거나 당사자 일방이 제기한 이혼청구의 소에 의하여 재판상 이혼(화해 또는 조정에 의한 이혼을 포함)이 이루어진 경우에 그 협의는 조건의 불성취로 인하여 효력이 발생하지 않는다."라고 하였습니다(대법원 2000. 10. 24. 선고 99다33458 판결, 2001. 5. 8. 선고 2000다58804 판결, 2000. 5. 2. 자 2000스13 결정).

그리고 "협의이혼을 전제로 재산분할의 약정을 한 후 재판상 이혼이 이루어진 경우, 재판상 이혼 후 또는 재판상 이혼과 함께 재산분할을 원하는 당사자로서는, 이혼성립 후 새로운 협의가 이루어지지 아니하는 한, 이혼소송과 별도의 절차로 또는 이혼소송절차에 병합하여 가정법원에 재산분할에 관한 심판을 청구하여야 하는 것이지(이에 따라 가정법원이 재산분할의 액수와 방법을 정함에 있어서는 그 협의의 내용과 협의가 이루어진 경위 등을 민법 제839조의 2 제2항 소정 '기타 사정'의 하나로서 참작하게 될 것임), 당초의 재산분할에 관한 협의의 효력이 유지됨을 전제로 하여 민사소송으로써 그 협의내용 자체의 이행을 구할 수는 없다."라고 하였습니다(대법원 1995. 10. 12. 선고 95다23156 판결).

따라서 귀하는 위 약정서에 기하여 민사소송으로 위 주택의 소유권이전등기청구를 할 수는 없으며, 가정법원에 재산분할청구를 하여야 할 것입니다.

부부일방의 고유재산이 재산분할청구대상이 포함되는지

키포인트 기여도에 따라 청구할 수 있습니다.

이렇게 ➡ 위 사안의 경우 이혼시 배우자 일방의 특유재산이 재산분할청구의 대상이 될 수 있는지 문제됩니다.

이에 관한 판례를 보면, "민법 제839조의2에 규정된 재산분할제도는 혼인 중에 취득한 실질적인 공동재산을 청산·분배하는 것을 주된 목적으로 하는 것이므로, 부부가 재판상 이혼을 할 때 쌍방의 협력으로 이룩한 재산이 있는 한, 법원에서는 당사자의 청구에 의하여 그 재산의 형성에 기여한 정도 등 당사자 쌍방의 일체의 사정을 참작하여 분할의 액수와 방법을 정하여야 하는바, 이 경우 부부일방의 특유재산은 원칙적으로 분할의 대상이 되지 아니하나 특유재산일지라도 다른 일방이 적극적으로 그 특유재산의 유지에 협력하여 그 감소를 방지하였거나 그 증식에 협력하였다고 인정되는 경우에는 분할의 대상이 될 수 있고, 부부일방이 혼인중 제3자에게 부담한 채무는 일상가사에 관한

것 이외에는 원칙으로 그 개인의 채무로서 청산의 대상이
되지 않으나 그것이 공동재산의 형성에 수반하여 부담한
채무인 경우에는 청산의 대상이 된다.”라고 하였습니다(대
법원 1998. 2. 13. 선고97므1486 판결, 1993. 5. 25. 선고 92
므501 판결).

그리고 “가사를 전담하는 외에 가업으로 24시간 개점하
는 잡화상연쇄점에서 경리업무를 전담하면서 잡화상경영에
참가하여 가사비용의 조달에 협력하였다면 특유재산의 감
소방지에 일정한 기여를 하였다고 볼 수 있어 특유재산이
재산분할의 대상이 된다.”라고 본 경우가 있습니다(대법원
1994. 5. 13. 선고 93므1020 판결, 2002. 8. 28. 자 2002스36
결정).

따라서 귀하의 경우에도 단순히 위 주택이 갑이 혼인 전
에 취득한 재산이라는 것만으로 재산분할청구대상에서 제
외된다고 할 수 없다 하겠으며, 다만 그 재산을 유지하거
나 또는 감소방지에 귀하가 기여한 노력이 크다면 이를 입
증하여 재산분할청구권을 행사해볼 수 있을 것입니다.

부부일방이 명의신탁한 부동산도 재산분할청구의 대상인지

키포인트 재산분할의 대상이 됩니다.

이렇게 ➡ 재산분할청구권에 관하여 민법 제839조의2에 의하면 "① 협의상 이혼한 자의 일방은 다른 일방에 대하여 재산분할을 청구할 수 있다. ② 제1항의 재산분할에 관하여 협의가 되지 아니하거나 협의할 수 없는 때에는 가정법원은 당사자의 청구에 의하여 당사자 쌍방의 협력을 이룩한 재산의 액수 기타 사정을 참작하여 분할의 액수와 방법을 정한다. ③ 제1항의 재산분할청구권은 이혼한 날부터 2년을 경과한 때에는 소멸한다."라고 규정하고 있으며, 위 규정은 민법 제843조에 의하여 재판상 이혼의 경우에도 준용되고 있습니다.

그런데 부부일방이 제3자에게 명의신탁 한 부동산도 재산분할청구의 대상이 되는지에 관하여 판례를 보면 "제3자 명의의 재산이더라도 그것이 부부중 일방에 의하여 명의신탁 된 재산 또는 부부의 일방이 실질적으로 지배하고 있는 재산으로서 부부 쌍방의 협력에 의하여 형성된 것이거나 부부 쌍방의 협력에 의하여 형성된 유형, 무형의 자원에 기한 것이라면 그와 같은 사정도 참작하여야 한다는 의미에서 재산분할의 대상이 된다."라고 하였습니다(대법원 1998. 4. 10. 선고96므1434 판결).

이것은 재산분할제도의 목적이 부부 중 누구 명의로 되어 있건 간에 쌍방의 협력으로 이룩한 실질적인 부부의 공동재산을 청산하는데 있다고 할 것이므로, 나아가 부부 이외의 제3자 명의의 재산이라고 하더라도 그것이 부부의 협력으로 이룩한 실질적인 공동재산으로 인정되는 경우에는 재산분할의 대상으로 삼을 수 있다는 취지로 보여집니다. 다만, 제3자 명의의 재산이 순수한 의미에서 부부의 일방이 명의신탁 한 재산이라고 하더라도 그에 대하여 직접 재산분할을 명하는 경우 제3자는 당해 소송의 피고가 아니므로 그 재산을 직접 분할하는 현물분할이나 경매분할을 명하면 집행불능에 이르게 될 것입니다. 결국 제3자 명의의 재산도 재산분할의 대상이 된다는 것은 그 재산형성에 대한 부부 일방의 기여도를 민법 제839조의2 제2항 소정의 기타의 사정으로 참작하여야 한다는 의미로 이해할 수 있을 듯합니다.

따라서 위 사안에서도 갑이 청구한 재산분할청구사건에 있어서 병명의로 명의신탁 된 부동산도 갑과 을의 재산형성에 대한 기여도를 정함에 있어서 참작할 사유로 될 수 있을 것으로 보입니다.

재산분할로 소유권이전 될 경우 임차보증금반환채무 인수 형태

키포인트 인수 됩니다.

이렇게 ➡ 면책적 채무인수라 함은 채무의 동일성을 유지하면서 이를 종래의 채무자로부터 제3자인 인수인에게 이전하는 것을 목적으로 하는 계약으로서, 채무인수로 인하여 인수인은 종래의 채무자와 지위를 교체하여 새로이 당사자로서 채무관계에 들어서서 종래의 채무자와 동일한 채무를 부담하고 동시에 종래의 채무자는 채무관계에서 탈퇴하여 면책되는 것입니다(대법원 1999. 7. 9. 선고 99다12376 판결).

그리고 매수인이 매매목적물에 관한 임대차보증금반환채무 등을 인수하면서 그 채무액을 매매대금에서 공제하기로 한 경우, 그 채무인수의 법적 성질에 관하여 판례를 보면, "부동산의 매수인이 매매목적물에 관한 임대차보증금반환채무 등을 인수하는 한편, 그 채무액을 매매대금에서 공제하기로 약정한 경우, 그 인수는 특별한 사정이 없는 이상 매도인을 면책시키는 면책적 채무인수가 아니라 이행인수로 보아야 하고, 면책적 채무인수로 보기 위해서는 이에 대한 채권자 즉, 임차인의 승낙이 있어야 한다."라고 하였습니다(대법원 2001. 4. 27. 선고 2000다69026 판결).

한편 재산분할의 방법으로 부동산소유권을 이전하는 경우, 그 부동산에 대한 임차보증금반환채무가 새로운 소유자에게 면책적으로 인수되었는지에 관하여 판례를 보면, "임대차의 목적물인 부동산의 소유권이 이전되는 경우 그 부동산이 주거용 건물로서 주택임대차보호법에 따라 임대인의 지위가 당연히 승계되는 등의 특별한 사정이 없는 한, 재산분할의 방법으로 부동산의 소유권이 이전된다고 하여 그에 수반하여 당해 부동산에 대한 임대차보증금반환채무가 새로운 소유자에게 면책적으로 인수되는 것은 아니다."라고 하였습니다(대법원 1997. 8. 22. 선고 96므912 판결, 1997. 8. 22. 선고 96므905 판결).

그런데 2002년 11월 1일부터 시행된 상가건물임대차보호법의 제3조에 의하면 "① 임대차는 그 등기가 없는 경우에도 임차인이 건물의 인도와 부가가치세법 제5조, 소득세법 제168조 또는 법인세법 제111조의 규정에 의한 사업자등록을 신청한 때에는 그 다음날부터 제3자에 대하여 효력이 생긴다. ② 임차건물의 양수인(그 밖에 임대할 권리를 승계한 자를 포함한다)은 임대인의 지위를 승계한 것으로 본다.”라고 규정(다만, 법 제2조에 의거 대통령이 정하는 보증금액을 초과하는 경우는 적용하지 아니함)하고 있어 상가건물의 임차인이 건물의 인도와 사업자등록이라는 대항요건을 갖춘 후 건물이 양도되면 양수인은 임대인의 지위를 당연히 승계하기 때문에 임차인은 양수인에 대하여 임차권을 주장할 수 있습니다.

따라서 위 사안에서 갑이 위 상가건물의 소유권을 이혼에 따른 재산분할로 이전 받을 경우 병이 상가건물임대차보호법에 정한 요건을 갖춘 상가임차인이라며 을이 병에 대한 임차보증금반환채무가 갑에게 면책적으로 인수된다고 할 수 있고, 위 요건을 갖추지 못한 임차인이라며 면책적으로 인수하기로 약정을 하였다고 하여도 병의 승낙이 없으면 그 채무가 갑에게 면책적으로 인수된다고 할 수 없을 것입니다.

반소 인용시 기각된 본소에 병합된 재산분할청구의 판단 여부

키포인트 갑의 반대의사 없으면 재산분할청구에 대해
심리하게 됩니다.

이렇게 ➡ 위 사안에서와 같이 본소 이혼청구를 기각하고
반소 이혼청구를 인용하는 경우, 본소 이혼청구에 병합된 재
산분할청구에 대하여 심리·판단하여야 하는지 문제됩니다.

이에 관하여 판례를 보면 "원고가 본소의 이혼청구에 병
합하여 재산분할청구를 제기한 후 피고가 반소로서 이혼청
구를 한 경우, 원고가 반대의 의사를 표시하였다는 등의
특별한 사정이 없는 한, 원고의 재산분할청구 중에는 본소
의 이혼청구가 받아들여지지 않고 피고의 반소청구에 의하
여 이혼이 명하여지는 경우에도 재산을 분할해 달라는 취
지의 청구가 포함된 것으로 봄이 상당하다고 할 것이므로
(이때 원고의 재산분할청구는 피고의 반소청구에 대한 재
반소로서의 실질을 가지게 된다), 이러한 경우 사실심으로

서는 원고의 본소 이혼청구를 기각하고 피고의 반소청구를 받아들여 원·피고의 이혼을 명하게 되었다고 하더라도, 마땅히 원고의 재산분할청구에 대한 심리에 들어가 원·피고가 협력하여 이룩한 재산의 액수와 당사자 쌍방이 그 재산의 형성에 기여한 정도 등 일체의 사정을 참작하여 원고에게 재산분할을 할 액수와 방법을 정하여야 한다."라고 하였습니다(대법원 2001. 6. 15. 선고 2001므626, 633 판결).

따라서 위 사안에서도 을이 반소를 제기하면서 재산분할청구를 하지 않았다고 하여도 을의 반소가 인용되는 경우라면, 갑이 본소 청구시 병합하여 청구한 재산분할에 대하여 갑이 특별히 반대의 의사를 표시하지 아니 한다면 재산분할에 대해서도 심리하여 재산분할을 할 액수와 방법을 정하게 될 것으로 보입니다.

청산대상 채무액 공제시 잔액이 없어도 재산분할청구 가능한지

키포인트 가능하지 않을 것으로 보입니다.

이렇게 ➡ 재산분할청구권에 관하여 민법 제839조의2에 의하면 "① 협의상 이혼한 자의 일방은 다른 일방에 대하여 재산분할을 청구할 수 있다. ② 제1항의 재산분할에 관하여 협의가 되지 아니하거나 협의할 수 없는 때에는 가정법원은 당사자의 청구에 의하여 당사자 쌍방의 협력으로 이룩한 재산의 액수 기타 사정을 참작하여 분할의 액수와 방법을 정한다. ③ 제1항의 재산분할청구권은 이혼한 날부터 2년을 경과한 때에는 소멸한다."라고 규정하고 있으며, 위 규정은 민법 제843조에 의하여 재판상 이혼의 경우에도 준용되고 있습니다.

이러한 재산분할제도의 목적은 부부 중 누구 명의로 되어 있건간에 쌍방의 협력으로 이룩한 실질적인 부부의 공동재산을 청산하는데 있습니다.

그런데 부부 일방이 청산대상인 채무를 부담하고 있는 경우, 재산분할의 비율 또는 액수를 정하는 방법에 관하여 판례를 보면 "부부 일방이 혼인 중 제3자에게 채무를 부담한 경우에 그 채무 중에서 공동재산의 형성에 수반하여 부담하게 된 채무는 청산의 대상이 되는 것이므로, 부부 일방이 위와 같이 청산의 대상이 되는 채무를 부담하고 있는 경우에 재산분할의 비율 또는 액수를 정함에 있어서는, 이를 고려하여, 금전의 지급을 명하는 방식의 경우에는 그 채무액을 재산가액으로부터 공제한 잔액을 기준으로 지급액을 산정하여야 하고, 목적물의 지분을 취득시켜 공유로 하는 방식의 경우에는 상대방의 취득비율을 줄여 주는 등으로 분할비율을 합리적으로 정하여야 한다."라고 하였습니다(대법원 1994.12.2. 선고 94므1072 판결). 또한, 총 재산가액에서 청산의 대상이 되는 채무액을 공제하면 남는 금액이 없는 경우, 상대방 배우자의 재산분할청구가 가능한지에 대하여 "부부 일방이 혼인 중 제3자에게 채무를 부담한 경우에 그 채무 중에서 공동재산의 형성에 수반하여 부담하게 된 채무는 청산의 대상이 되는 것이므로, 부부 일방이 위와 같이 청산의 대상이 되는 채무를 부담하고 있어 총재산가액에서 위 채무액을 공제하면 남는 금액이 없는 경우에는 상대방의 재산분할 청구는 받아들여질 수 없다.”라고 하였습니다(대법원 2002. 9. 4. 선고 2001므718 판결, 1997. 9. 26. 선고 97므933 판결).

따라서 위 사안에서도 을의 대출원리금채무와 임대차보증금반환채무의 청산의 대상이 되는 채무를 부담하고 있으며, 그러한 채무를 공제하고 남는 금액이 없다면 재산분할 청구는 인정될 수 없을 것으로 보입니다.

이혼과 동시에 명한 재산분할채무의 이행기 및 적용이율

키포인트 민법에 정한 연5%입니다.

이렇게 ➡ 소송촉진등에 관한 특례법 제3조에 의하면 "① 금전채무의 전부 또는 일부의 이행을 명하는 판결(심판을 포함한다. 이하 같다)을 선고할 경우에 금전채무불이행으로 인한 손해배상액산정의 기준이 되는 법정이율은 그 금전채무의 이행을 구하는 소장 또는 이에 준하는 서면이 채무자에게 송달된 날의 다음날부터는 대통령령으로 정하는 이율(소송촉진등에관한특례법 제3조 제1항 본문 중 "대통령령으로 정하는 이율"을 "연 100분의 40의 범위 안에서 은행법에 의한 금융기관이 적용하는 연체금리 등 경제여건을 감안하여 대통령령이 정하는 이율"로 개정(2003. 5. 10)하였고, 소송촉진등에관한특례법제3조제1항본문의법정이율에관한규정(대통령령 제17981호, 2003. 5. 29.)에는 법정이율을 연 2할로 규정하고 있음)에 의한다. 다만, 민사소송법 제251조(장래의 이행을 청구하는 소)에 규정된 소에 해당하는 경우에는 그러하지 아니하다. ② 채무자가 그 이행의무의 존재를 선언하는 사실심판결이 선고되기까지 그 존부나 범위에 관하여 항쟁함이 상당하다고 인정되는 때에는 그 상당한 범위 안에서 제1항의 규정을 적용하지 아니한다."라고 규정하고 있습니다.

그런데 재산분할청구권은 이혼이 성립할 때에 그 법적 효과로서 비로소 발생하는 것으로 이혼소송과 병합하여 재산분할청구를 하고, 법원이 이혼과 동시에 재산분할로서 금전의 지급을 명하는 판결을 한 경우, 그 금전지급채무의 이행기와 이행지체시에 금전채무불이행으로 인한 손해배상액산정의 기준이 되는 법정이율이 어떻게 되는지 문제됩니다.

이에 관련된 판례를 보면 "이혼으로 인한 재산분할청구권은 이혼을 한 당사자의 일방이 다른 일방에 대하여 재산분할을 청구할 수 있는 권리로서 이혼이 성립한 때에 그 법적 효과로서 비로소 발생하는 것일 뿐만 아니라, 협의 또는 심판에 의하여 그 구체적 내용이 형성되기까지는 그 범위 및 내용이 불명확·불확정하기 때문에 구체적으로 권리가 발생하였다고 할 수 없으므로, 당사자가 이혼이 성립하기 전에 이혼소송과 병합하여 재산분할의 청구를 하고 법원이 이혼과 동시에 재산분할로서 금전의 지급을 명하는 판결을 하는 경우 그 금전지급채무에 관하여는 그 판결이 확정된 다음날부터 이행지체책임을 지게 되고, 따라서 소송촉진등에관한특례법 제3조 제1항 단서에 의하여 같은 조항 본문에 정한 이율이 적용되지 아니한다."라고 하였습니다(대법원 2001. 9. 25. 선고 2001므725,732 판결, 2002. 10. 25. 선고 2002다43370 판결).

그러므로 위 사안에서 을의 재산분할청구가 인용되면서 재산분할로서 금전의 지급을 명하는 판결을 하는 경우 그 금전지급채무에 관하여는 그 판결이 확정된 다음날부터 이행지체책임을 지게되며, 그 적용이율은 소송촉진등에관한특례법 제3조 제1항 단서에 의하여 같은 조항 본문에 정한 이율이 적용되지 아니하므로, 판결 확정일 다음날부터 완제일까지 민법에 정한 연 5%의 비율에 의한 지연손해금의 지급을 명하게 될 것으로 보입니다.

제4편. 양육문제

1. 자(子)의 양육문제

① 민법 제837조 제1항 : 당사자는 그 자(子)의 양육에 관한 사항을 협의에 의하여 정한다.

② 제2항 : 제1항의 양육에 관한 사항이 협의가 되지 아니하거나 협의할 수 없는 때에는 가정법원은 당사자의 청구에 의하여 그 자의 연령, 부모의 재산상황 기타 사정을 참작하여 양육에 필요한 사항을 정하여 언제든지 그 사항을 변경 또는 다른 적당한 처분을 할 수 있다.

③ 제3항 : 제2항의 규정은 양육에 관한 사항외에는 부모의 권리의무에 변경을 가져오지 아니한다.

④ 가사소송규칙 제100조 : 자(子)의 양육에 관한 처분과 변경을 하는 경우에도 자(子)가 15세 이상이면 가정법원은 그 자(子)의 의견을 들어야 한다.

(1) 양육비 청구문제

처가 자녀를 양육하게 된 경우 부에게 양육비 청구 이전의 과거의 양육비의 상환을 청구할 수 있는지 여부

어떠한 사정으로 인하여 부모 중 어느 한 쪽만이 자녀를 양육하게 된 경우에, 그와 같은 일방에 의한 양육이 그 양육자의 일방적이고 이기적인 목적이나 동기에서 비롯한 것이라거나 자녀의 이익을 위하여 도움이 되지 아니하거나 그 양육비를

상대방에게 부담시키는 것이 오히려 형평에 어긋나게 되는 등 특별한 사정이 있는 경우를 제외하고는, 양육하는 일방은 상대방에 대하여 현재 및 장래에 있어서의 양육비 중 적정 금액의 분담을 청구할 수 있음은 물론이고, 부모의 자녀 양육의무는 특별한 사정이 없는 한 자녀의 출생과 동시에 발생하는 것이므로 과거의 양육비에 대하여도 상대방이 분담함이 상당하다고 인정되는 경우에는 그 비용의 상환을 청구할 수 있습니다.

(2) 과거의 양육비 분담기준

과거의 양육비라 할지라도 당사자 사이에 양육비를 지급하기로 협정하였다면 그 협정 범위 내에서 과거의 양육비를 청구할 수 있습니다.

한 쪽의 양육자가 양육비를 청구하기 이전의 과거의 양육비 모두를 상대방에게 부담시키게 되면 상대방은 예상하지 못하였던 양육비를 일시에 부담하게 되어 지나치고 가혹하며 신의성실의 원칙이나 형평의 원칙에 어긋날 수도 있으므로, 이와 같은 경우에는 반드시 이행청구 이후의 양육비와 동일한 기준에서 정할 필요는 없고, 부모 중 한 쪽이 자녀를 양육하게 된 경위와 그에 소요된 비용의 액수, 그 상대방이 부양의무를 인식한 것인지 여부와 그 시기, 그것이 양육에 소요된 통상의 생활비인지, 아니면 이례적이고 불가피하게 소요된 다액의 특별한 비용(치료비 등)인지 여부와 당사자들의 재산 상황이나 경제적 능력과 부담의 형평성 등 여러 사정을 고려하여 적절하다고 인정되는

분담의 범위를 정할 수 있습니다(대법원 전원합의
체판결 참조).

(3) 양육자 지정신청 시기

이혼소송과 병합하여 할 수도 있고, 이혼소송
확정이후 또는 협의이혼 신고가 끝난 다음에 별도
로 청구해도 무방합니다.

① 친권자와 양육자가 다른 경우

예를 들어 친권자는 부, 양육자는 모가 되었
을 경우, 모는 자를 양육하는데 그치고, 부와
자 사이에는 상속권이나 부양의무는 그대로
존속합니다.

다만, 자(子)의 양육권자는 자의 양육, 교육
에 필요한 거소지정, 부당하게 자(子)를 억류
하는 자에 대한 인도청구, 방해배제 청구의
권한이 있으므로, 친권의 내용중 이와 배치
되는 권한은 제한되며, 친권자가 임의로 이
를 변경할 수 없습니다.

② 추후 양육에 관한 사항 변경 가능 여부

당사자 사이에 양육에 관한 사항을 협의하였
거나, 재판상 화해로 정하였거나를 떠나 필
요한 경우 가정법원은 당사자의 청구에 의하
여 언제든지 그 사항을 변경할 수 있습니다.

2. 자(子)의 친권자 결정

부모가 이혼을 하게 되면, 자에 대한 공동양육
이 어렵게 되므로 자에 대한 공동친권은 단독친권
으로 변하게 되는 것이 보통이며, 따라서 부모 중

어느 한쪽을 친권자로 정하지 않으면 안되게 됩니다.

즉 부모가 이혼을 한 경우에는 부모의 협의로 친권을 행사할 자를 정하고 협의를 할 수 없거나 협의가 이루어지지 않는 경우에는 당사자의 청구의 가정법원이 결정하게 됩니다.

부모의 협의로 친권을 행사할 자를 정할 경우 단독친권으로 하든 공동친권으로 하든 자유로이 결정할 수 있습니다. 만약 부모가 협의를 하지 않았을 경우에는 공동친권으로 됩니다.

협의이혼의 경우에는 이혼신청서에 친권을 행사할 자를 기재하도록 하고 있으며, 재판상 이혼의 경우에는 가정법원이 친권을 행사할 자에 관하여 부모에게 미리 협의하도록 권고하고 있습니다.

친권자와 양육자를 각각 달리할 수 있습니다. 또한 미성년의 자녀가 여러 명일 경우에 원칙적으로 부모 중 한쪽이 일괄하여 친권을 행사하도록 유도하나, 구체적인 사정에 따라 자녀별로 친권행사자가 다를 수도 있습니다.

예를 들어 딸은 어머니가, 아들은 아버지가 친권행사자로 지정될 수도 있습니다. 일단 친권자가 정하여졌더라도 그것이 적당하지 않은 사정이 생겨서, 친권자를 변경할 필요가 있는 경우에도 가정법원의 조정 또는 심판에 의하여 변경할 수 있습니다.

부모가 별거하고 있으나 이혼에 이르지는 않은 경우 법원으로서는 친권의 행사방법을 정할 수는

있어도 부모 일방을 친권행사자로 지정할 수는 없
다고 할 것입니다.

(1) 친권행사자지정에 대하여

① 친권의 개념과 친권행사자

㉠ 친권은 부모가 미성년의 자녀에 대하여 가지
는 권리이자 의무입니다. 부모는 자식을 보
호하고 양육할 권리・의무와 거소지정권, 징
계권, 자식의 특유재산에 대한 관리권, 자식
의 법률행위대리권 등을 가지고 있고, 이것
이 친권의 내용을 구성하는 것입니다. 친권
은 부모가 혼인 중인 때에는 공동행사하는
것이 원칙이고, 부모의 의견이 일치하지 않
을 때에는 법원에 청구하면 법원에서 이를
정해줍니다.

㉡ 이혼을 할 때에는 미성년인 자녀에 대하여
친권을 행사할 자를 지정하여야 하고, 나중
에 사정이 변경이 생길 때는 친권행사자를
변경할 수 있습니다. 이혼재판을 할 때에는
당사자가 미성년자녀에 대한 친권행사자지
정을 별도로 신청하지 않았어도 법원이 친
권행사자를 지정하는 협의를 하라고 권고하
고 협의가 이루어지면 이를 판결의 주문에
기재하도록 하고 있습니다.

㉢ 친권행사자를 지정, 변경하는 문제는 이혼에
만 국한된 문제가 아니고 부모가 혼인 중에
도 의견이 다를 때에도 문제될 수 있을 뿐만
아니라, 혼인 외의 자(子)가 있는 경우에 그

자녀의 아버지와 생모 중 누가 친권을 행사할지 등에 있어서도 문제가 됩니다. 친권행사자는 부모가 협의로 정하는 것이 원칙이고, 협의가 이루어지지 않을 때에 법원에 신청하여 친권행사자를 지정하는 재판을 받을 수 있습니다. 친권행사자가 일단 지정된 후에도 사정변경이 있으면 당사자 협의로 친권행사자를 변경할 수 있고, 협의가 이루어지지 않으면 법원에 신청하여 친권행사자를 변경하는 재판을 받을 수 있습니다.

② 친권행사자 지정, 변경의 기준

㉠ 미성년자녀에 대한 친권행사자를 정함에 있어서 가장 중요한 기준은 '아이의 복지와 이익에 가장 도움이 되는 것이 무엇인가'입니다. 특별한 사정이 없는 한 현재 자녀를 보호, 양육하고 있는 쪽이 우선하고 자녀의 나이가 어릴수록 모친이 우선합니다. 자녀가 사리를 분별할 나이인 경우에는 자녀의 의향이 존중됩니다. 자녀가 15세이상인 경우에는 법원은 심판에 앞서서 자녀의 의견을 청취하도록 규정되어 있습니다.

㉡ 자녀의 정신적, 정서적, 물질적, 경제적 측면을 종합 고려하여야 합니다.

㉢ 부모의 애정의 정도, 부모와 아이의 성격, 부모의 감호능력, 자녀가 처한 환경, 생활상황, 부모의 과거의 양육실태 등 자의 양육에 관련한 모든 요인을 비교, 고려합니다. 재산이

많고 풍족한 쪽이라고 하여 우선한다는 원칙은 없습니다. 유책행위를 하여 이혼을 당할 경우 그 잘못된 행동을 자녀가 인식하고 어떻게 반응하는가, 그 잘못된 행동이 자녀에게 어떤 영향을 미칠 것인가 등이 고려되므로, 유책배우자의 경우는 친권행사자로 지정되기 어려울 수 있고, 심지어는 면접교섭권을 제한, 박탈당할 수도 있습니다.

㉣ 미성년의 자녀가 여러 명일 경우에 원칙적으로 부모 중 한쪽이 일괄하여 친권을 행사하도록 유도하나, 구체적인 사정에 따라 자녀별로 친권행사자가 다를 수도 있습니다. 예를 들어 딸은 어머니가, 아들은 아버지가 친권행사자로 지정될 수도 있습니다.

㉤ 친권행사자의 지정 및 변경 재판을 하게 될 경우에는 위와 같은 여러 가지 사정에 대한 자료를 수집하고 입증하는 것이 주안점이 될 것입니다.

㉥ 친권행사자의 지정, 변경이 있으면, 호적관청에 신고하여야 합니다. 호적관청은 호적 중 아이의 신분사항란에 이러한 친권행사자가 지정이 되었다는 취지가 기재되어 객관적으로 공시되게 됩니다.

(2) 상실의 재판

부모 중 어느 일방이 친권을 가지는 것이 부당할 경우에는 친권을 상실시키는 재판을 청구할 수도 있습니다.

과거에는 부부가 이혼하면 아버지가 친권을 가지고 어머니는 친권을 갖지 못하던 시절도 있었으나, 현재는 이혼을 하여도 부모 모두 친권을 가지는 것이고, 다만 그 친권행사자를 어느 한쪽으로 정하도록 하고 있습니다.

이혼 후 친권을 행사하던 아버지가 사망하여 자녀들이 재산을 상속하게 된 경우에 아버지가 사망함으로써 자녀에 대한 친권은 자동적으로 이혼한 어머니가 행사하게 되는 경우가 발생합니다.

이 경우에 이혼한 어머니가 술집접대부 등으로 난잡한 생활을 한다든가 또는 이미 다른 남자와 결혼하여 아이까지 낳고 있다는 등의 이혼한 어머니에게 아이들의 친권을 행사하게 함은 부적당한 경우가 생기는 경우가 많습니다.

예를 들어 친권을 행사하던 쪽의 부모가 교통사고로 사망한 경우에 보험회사로부터 받을 손해배상금을 이혼한 어머니가 수령하는 것을 방지하기 위하여 친권상실재판을 하는 경우도 실무상으로는 많이 있습니다. 이런 경우에 아이들의 아버지 쪽의 친척(할아버지, 할머니, 백부, 숙부 등)이 이혼한 어머니의 친권을 상실하게 하는 재판을 청구할 수 있습니다.

친권상실재판의 결과 친권이 상실되면, 법정순위에 따라 할아버지 등 친척이 후견인으로 됩니다. 이 때에도 친권상실과 후견인 신고를 호적관청에 하여야 합니다.

다. 면접교섭권

　자를 직접 양육하지 아니한 부모 중 일방은 면접교섭권을 가집니다(민법 제837조의2).

　남편 또는 부인이 서로 이혼하고 더욱이 자녀들과의 동거생활 마저도 상실당한 경우, 멀리서 또는 담 너머서 자녀의 성장을 지켜보는 이의 마음은 괴로울 것입니다. 이에 현실적으로는 자녀를 양육할 권리가 없다고 하더라도 자녀와 면접하여 애정을 보여줄 기회를 주는 제도가 면접교섭권인 것입니다.

• 면접교섭권 주문례

1) 동거

청구인은 사건본인의 방학기간 중인 매년 1월과 8월 중 청구인이 희망하는 각 7일간 사건본인과 청구인의 주소지 또는 청구인이 책임질 수 있는 장소에서 동거할 수 있다.

2) 면회

면회청구인은 매월 둘째 일요일의 오전 10시부터 오후 10시까지 상대방의 주소지로 사건본인을 방문할 수 있다.

3) 방문

청구인은 매월 둘째 일요일에 오전 9시부터 오후 6시까지 상대방의 주소지로 사건본인을 방문할 수 있다.

4) 데려가기

청구인은 매년 설날과 추석날에 사건본인을 청구인의
집으로 데려가서 차례 및 성묘에 참례하게 할 수 있다.

5) 전화통화

청구인은 매주 수요일과 일요일 오전 7시부터 9시까지
중 임의의 시간 또는 당사자들이 합의한 그외의 시간
에 공인된 전화 또는 상호 양해된 전화번호로 15분을
넘지 않는 범위 내에서 사건본인과 전화통화를 할 수
있다.

이혼시 자녀양육권자를 정하는 방법

키포인트 당사자간의 합의나 가정법원이 정합니다.

이렇게 ➡ 민법은 이혼시 자녀의 양육 및 친권행사에 관하여 어머니에게도 동등한 권리를 부여하고 있는바, 이혼시 자녀의 양육 및 친권에 관한 사항은 이혼당사자가 협의하여 정하고, 협의가 되지 않거나 협의할 수 없는 때에는 당사자의 청구에 의하여 가정법원이 정하도록 규정하고 있습니다(민법 제837조).

당사자의 청구가 있으면 가정법원은 자녀의 연령, 부모의 재산상황, 자녀에 대한 부모의 애정정도, 자녀의 의사 등 여러 가지 사정을 참작하여 친권자 및 양육에 관한 사항을 정하게 됩니다.

따라서 귀하가 남편과의 협의이혼을 하는 경우에는 아이의 친권행사자 및 양육권자에 관한 사항도 협의에 의하여 정하고, 재판상이혼을 하는 경우에는 친권행사자 및 양육자의 지정도 함께 재판상으로 청구할 수 있습니다. 친권행사자 및 양육자를 당사자의 협의에 의하여 정한 경우에는 그 합의서를, 재판에 의하여 정한 경우에는 재판확정일로부터 1월 이내에 재판의 등본 및 그 확정서를 첨부하여 관할관청에 신고하여야 합니다.

또한, 귀하가 아이를 키우게 될 경우에도 아이의 아버지에게는 부양의무가 있기 때문에 귀하의 남편에게 아이의 양육비를 청구할 수 있습니다. 양육비에 관하여도 당사자의 협의에 의하여 정할 수 있으면 협의에 의하여 정하되 협의가 이루어지지 않는 경우에는 재판상 청구할 수 밖에 없습니다. 양육비에 관하여 합의한 경우에는 나중에 분쟁을 방지하기 위하여 협의사항을 서면으로 작성하는 것이 바람직하다고 할 것입니다.

참고로 양육비에 관한 판례를 보면 "실제로 양육을 담당하는 이혼한 모에게 전혀 수입이 없어 자녀들의 양육비를 분담할 형편이 못되는 것이 아닌 이상 이혼한 부와 함께 모도 양육비의 일부를 부담하도록 하였다 하여도 경험칙과 논리칙에 어긋나는 것은 아니며, 이혼한 부모 사이에 미성년의 3자녀에 대한 양육자로 모를 지정하고 부가 부담해야 할 양육비는 도시가구의 평균 소비지출액과 당사자들의 각 재산정도와 수입 등 제반 사정을 참작하여 양육비로 예상되는 금액의 3분지 2 정도인 월 금 329,810원이 상당하다"라고 하였으며(대법원 1992. 1. 21. 선고 91므689 판결). "원고가 사건본인을 양육한 것이 일방적이고 이기적인 목적이나 동기에서 비롯된 것이라거나 사건본인의 이익을 위하여 도움이 되지 아니하거나, 그 양육비를 피고에게 부담시키는 것이 오히려 형평에 어긋나게 되는 등의 특별한 사정이 있다고 볼 아무런 자료가 없다면, 피고에게 사건본인의 양육비를 분담하게 한 것은 정당하다.”라고 하였습니다(대법원 1995. 4. 25. 선고 94므536 판결).

이혼 후 자녀를 부양해 온 모(母)의 과거양육비청구

키포인트 청구할 수 있습니다.

이렇게 ➡ 종전 판례에 의하면 "부모는 모두 자식을 부양할 의무가 있는 것이므로 위 청구외인의 생모로서 청구인 또한 청구외인을 부양할 의무가 있다 할 것이고 따라서 자기의 고유의 의무를 이행한데 불과하며 또한 스스로 자진하여 부양하여 왔고 또 부양하려 한다면 과거의 양육비나 장래의 양육비를 청구하지 못한다."라고 하였습니다(대법원 1979.5.8. 선고 79므3 판결).

그러나 대법원은 위 판례를 변경하여 "어떠한 사정으로 인하여 부모 중 어느 한쪽만이 자녀를 양육하게 된 경우에, 그와 같은 일방에 의한 양육이 그 양육자의 일방적이고 이기적인 목적이나 동기에서 비롯한 것이라거나 자녀의 이익을 위하여 도움이 되지 아니하거나 그 양육비를 상대방에게 부담시키는 것이 오히려 형평에 어긋나게 되는등 특별한 사정이 있는 경우를 제외하고는, 양육하는 일방은 상대방에 대하여 현재 및 장래에 있어서의 양육비중 적정 금액의 분담을 청구할 수 있음은 물론이고, 부모의 자녀양육의무는 특별한 사정이 없는 한 자녀의 출생과 동시에 발생하는 것이므로 과거의 양육비에 대하여도 상대방이 분담함이 상당하다고 인정되는 경우에는 그 비용의 상환을 청구할 수 있는데, 다만 한쪽의 양육자가 양육비를 청구하기 이전의 과거의 양육비 모두를 상대방에게 부담시키게 되면 상대방은 예상하지 못하였던 양육비를 일시에 부담하게 되어 지나치고 가혹하며 신의성실의 원칙이나 형평의 원칙에 어긋날 수도 있으므로, 이와 같은 경우에는 반드시 이행청구 이후의 양육비와 동일한 기준에서 정할 필요는 없고, 부모 중 한쪽이 자녀를 양육하게 된 경위와 그에 소요된 비용의 액수, 그 상대방이 부양의무를 인식한 것인지 여부와 그 시기, 그것이 양육에 소요된 통상의 생활비인지 아니면 이례적이고 불가피하게 소요된 다액의 특별한 비용(치료비등)인지 여부와 당사자들의 재산 상황이나 경제적 능력과 부담의 형평성등 여러 사정을 고려하여 적절하다고 인정되는 분담의 범위를 정할 수 있다."라고 하였습니다(대법원 1994. 5. 13. 자 92스21 결정).

따라서 귀하가 이혼하면서 그 딸의 양육비용을 모두 부담하기로 약정한 바가 없다면 그 딸을 키우면서 소요된 과거의 양육비 및 장래의 양육비를 청구해볼 수 있을 것입니다.

혼인파탄 책임자의 친권행사 및 양육자로 지정여부

키포인트 자격이 있습니다.

이렇게 ➡ 유책배우자라고 할지라도 아이의 복리에 유리할 수 있는 남편이 친권자 및 양육자로 지정될 수 있습니다 (서울가정법원 1993. 7. 21. 92드31853).

이 유 ➡ 친권이란 부모가 미성년인 자녀에 대하여 행사하는 법적 권리로서 일반적으로 아이를 보호하고 교육할 권리와 의무, 재산관리권이 포함됩니다(민법 제913조).

부모가 이혼을 하게 되면, 자에 대한 공동양육이 어렵게 되므로 자녀에 대한 공동친권자로 정하지 않을 수 없습니다. 부모가 협의이혼을 하는 경우에는 협의로 친권자를 정하고, 협의가 이루어지지 않은 경우에는 법원에 친권자의 지정을 청구하여야 합니다(민법 제90조 4항). 재판상 이혼의 경우에는 가정법원이 직권으로 친권자를 정합니다(민법 제909조 5항). 친권자와 양육자를 각각 달리할 수 있습니다 (예를 들어 모는 양육자로, 부는 친권자로 정해질 수 있습니다). 일단 친권자가 정하여졌더라도 자의 복리를 위하여 친권자를 변경할 필요가 있는 경우에는, 가정법원은 자의 4촌 이내의 친족의 청구에 의하여 친권자를 다른 일방으로 변경할 수 있습니다(민법 제909조 6항).

양육권자가 별도로 지정되지 않는 경우에는 친권행사자가 자녀를 양육하게 됩니다.

법원에서는 친권자를 지정할 때, 주로 자녀의 원만한 정신적·육체적 성장과 복지를 최우선의 평가 기준으로 삼습니다. 그리고 그러한 결정을 할 때, 법원은 주로 혼인생활의 파탄 경위와 그 귀책 사유, 이혼 당사자의 생활태도와 성향, 자녀에 대한 애정의 정도, 경제능력, 친권 지정의 대상이 된 자녀의 연령, 양육 상황 등 기타 제반 사정을 참작합니다(서울가정법원 1992. 5. 7. 선고 91드38420 판결).

이 사례에 대해서 법원은 비록 남편이 혼인 파탄의 유책자이긴 하지만, 어릴 때 뇌성마비를 앓아 하지가 불편한 지체장애 후유증을 지닌 아들과 주로 생활을 같이했기 때문에, 아이는 자신을 보호해주던 남편과 헤어지는 것으로 인해 정신적 충격을 받을 수 있고, 아이가 남편을 따라 미국으로 가서 특수 신병치료 및 교육을 받게 된다면 성장에 도움을 받을 수 있을 것으로 예상 된다면서, 이런 제반 사정을 참작할 때, 아들의 복리에 유리하다고 평가되는 남편을 친권자 및 양육자로 지정할 수 있다고 판시하였습니다(서울가정법원 1993. 7. 21. 선고 92드31853 판결).

양육자 미협의시

키포인트 법원이 직접 개입하여 양육에 관한 사항을 정하게 됩니다.

어떻게 ➡ 부모의 이혼에 의하여 이제까지의 부모와 자의 공동생활은 더 이상 유지될 수 없으므로, 자녀의 공동양육은 어렵게 된다. 그래서 자의 복리에 직접 관계를 가지는 자의 양육을 어떻게 할 것인가는 중요한 문제입니다.

자의 양육자와 양육에 관한 필요한 사항은 우선 부모의 협의에 의하여 정한다(민법 제837조 1항). 자녀를 누가 양육할 것인지, 자녀를 양육하지 않는 부모는 양육비를 어떻게 지급할 것인지 등이 협의의 주된 내용이라고 할 수 있습니다.

협의가 되지 않거나 협의를 할 수 없을 경우에는(예컨대 생사불명이나 불치의 정신병 같은 것을 이유로 하는 이혼의 경우) 가정법원이 당사자의 청구 또는 직권에 의하여 그 자의 연령, 부모의 재산상황 기타 여러 사정을 참작하여 양육에 필요한 사항을 정합니다(민법 제837조 2항). 이 경우에는 우선 조정절차를 거쳐야 합니다.

부모 중 일방을 양육자로 정하는 것이 보통이지만, 부모가 공동양육을 원하고 그에 따르는 능력(특히 자녀의 양육에 관하여 협력할 수 있는 능력)이 뒷받침된다면 공동양육도 이론상 가능합니다.

2005년의 민법개정에 의하여 법원이 자의 양육에 관한 사항을 직권으로 정할 수 있게 되었다. 자의 양육에 대해서는 우선 부모가 협의해서 정하고, 협의가 되지 않는 경우에는 당사자의 청구에 의해서 법원이 정하게 되지만, 부모가 자의 양육에 대해서 협의도 하지 않고 스스로 청구도 하지 않는 경우에는 법원이 직접 개입하여 양육사항을 정할 수 있도록 한 것입니다. 이는 자의 복리를 위하여 국가의 후견적 역할을 강화하려는 시도라고 볼 수 있습니다.

양육자변경 가능여부

키포인트 받아들여지지 않을 것입니다.

이렇게 ➡ 5세인 딸이 부와 계모의 재혼가정에서 자라게 하는 것보다 계속하여 생모 슬하에서 양육받게 하는 것이므로 양육자를 부로 변경할 필요성이 없습니다(대판 1985. 2. 26. 84므86).

이 유 ➡ 협의나 법원의 심판에 의해서 정해진 양육자 또는 양육방법 등이 부적당하여 자녀의 이익을 해치는 때에는, 법원은 당사자의 청구 또는 직권에 의하여 언제든지 양육에 관한 사항을 변경하거나 또는 다른 적당한 처분을 할 수 있다(민법 제837조 2항). 안정적인 양육환경의 조성은 자녀의 정서적 안정과 발달에 매우 중요한 요소이므로, 양육자의 변경과 같은 중요한 양육사항의 변경은 불가피한 경우로 한정하는 것이 바람직하다고 할 것입니다. 그러나 양육자가 자녀양육을 게을리 한다든가, 질병 등 불가피한 사유로 양육을 할 수 없게 되는 경우 등에는 양육자의 변경이 불가피하게 됩니다. 또한 이혼 전에 협의로 정한 양육비 액수가 적절하지 않아서 이를 변경할 필요가 있는 때에도 양육사항에 관한 변경이 있을 수 있습니다. 이런 때에는 당사자의 청구 또는 직권에 의하여 가정법원이 양육사항을 변경하거나 다른 적당한 처분을 할 수 있습니다(대결 1998. 7. 10. 98스178).

법원은 위 사례에 대해서 이혼당시 생후 7개월이었던 유아의 양육자가 협정에 의하여 모로 지정되었고, 모는 현재까지 재혼도 하지 않은 채 자를 양육하고 있는 반면에 부는 재혼하여 일남을 출산하였다면, 위 유아가 아직 5세의 어린 나이인 이상, 그 유아를 부와 계모의 재혼가정에서 자라게 하는 것보다는 계속하여 생모 슬하에서 양육받게 하는 것이 합리적이므로, 양육자를 부로 변경할 필요성이 없다고 판시하였습니다(대판 1985. 2. 26. 84므86).

알아두기

<양육에 관한 사항의 변경>

법원은 "당사자가 협의하여 그 자의 양육에 관한 사항을 정한 후 가정법원에 그 사항의 변경을 청구한 경우에 있어서도 가정법원은 당사자가 협의하여 정한 사항이 위 법조 소정의 제반 사정에 비추어 부당하다고 인정되는 경우에는 그 사항을 변경할 수 있는 것이고 협의 후에 특별한 사정변경이 있는 때에 한하여 변경할 수 있는 것은 아니다."라고 판시하고 있습니다(대판 1991. 6. 25. 선고 90므699).

양육비 부담책임

키포인트 같이 부담합니다.

이렇게 ➡ 실제로 양육을 담당하는 이혼한 모에게 전혀 수입이 없어 자녀들의 양육비를 부담할 형편이 못되는 것이 아닌 이상 이혼한 부와 함께 모도 양육비의 일부를 부담하도록 할 수 있습니다(대판 1992. 1. 21. 91므689).

이 유 ➡ 양육은 자녀에 대한 사실상의 양육(예를 들어서 음식을 제공하고 목욕을 시키는 것 등), 교육, 양육과 교육을 위한 거소지정, 징계, 부당하게 자를 억류하는 자에 대한 인도청구권, 방해배제청구권 등을 포함하는 개념이라고 이해되고 있습니다(대판 1985. 2. 26. 84므86). 그러나 양육에 필요한 비용의 부담은 양육권의 개념에 포함되지 않으므로, 자녀를 양육하지 않는 부모는 자녀의 양육비를 지급할 의무가 있습니다(대판 1986. 6. 10. 86므46). 따라서 모가 자를 양육하고 있는 경우 양육자인 모는 자의 부에 대하여 양육비의 지급을 청구할 수 있습니다.

대결 1994. 5. 13. 자 92스21(전원합의체)는 "부모 중 어느 한쪽만이 자녀를 양육하게 된 경우에, 그와 같은 일방에 의한 양육이 그 양육자의 일방적이고 이기적인 목적이나 동기에서 비롯한 것이라거나 자녀의 이익을 위하여 도움이 되지 아니하거나 그 양육비를 상대방에게 부담시키는 것이 오히려 형평에 어긋나게 되는등 특별한 사정이 있는 경우를 제외하고는, 양육하는 일방은 상대방에 대하여 현재 및 장래에 있어서의 양육비중 적정 금액의 분담을 청구할 수 있음은 물론이고, 부모의 자녀양육의무는 특별한 사정이 없는 한 자녀의 출생과 동시에 발생하는 것이므로 과거의 양육비에 대하여도 상대방이 분담함이 상당하다고 인정되는 경우에는 그 비용의 상환을 청구할 수 있다고 보아야 한다."고 판시하였습니다.

부모는 공동으로 자녀를 부양할 의무가 있으므로 아내가 자녀를 양육하고 있다고 할지라도 수입활동 등 여타의 경제적인 능력이 있어 양육비를 분담할 수 있는 형편이라면 남편과 함께 양육비의 일부를 분담하도록 할 수 있습니다(대판 1992. 1. 21. 91므689).

<일방적이고 이기적인 목적으로 자녀를 양육하고 있는 배우자의 상대배우자에 대한 양육비 청구의 가부>

만약 자녀를 양육하고 있는 배우자가 자녀를 일방적이고 이기적인 목적이나 동기로 양육하고 있거나, 그 배우자가 자녀를 양육하는 것이 자녀의 이익에 도움이 되지 않거나, 양육비를 상대방에게 부담시키는 것이 오히려 형평에 어긋나게 되는 등 특별한 사정이 인정할 수 있는 경우에는, 상대방에게 양육비를 청구할 수 없습니다(대법원 1994. 5. 13. 자92스21 전원합의체결정).

양육비 금액의 산정

키포인트 3분의 2 정도를 청구할 수 있습니다.

어떻게 ➡ 법원은 위 사례에 대해 남편이 부담해야 할 양육비는 양육비로 예상되는 금액의 3분의 2 정도라고 하였습니다(대판 1992. 1. 21. 91므689).

이 유 ➡ 위 사건에서 부부는 양육자로 아내를 지정하고, 남편은 1988. 8. 1.부터 1989. 7. 31.까지 양육비로 매월 금 300,000원씩을 지급하며 그 기간동안 피청구인(남편)은 사건본인들(자녀들)을 방문, 접견할 수 있고 청구인은 1989. 8. 1.피청구인에게 사건본인들을 인도한다는 내용의 소송상의 화해가 성립된 사실, 위 화해 후 피청구인은 사건본인들을 방문하지도 않고 그 양육에 대하여 관심을 기울이지도 않았으며 양육비도 처음 2개월분만 지급하였을 뿐, 나머지는 청구인이 강제집행에 착수하여서야 비로소 지급하였던 사실, 위 화해에 따른 청구인의 양육기간이 지났어도 사건본인들은 이미 다른 여자와 재혼한 피청구인에게 돌아가기를 싫어하여 청구인 이 그대로 양육하고 있는 사실이 인정되었다. 법원은 청구인과 피청구인의 사건본인들에 대한 관심의 정도, 사건본인들의 의사, 현재의 양육상황, 당사자들의 재혼여부등의 제반사정을 종합하면 사건본인중

큰딸이 성년에 달하는 1997. 3. 31.까지 계속하여 청구인을 사건본인들의 양육자로 지정하고 그 양육비 일부를 피청구인이 부담하게 함이 상당하고 도시가구의 평균 소비지출액과 청구인 및 피청구인의 각 재산정도와 수입등 제반사정을 참작하면 피청구인이 부담하여야 할 금액은 그 양육비로 예상되는 금액의 3분지 2정도인 월 금329,810원이 상당하다고 판단하였습니다(대판 1992. 1. 21. 선고 91므689).

※ 2008년 현재의 기준으로 본다면 자녀의 나이가 6~11세이고 월소득 300~399만원일 경우(785,000 + 476,000 + 476,000) × 2/3 = 1,158,000이 됩니다.

양육권 없는자의 양육비청구

키포인트 지급하지 않아도 됩니다.

이렇게 ➡ 양육권 없는 자가 임의로 아이를 양육하였다면 이는 상대방에 대한 관계에서는 상대적으로 위법한 양육이므로 양육비를 지급하지 않아도 됩니다(대결 2006. 4. 17. 2005스8, 19).

이 유 ➡ 남편과 아내가 이혼하면서 아이의 친권자 및 양육자를 남편으로 지정하는 내용의 조정이 성립된 경우, 그 조정조항상의 양육방법이 그 후 다른 협정이나 재판에 의하여 변경되지 않는 한 남편에게 자녀를 양육할 권리가 없습니다. 그럼에도 불구하고 아내가 법원으로부터 위 조정조항을 임시로 변경하는 가사소송법 제62조 소정의 사전처분 등을 받지 아니한 채 임의로 자녀를 양육하였다면 이는 남편에 대한 관계에서는 상대적으로 위법한 양육이라고 할 것이니, 이러한 아내의 임의적 양육에 관하여 남편이 아내에게 양육비를 지급할 의무가 있다고 할 수는 없습니다(대판 2006. 4. 17. 2005스18, 19).

민법 제837조 제2항의 규정에 의하여 가정법원이 일단 결정한 양육에 필요한 사항을 그 후 변경하는 것은 당초의 결정 후에 특별한 사정변경이 있는 경우뿐만 아니라, 당초의 결정이 위 법률규정 소정의 제반 사정에 비추어 부당하게 되었다고 인정될 경우에도 가능한 것이며, 당사자가 조정을 통하여 그 자의 양육에 관한 사항을 정한 후 가정법원에 그 사항의 변경을 청구한 경우에 있어서도 가정법원은 심리를 거쳐서 그 조정조항에서 정한 사항이 위 법률규정 소정의 제반 사정에 비추어 부당하다고 인정되는 경우에는 언제든지 그 사항을 변경할 수 있고 조정의 성립 이후에 특별한 사정변경이 있는 때에 한하여 이를 변경할 수 있는 것은 아닙니다.

양육권과 부모의 권리

키포인트 행사할 수 있습니다.

이렇게 ➡ 부부의 일방이 양육자로 정해진 경우 양육에 관한 권리는 그 일방이 행사하게 되지만, 다른 일방이 부모로서 가지는 그 밖의 권리의무는 그대로 유지됩니다. 따라서 재산관리권을 행사할 수 있습니다.

이　　유 ➡ 부모의 일방이 양육자로 정해진 경우 양육에 관한 권리는 그 일방이 행사하게 되지만, 다른 일방이 부모로서 가지는 그 밖의 권리의무는 그대로 유지됩니다. 예를 들어서 이혼 후 모가 양육자로, 부가 친권자로 정해진 경우에는 모는 사실상 자를 양육하고, 양육과 관련된 권리(양육 및 교육에 필요한 거소지정, 징계, 부당하게 자를 억류하는 자에 대한 인도청구, 양육권 방해에 대한 방해배제청구 등)를 행사할 수 있지만, 이러한 사항을 제외한 친권의 나머지 부분(재산관리권, 재산행위에 대한 대리권과 동의권)은 친권자인 부가 행사합니다. 그러므로 예를 들어서 친권자인 부가 마음대로 자를 데려갔다면 모는 양육권자로서 부에 대하여 자의 인도를 청구할 수 있습니다(대판 1985. 2. 26. 84므86). 부와 자 사이의 부양의무와 상속권도

그대로 존속하며, 미성년자인 자가 혼인할 때에는 모뿐만
아니라 부의 동의도 얻어야 합니다.

양육비 채권과 위자료 및 재산분할청구권의 상계

이럴땐 ➡ 부부가 서로 상대방에 대하여 일방은 양육비 채권을, 다른 일방은 위자료 및 재산분할청구권을 가지고 있는 경우 상계할 수 있습니까?

키포인트 상계할 수 있습니다.

이렇게 ➡ 가정법원의 심판에 의하여 구체적으로 확정된 양육비채권 중 이미 이행기가 도달한 부분에 한하여 이를 자동채권으로 하는 상계가 허용됩니다(대판 2006. 7. 4. 2006므751).

이 유 ➡ 이혼한 부부 사이에서 자(자)에 대한 양육비의 지급을 구할 권리는 당사자의 협의 또는 가정법원의 심판에 의하여 구체적인 청구권의 내용과 범위가 확정되기 전에는 '상대방에 대하여 양육비의 분담액을 구할 권리를 가진다'라는 추상적인 청구권에 불과하고 당사자의 협의나 가정법원이 당해 양육비의 범위 등을 재량적·형성적으로 정하는 심판에 의하여 비로소 구체적인 액수만큼의 지급청구권이 발생한다고 보아야 합니다. 따라서 당사자의 협의 또는 가정법원의 심판에 의하여 구체적인 청구권의 내용과 범위가 확정되기 전에는 그 내용이 극히 불확정하여 상계할 수 없지만, 가정법원의 심판에 의하여 구체적인 청구권의 내용과 범위가 확정된 후의 양육비채권 중 이미 이행기에 도달한 후의 양육비채권은 완전한 재산권(손해배상청구권)으로서 친족법상의 신분으로부터 독립하여 처분이 가능하고, 권리자의 의사에 따라 포기, 양도 또는 상계의 자동채권으로 하는 것도 가능하다합니다(대판 2006. 7. 4. 선고 2006므751).

양육비협정과 양육비청구권 소멸

키포인트 위법한 것으로 보입니다.

이렇게 ➡ 원심이 양육비에 관한 협정이 있다는 이유만으로 귀하의 양육비청구를 기각한 것은 위법한 것입니다(대결 1998. 7. 10. 98스17, 18).

이 유 ➡ 혼인이 파탄된 상태에서 부부가 협의하기로 하면서 부부 일방이 미성년자인 자녀들의 양육비 조로 임차보증금 반환채권 중 일부를 양육자에게 귀속시키기로 하는 취지의 협정이 이루어진 후 양육비용의 부담에 대한 협의가 되지 아니한 것을 전제로 양육비의 부담에 관한 심판을 구하는 경우, 그와 같은 양육비 부담에 관한 심판청구는 당사자 사이에 협의에 의하여 정한 자(자)의 양육에 관한 사항 중 양육비 부담 부분의 변경을 구하는 취지로 보아야 할 것이고, 법원으로서는 당사자가 협의하여 정한 사항이 민법 제837조 제2항이 정하는 그 자의 연령, 부모의 재산 상황 기타 사정 등 제반 사정에 비추어 부당하게 결정되었는지 여부를 살펴 그와 같이 인정되는 경우에는 언제든지 이를 변경할 수 있습니다(대결 1992. 12. 30. 92스18).

그런데 부모는 그 소생의 자녀를 공동으로 양육할 책임이 있고, 그 양육에 소요되는 비용도 원칙적으로 부모가 공동으로 부담하여야 하는 것이며, 이는 부모 중 누가 양육권자를 현실로 양육하고 있는지를 물을 것 없이 친자관계의 본질로부터 발생하는 의무라고 할 것입니다(대법원 1994. 5. 13. 자 92스21 전원합의체 결정 참조).

위 사례에 대해서 대법원은 청구인과 상대방은 모두 고등학교 교사들이라는 것이므로 그 수입에 큰 차이는 없을 것으로 짐작되는 반면, 상대방이 사건본인들의 양육비 지급을 위하여 청구인에게 귀속시킨 것으로 인정한 위 임차보증금 중 일부는 사건본인들의 양육에 필요한 주거를 유지하는데 필요한 재원이 될 수 있을지 몰라도 그것만 가지고 그 이외에 사건본인들의 양육에 필요한 재원까지 마련되었다고 보기 어렵다는 점, 원심이 위 약정이 없었더라면 청구인과 상대방 사이에서 재산분할의 대상이 될 수 있다고 판단한 부동산에 대하여 청구인이 재산분할청구권을 포기함으로써 그 재산이 상대방에게 귀속된 점 등을 고려하여 보면 위 약정을 이유로 청구인에게 사건본인들의 양육비를 전적으로 부담시키는 것은 부당하다고 볼 여지가 없지 아니하다고 하면서 원심으로서는 이러한 제반 사정을 고려하여 위 협정을 그대로 유지시킬 것인지, 아니면 이를

변경할 것인지를 결정하였어야 함에도 불구하고 위 협정이
있다는 이유만으로 청구인의 양육비 청구를 기각하고 만
것은 이혼당사자 사이의 자의 양육에 관한 협정이 있다는
이유만으로 청구인의 양육비 청구를 기각하고 만 것은 이
혼당사자 사이의 자의 양육에 관한 협정의 변경에 대한 법
리를 오해한 나머지 심리를 다하지 아니하여 결정 결과에
영향을 미친 위법을 저질렀다 할 것이다. 라고 판시하였습
니다(대결 1992. 12. 3. 92스18).

면접교섭권 방해시 구제수단

키포인트 면접 방해금지를 법원에 신청합니다.

이렇게 ➡ 남편의 면접방해를 금지시켜 달라고 법원에 청구하여 자녀들을 만날 수 있습니다(인천지방법원 1992. 5. 14. 91드19644).

이　유 ➡ 면접교섭권은 이혼 후에도 자녀와 부모(자녀를 직접 양육하지 않는 부모의 일방)의 관계가 계속 유지될 수 있도록 뒷받침하는 제도로서 궁극적으로 자녀의 정서안정과 원만한 인격발달을 통한 복리실현을 목적으로 합니다. 많은 외국의 입법례가 공통적으로 면접교섭권을 규정하고 있는 것도 이러한 이유에 근거하는 것입니다. 또한 이혼 후 자녀를 직접 양육하지 않는 부모의 입장에서도 면접교섭권을 통하여 자녀를 정기적으로 만나 성장하는 모습을 지켜보면서 정서적인 만족을 얻을 수 있습니다. 이렇게 본다면 면접교섭권은 자녀와 부모 모두를 위한 제도라고 볼 수 있을 것입니다.

　면접교섭권의 행사방법과 범위가 당사자의 협의, 법원의 조정 또는 심판에 의해서 확정된 경우에도 당사자, 즉 양육자의 자녀 또는 면접교섭권자는 실제로 면접교섭을 거부함으로써 그 실행을 사실상 방해할 수 있습니다. 그러나 부모간의 다툼으로 인하여 자녀의 복리가 희생되는 사태가 용인되어서는 안 될 것이므로 구체적인 권리로서 성립한 면접교섭권이 형해화되는 것을 막기 위하여 강제집행을 통한 실현 또는 이행확보의 문제가 제기됩니다. 과거에는 이에 관한 명문규정이 없어서 문제가 있었으나, 최근에 일부 개정된 가사소송법은 면접교섭권의 이행확보를 위한 근거규정을 마련하였습니다. 이에 의하면. "판결 · 심판 · 조정조서 또는 조정에 갈음하는 결정에 의하여 금전의 지급 등 재산상의 의무, 유아의 인도의무 또는 자(子)와의 면접교섭 허용의무를 이행하여야 할 자가 정당한 이유없이 그 의무를 이행하지 아니한 때에는" 가정법원은 당사자의 신청에 의하여 일정한 기간 내에 그 의무를 이행할 것을 명할 수 있으며(가사소송법 제64조), 이에 위반한 경우에는 직권 또는 권리자의 신청에 의하여 결정으로 100만원 이하의 과태료에 처할 수 있습니다(가사소송법 제67조 1항). 그러나 권리자의 신청에 의하여 결정으로 30일의 범위 내에서 그 의무이행이 있을 때까지 의무자를 감치에 처할 수 있다는 규정(가사소송법 제68조)은 면접교섭권의 경우에는 적용되지 않습니다. 면접교섭에 협력해야 할 의무자는 자녀를 양육하고 있는 부 또는 모인데. 면접교섭에 협력하지 않는다는 이유로 이러한 양육친을 감치에 처하게 되면 양육의 공백

상태가 발생하여 자녀의 복리를 해치는 결과가 되기 때문입니다.

개정된 가사소송법 규정이 적용될 수 있는 경우는 면접교섭권의 당사자 가운데 양육자가 면접교섭을 방해하는 때로 한정됩니다. 즉 자녀나 비양육친(면접교섭권자)이 면접교섭을 거부하는 경우에는 가사소송법의 이행명령제도가 사용될 수 없으며, 그 외에 다른 강제집행방법도 고려될 수 없습니다. 예를 들어서 자녀가 면접교섭을 거부한다고 해서 과태료나 감치에 처한다는 것은 생각할수도 없거니와, 명확한 자녀의 의사에 반하여 면접교섭권자에게 자녀를 강제로 인도하는 방법도 고려의 여지가 없습니다.

면접교섭권의 제한 또는 배제

키포인트 받아들여지지 않을 것으로 보입니다.

이렇게 ➡ 면접교섭권자의 질병으로 자녀에게 해가 될 수 있는 경우(예 : 정신질환, 알콜중독 등)에는 면접교섭청구가 허용되지 않을 수 있습니다(서울가정법원 2001. 8. 1. 2001느단3029).

이 유 ➡ 민법 제837조의2 제2항에 따라 "가정법원은 자의 복리를 위하여 필요한 때에는 당사자의 청구 또는 직권에 의하여 면접교섭을 제한하거나 배제할 수 있습니다." 현행법은 면접교섭권을 기본적으로 부모의 권리로 규정하고 있으나, 현재 친자법의 이념에 비추어 볼 때 부모의 권리에는 항상 의무와 책임이 수반되므로, 부모의 면접교섭권 행사가 구체적인 경우에 자녀의 복리에 반한다면 당연히 제한 또는 배제되어야 합니다. 이렇게 본다면 이 규정은 면접교섭권자인 부모의 권리남용으로부터 자녀를 보호하기 위한 규정이라고 정의할 수 있을 것입니다.

면접교섭의 제한 또는 배제를 결정하는 데 있어서 중요한 기준은 자녀의 복리입니다. 자녀의 복리에 부합하는 판단을 내리기 위해서는 자녀가 현재 가지고 있는 주관적 의사(단기적·주관적 복리의 관점)와 장기적으로 볼 때 자녀를 위하여 객관적으로 필요하다고 생각되는 비양육친과의 관계지속(장기적·객관적 복리의 관점)이라는 두가지 요소로 균형있게 고려되어야 합니다. 이러한 두가지 관점에 입각해서 판단한다면 면접교섭의 배제 결정은 자녀의 복리를 지키기 위해서 불가피한 경우에만 내려져야 한다고 볼 수 있습니다.

면접교섭권자의 특정한 질환으로 인하여 면접교섭이 오히려 자녀에게 해가 될 수 있는 경우(정신질환, 전염병, 알콜중독, 마약중독 등)에도 면접교섭이 배제될 수 있습니다.

법원은 모가 정신질환을 앓고 있고, 아직 완치되지 않은 상태에서 자를 일방적으로 데려가려고 하는 과정에서 자를 양육하는 시어머니를 직접 폭행한 사례에서 모의 면접교섭 청구를 기각하였습니다(서울가정법원 2001. 8. 1. 2001느단 3029).

<장기간의 교류단절로 인하여 면접교섭권자와 자녀 사이의 관계가 소원해진 경우에 면접교섭이 배제될 수 있다>

특히 자녀의 출생 전에 부모가 이미 별거 또는 이혼하여 자녀가 비양육친을 전혀 알지 못하는 경우 또는 자녀가 계부나 계모를 친부모와 같이 따르고 있는 경우에 문제가 됩니다. 서울가정법원 1990드76647호 양육자지정사건에서 자녀(딸)가 만1살이 되는 해에 부모가 이혼하여 모가 딸을 양육해 왔는데, 모가 재혼한 후 그 부(계부)와 딸 사이에 친자간과 다름없는 유대관계가 형성된 경우(딸은 계부를 친아버지로 알고 따르며 동거하고 있다), 생부의 면접교섭권을 배제하는 심판을 한 바 있습니다. 그러나 서울가판 1999. 12. 2. 99드단40411은 자가 태어난지 1개월 후부터 모와 부가 별거하였고, 그 후 부는 재혼하여 9세인 자는 자신을 양육해 온 계모를 친어머니로 알고 있고 사건에서 "생모와 면접교섭권을 전면적으로 배제할 사유가 없으므로 자에 대한 면접교섭권은 보호받아야 할 것이나, 부모의 감정상태, 재산관계, 직업, 생활정도, 자의 연령, 현재의 양육관계 등 제반사정을 종합하면, 자녀가 어느 정도 성장한 후인 2003년 3월부터 월 1회 면접교섭하는 것이 합당하다."고 판시하였습니다.

유책배우자의 면접교섭권

이럴땐 ➡ 저는 남편의 심한 폭행으로 이혼하였습니다. 남편은 아이가 보는 앞에서도 저를 심하게 구타한 적이 있어서 아이는 아직도 남편에 대해 공포심을 가지고 있습니다. 저는 남편의 면접교섭의 배제를 청구할 수 있나요?

키포인트 청구할 수 있을 것으로 보입니다.

이렇게 ➡ 위 사례와 같이 혼인파탄의 구체적 원인이 자녀의 복리와 관해서도 문제가 되는 경우에는 면접교섭의 배제사유로 고려될 수 있습니다(서울가정법원 1996. 5. 15. 95브107).

이 유 ➡ 면접교섭권자가 혼인파탄에 주된 책임이 있는 유책배우자인 경우에 그 사실만으로 면접교섭이 배제된다고 볼 수는 없습니다. 그러나 혼인파탄의 구체적 원인이 자녀의 복리와 관련해서도 문제가 되는 경우(예를 들어서 배우자와 자녀에 대한 폭력행사 등)에는 면접교섭의 배제사유로 고려될 수 있습니다.

법원은 부(父)가 자녀 앞에서 모를 심하게 구타한 일이 있어서 이혼 후에도 모와 자가 여전히 부에 대하여 공포심을 가지고 있는 경우에 서울가정법원은 월 1회, 4시간 이내의 면접교섭을 허용하면서 장소는 모의 감시가 가능한 곳으로 한정하고, 면접교섭 중 부가 모나 자를 폭행하는 경우 면접교섭의 배제를 청구할 수 있는 것으로 하였습니다(서울가정법원 1996. 5. 15. 95브107).

친권행사자와 양육권자의 변경

키포인트 변경이 가능할 것으로 보입니다.

이렇게 ➡ 미성년자의 친권행사지정에 관하여 법률규정을 살펴보면, 민법 제837조(이혼과 자의 양육책임)에 의하면 "① 당사자는 그 자의 양육에 관한 사항을 협의에 의하여 정한다. ② 제1항의 양육에 관한 사항의 협의가 되지 아니하거나 협의할 수 없는 때에는 가정법원은 당사자의 청구에 의하여 그 자의 연령, 부모의 재산상황 기타 사정을 참작하여 양육에 필요한 사항을 정하며 언제든지 그 사항을 변경 또는 다른 적당한 처분을 할 수 있다."라고 규정하고 있습니다.

그리고 민법 제909조(친권자) 제4항에 의하면 "혼인 외의 자가 인지된 경우와 부모가 이혼한 경우에는 부모의 협의로 친권을 행사할 자를 정하고, 협의할 수 없거나 협의가 이루어지지 아니하는 경우에는 당사자의 청구에 의하여 가정법원이 이를 정한다. 친권자를 변경할 필요가 있는 경우에도 또한 같다."라고 규정하고 있습니다.

그러므로 당사자의 협의나 심판 등에 의하여 친권행사자가 지정된 경우에도 상당한 이유가 있는 경우에는 친권행사자와 양육권자를 변경할 수 있을 것입니다.

따라서 귀하는 먼저 남편과 친권행사자 및 양육에 관한 사항의 변경에 대해 합의를 해보고, 만일 합의가 안 될 경우에는 관할 가정법원에 친권행사자 및 양육권자변경심판을 청구해볼 수 있을 것으로 보입니다.

양육권자에게 유아인도를 거절하는 경우 대처방법

이럴땐 ➡ 저는 얼마 전 남편과 재판상 이혼을 하면서 아이의 양육자 및 친권행사자로 직접 지정받았습니다. 그러나 남편은 아이를 내줄 수 없다고 하는데, 아이를 데려올 수 있는 좋은 방법이 있는지요?

키포인트 이행명령이나 인도청구를 하면 됩니다.

이렇게 ➡ 법률적으로 개인이 실력행사에 의하여 아이를 빼앗아 오는 것은 허용되지 않습니다.

다만, 판결 또는 심판에 의하여 유아의 인도의무를 이행하여야 할 자가 정당한 이유 없이 그 의무를 이행하지 아니한 때에는 일정한 기간 내에 그 의무를 이행하지 않는 경우 그 의무를 이행하라는 이행명령을 가정법원에 신청할 수 있습니다(가사소송법 제64조).

이 명령을 위반하면 100만원 이하의 과태료에 처할 수 있고, 그 후 30일이 지나도록 유아를 인도하지 않으면 30일의 범위 내에서 유아인도의무를 이행할 때까지 가정법원에 그 자를 붙잡아 가두도록 하는 감치처분(監置處分)을 신청할 수 있습니다(가사소송법 제67조 제1항, 제68조 제1항).

위와 같은 제재(制裁)에도 불구하고 유아인도를 거부할 경우 법원에 유아인도청구소송을 제기하여 판결을 받은 후 집행관에게 강제집행을 위임하여 아이를 강제로 데려오는 방법이 있습니다.

　다만, 아이가 유아의 단계를 벗어나 민법상 의사능력 등이 있을 정도의 연령에 달한 경우에는 인도청구의 집행의 대상으로 될 수 없다 할 것입니다.

혼인 외의 자(子)를 생모와 그 배우자가 입양하는 경우

> **이럴땐** ➡ 저의 여동생 갑은 일시 동거했던 을남의 아이 병을 낳아 갑의 호적에 입적시켜 키워오던 중 이번에 정남을 만나 결혼하게 되었습니다. 갑은 결혼을 한 후 자기의 혼인외의 자(子)인 미성년자 병을 정남의 양자로 하고자 하는데, 이 경우 갑이 친생모로서 입양승낙을 하면 유효하게 입양을 할 수 있는지요?

키포인트 입양할 수 있습니다.

이렇게 ➡ 민법 제874조 제1항에 의하면 "배우자 있는 자가 양자를 할 때에는 배우자와 공동으로 하여야 한다."라고 규정하고 있으므로 부는 공동으로 입양을 하여야 합니다.

그런데 위 사안의 경우에는 양모로 되어야 할 자가 양자될 자의 친생모이므로, 친생모도 양모될 자의 자격으로서 공동입양당사자가 되어야 하는지 문제됩니다.

위 민법규정은 양자가 될 자가 양부와 그 배우자 또는 양모와 그 배우자 어느 쪽과도 친자관계가 없는 경우에 양부 또는 양모가 그 배우자와 합의 없이 입양을 하는 경우에 발생할 가족관계에서의 혼란과 분쟁 또는 양자의 법률상 지위의 불안정을 방지하기 위한 취지의 규정입니다.

따라서 배우자관계에 있는 어느 일방과 이미 생부 내지는 생모관계가 성립되어 있는 사람을 입양하는 경우에는 타방 배우자가 그 생부 또는 생모의 동의를 얻어 단독으로 입양할 수 있다고 볼 수 있을 것입니다.

자신의 친생자를 입양할 수 있는지에 관하여 호적예규를 보면 "① 입양은 혼인중의 출생자와 같은 신분을 취득하게 하고자하는 창설적 신분행위이므로, 자신의 친생자라도 '혼인중의 출생자가 아닌 자'는 입양할 수 있을 것이나, '혼인중의 출생자'에 대해서는 이러한 신분관계를 창설할 필요가 없으므로 이혼한 모가 전혼중에 출생한 혼인중의 자를 입양할 수는 없다. ② 배우자의 전혼중에 출생한 혼인중의 자를 입양하고자 할 때에는 민법 제874조 제1항의 규정에도 불구하고 친생자관계가 없는 배우자 일방이 단독으로 입양할 수 있다."라고 하였습니다(제정 1985. 10. 29. 호적예규 제391호, 개정 1989. 12. 7. 호적예규 제421호, 1991. 7. 9. 호적예규 제467호, 1995. 3. 22. 호적예규 제504호).

또한, 미성년자인 혼인외 자를 친생모가 혼인한 후 그 부(夫)와 공동으로 입양할 때 입양의 승낙 또는 동의를 할 수 있는지에 관하여 선례를 보면, "모의 호적에 입적되어 있는 미성년자인 혼인외 자를 친생모가 혼인한 후 그 부(부)와 공동으로 입양을 함에 있어서의 입양당사자인 부부의 일방인 처와 미성년자의 생모는 비록 동일인이라 할지라도 그 지위는 별개의 입장에 있는 것이므로, 친생모가 미성년자에 대한 입양의 승락(15세미만) 및 동의(15세 이상)를 행하는 것은 친권자와 그 자(자)사이의 이해상반행위에 포함되지는 않으므로 특별대리인을 선임할 필요는 없으며, 이혼한 생모가 재혼한 뒤 재혼한 부부가 생모의 전혼 중의 자인 미성년자를 입양함에 있어, 전혼 해소시에 그 자(자)에 대한 친권행사자에 관한 아무런 정함이 없는 경우에는 이혼한 부모가 공동으로 친권을 행사할 수밖에 없는 것이므로, 이러한 경우에 있어서도 일방 친권자인 생모는 직접 입양승락이나 동의를 할 수 있지만 타방 친권자인 전부(전부)의 입양승락 또는 입양동의도 함께 받아야 할 것이다.”라고 하였습니다(1993. 5. 7. 호적선례 3-225).

그런데 위 사안의 경우에는 미성년자 병이 여동생 갑의 혼인외의 자이므로 ① 갑은 정과 공동으로 아들을 입양할 수 있고, ② 정 단독으로 입양할 수도 있을 것입니다. 그리고 이러한 경우 ‘입양승낙 또는 동의’에 관하여는 입양당사자인 부부의 일방인 처와 미성년자의 생모는 비록 동일인이라 할지라도 그 지위는 별개의 입장에서 있는 것이므로, 친생모가 미성년자에 대한 입양의 승낙(15세 미만) 또는 동의(15세 이상)를 행하는 것은 친권자와 그 자(子)사이의 이해상반행위에 포함되지 않으므로 특별대리인을 선임할 필요가 없다 하겠습니다. 즉, 정이 갑의 아들을 입양하는데 갑은 병의 생모로서 입양에 동의하기만 하면 될 것으로 보입니다(민법 제869조, 제870조 제1항).

외국 국적 남자와 대한민국 국적의 여자가 우리나라에서 혼인한 후 거주하다가 이혼하는 경우 그 관할법원

키포인트 대한민국 법원이 재판관할권을 가집니다.

이렇게 ➡ 미합중국 미주리 주에 법률상 주소를 두고 있는 미합중국 국적의 남자(원고)가 대한민국 국적의 여자(피고)와 대한민국에서 혼인 후, 미합중국 국적을 취득한 피고와 거주기한을 정하지 아니하고 대한민국에 거주하다가 피고를 상대로 이혼, 친권자 및 양육자지정 등을 청구한 사안에서, 법원은 원·피고 모두 대한민국에 상거소(상거소)를 가지고 있고, 혼인이 대한민국에서 성립되었으며, 그 혼인생활의 대부분이 대한민국에서 형성된 점 등을 고려하면 위 청구는 대한민국과 실질적 관련이 있다고 볼 수 있으므로 국제사법 제2조 제1항의 규정에 의하여 대한민국 법원이 재판관할권을 가진다고 할 수 있고, 원·피고가 선택에 의한 주소(domicile of choice)를 대한민국에 형성했고, 피고가 소장 부본을 적법하게 송달받고 적극적으로 응소한 점까지 고려하면 국제사법 제2조 제2항에 규정된 '국제재

판관할의 특수성'을 고려하더라도 대한민국 법원의 재판
관할권 행사에 아무런 문제가 없다고 하였습니다(대판
2006. 5. 26. 선고 2005므884).

양육비청구권 포기각서를 번복하여 양육비청구를 할 수 있는지

키포인트 청구할 수 있습니다.

이렇게 ➡ 민법은 이혼시 자녀의 양육에 관한 사항을 협의에 의하여 정하도록 하면서 자녀의 양육에 관한 사항의 협의가 되지 아니하였거나 협의할 수 없는 때에는 가정법원이 당사자의 청구에 의하여 양육에 필요한 사항을 정하며, 언제든지 그 양육에 관한 사항을 변경 또는 다른 적당한 처분을 할 수 있도록 하고 있습니다(민법 제837조 제1항, 제2항).

우선 귀하가 작성한 위 각서의 취지를 해석해보면 귀하

와 갑은 귀하가 양육자로 되어 그 양육비도 귀하가 부담하기로 하는 취지의 자의 양육에 관한 협의가 이루어졌다고 할 수 있습니다.

그러나 협의당시 그러한 협의가 제반 사정에 비추어 부당하다고 인정된다면 가정법원에 위 양육비부담부분의 변경을 청구할 수 있어야 할 것입니다.

위 사안과 관련된 판례를 보면, "민법 제837조의 제1, 2항의 규정에 의하여 가정법원이 일단 결정한 양육에 필요한 사항을 그 후 변경하는 것은 당초의 결정 후에 특별한 사정변경이 있는 경우뿐만 아니라 당초의 결정이 위 법조 소정의 제반 사정에 비추어 부당하게 되었다고 인정될 경우에도 가능한 것이며, 당사자가 협의하여 그 자의 양육에 관한 사항을 정한 후 가정법원에 그 사항의 변경을 청구한 경우에 있어서도 가정법원은 당사자가 협의하여 정한 사항이 위 법조 소정의 제반 사정에 비추어 부당하다고 인정되는 경우에는 그 사항을 변경할 수 있는 것이고 협의 후에 특별한 사정변경이 있는 때에 한하여 변경할 수 있는 것은 아니다."라고 하였습니다(대법원 1991. 6. 25. 선고 90므699 판결, 1992. 12. 30. 자 92스17, 18 결정).

그러므로 비록 양육비부담을 청구인이 하기로 협의하였다 하더라도 가정법원은 특별한 사정변경이 없어도 민법 제837조 제1, 2항 소정의 제반 사정에 비추어 그러한 협의가 부당하다고 인정되는 경우 가정법원은 그 사항을 변경할 수 있다고 할 것입니다.

　귀하의 경우 아들이 계모의 학대를 피하여 귀하를 찾아온 점, 귀하가 아들을 양육하기 위해서는 전학절차상 전남편으로부터 친권포기서를 받아야만 하는 처지였다는 점, 전남편이 이에 응하는 조건으로 귀하에게 양육비부담에 관한 각서를 쓰도록 강제했다는 점 등을 고려하여 위 협의당시 귀하는 자식을 위하여 어떻게 해서든지 직접 양육하여야 할 필요를 느끼는 상황이었다고 볼 수 있습니다.

　따라서 남편의 경제력이 귀하보다 더 나은 사정을 입증하여 가정법원에 양육비부담부분의 변경을 구하는 청구를 해 볼 수 있으리라 생각됩니다.

모가 양육비포기각서를 작성한 경우 그 자(子)의 양육비청구권

키포인트 청구할 수 있습니다.

이렇게 ➡ 미성년자인 자녀에 대하여 부모는 모두 부양의 의무가 있으며, 부양을 할 자 또는 부양을 받을 자의 순위, 부양의 정도 또는 방법에 관한 당사자의 협정이나 법원의 판결이 있은 후 이에 관한 사정변경이 있는 때에는 법원은 당사자의 청구에 의하여 그 협정이나 판결을 취소 또는 변경할 수 있습니다(민법 제913조, 제978조).

그러므로 이혼의 당사자가 자의 양육에 관한 사항을 협의에 의하여 정하였더라도 필요한 경우 가정법원은 당사자의 청구에 의하여 언제든지 그 사항을 변경할 수 있는 것입니다(대법원 1992. 12. 30. 자 92스17, 18 결정, 1991. 6. 25. 선고 90므699 판결).

그런데 위 사안은 부양의무자인 부모 사이에 그 일방이 다른 일방에 대하여 양육비를 청구하지 않겠다고 각서를 교부한 것이 부양권리자인 귀하의 양육비청구에 어떤 영향을 미칠 수 있는가 문제입니다.

만일 어머니가 아버지에 대하여 귀하의 친권자로서 귀하를 대리하여 귀하에게 생길 부양청구권을 포기한 것이라면, 사정변경을 이유로 법원에게 그 취소 또는 변경을 청구할 수 있을 것이며, 어머니가 부담하는 양육비를 아버지에게 구상하지 않을 것을 정한 것이라면, 그것은 부양의무자간에서 이른바 채권자 효력을 가지는데 불과하기 때문에 부양권리자인 귀하가 구체적 필요에 의하여 양육비의 청구를 함에는 아무런 지장이 없다고 할 것입니다.

또한, 판례는 "미성년자라 하더라도 권리만을 얻는 행위는 법정대리인의 동의가 필요 없으며 친권자와 자 사이에 이해상반되는 행위를 함에는 그 자의 특별대리인을 선임하도록 하는 규정이 있는 점에 비추어 볼 때, 청구인(미성년자인 혼인외의 자)은 피청구인(생부)이 인지를 함으로써 청구인의 친권자가 되어 법정대리인이 된다 하더라도 피청구인이 청구인을 부양하고 있지 않은 이상 그 부양료를 피청구인에게 직접 청구할 수 있다."라고 한 바 있습니다(대법원 1972. 7. 11. 선고 72므5 판결).

따라서 위 사안의 경우 귀하의 아버지에 대한 양육비청구는 권리만을 얻는 행위가 되므로 귀하가 어머니의 동의 없이 직접 양육비청구를 할 수 있을 것으로 보입니다.

양육권 없는 자가 양육한 기간동안의 양육비청구 가능한지

키포인트 청구할 수 없습니다.

이렇게 ➡ 이혼 후 미성년인 자녀의 양육에 관하여 판례를 보면 "실제로 양육을 담당하는 이혼한 모에게 전혀 수입이 없어 자녀들의 양육비를 분담할 형편이 못되는 것이 아닌 이상 이혼한 부와 함께 모도 양육비의 일부를 부담하도록 하였다 하여도 경험칙과 논리칙에 어긋나는 것은 아니다." 라고 하였으며, "청구인과 피청구인 사이에 자녀의 양육에 관하여 특정 시점까지는 피청구인이 양육비의 일부를 부담하면서 청구인이 양육하기로 하고 그 이후는 피청구인이 양육하도록 인도하기로 하는 의무를 부담하는 소송상의 화해가 있었다면 이 화해조항상의 양육방법이 그 후 다른 협정이나 재판에 의하여 변경되지 않는 한 위 특정 시점 이후에는 청구인에게는 사건본인들을 양육할 권리가 없고 그럼에도 불구하고 이들을 피청구인에게 인도함이 없이 스스로 양육하였다면 이는 피청구인에 대한 관계에서는 위법한 양육이라고 할 것이니 위 화해에 갈음하여 새로운 양육방법이 정하여 지기 전에는 피청구인은 청구인에게 그 위법한 양육에 대한 양육비를 지급할 의무가 있다고 할 수 없다.”라고 하였습니다(대법원 1992. 1. 21. 선고 91므689 판결).

따라서 위 사안에서도 갑은 을에 대하여 이혼 후 2년이 지난 시점부터 갑이 청구한 양육자지정청구에서 양육의 방법이 정해지기 이전까지는 양육비를 청구할 수 없을 것으로 보입니다.

미성년자의 상속포기 또는 한정승인권 행사기간

키포인트 상속포기 및 한정승인을 하면 됩니다.

이렇게 ➡ 상속은 피상속의 사망으로 인하여 개시되고(민법 제997조), 상속재산에는 적극적 재산은 물론 소극적 재산(채무)도 모두 포함됩니다. 그러므로 상속인은 피상속인의 채무가 과다한 경우에는 가정법원에 상속포기 또는 한정승인을 신청하여 수리(심판)됨으로써 그 책임을 면할 수 있을 것입니다.

상속포기 또는 한정승인에 관하여 민법 제1019조에 의하면 "① 상속인은 상속개시 있음을 안 날로부터 3월내에 단순승인이나 한정승인 또는 포기를 할 수 있다... ③ 제1항의 규정에 불구하고 상속인은 상속채무가 상속재산을 초과하는 사실을 중대한 과실 없이 제1항의 기간 내에 알지 못하고 단순승인(제1026조 제1호 및 제2호의 규정에 의하여 단순승인 한 것으로 보는 경우를 포함)을 한 경우에는 그 사실을 안 날로부터 3월내에 한정승인을 할 수 있다."라고 규정하고 있고, 민법 제1020조에 의하면 "상속인이 무능력자인 때에는 전조(前條) 제1항의 기간은 그 법정대리인이 상속개시 있음을 안 날로부터 기산한다.”라고 규정하고 있습니다.

또한, 2002년 1월 14일 법률 제6591호로 공포·시행된 개정민법 부칙 제3항에서는 한정승인에 관한 경과조치를 두었는바, 이에 의하면 “1998년 5월 27일부터 이 법 시행 전까지 상속개시가 있음을 안 자 중 상속채무가 상속재산을 초과하는 사실을 중대한 과실 없이 제1019조 제1항의 기간 내에 알지 못하다가 이 법 시행전에 그 사실을 알고도 한정승인신고를 하지 아니하는 자는 이 법 시행일로부터 3월내에 제1019조 제3항의 개정규정에 의한 한정승인을 할 수 있다. 다만, 당해 기간 내에 한정승인을 하지 아니한 경우에는 단순승인을 한 것으로 본다.”라고 규정하고 있습니다.

그리고 ‘상속개시 있음을 안 날’이란 상속개시의 원인 되는 사실의 발생을 앎으로써 자기가 상속인이 되었음을 안 날을 말하는 것이므로, 상속재산 또는 상속채무의 존재를 알아야만 위와 같은 기간이 진행되는 것은 아니며(대법원 1991. 6. 11. 자 91스1 결정), 위 사안에서 귀하는 갑과 이혼하고 별거를 하였고 갑이 을의 친권자행사자로 지정되어 을을 양육하다가 사망하였는데, 친권은 부모로서의 고유의 권리이자 의무이므로 부모의 일방을 친권행사자로 지정하는 것은 다른 일방의 친권행사를 정지시키는 것일 뿐이고 그의 친권을 소멸시키는 것은 아니므로, 친권자 중 그 행사자인 갑은 사망하였으나 모(母)가 있는 경우에는 후견이 개시되지 않고 귀하가 당연히 친권자로서 을의 법정대리인이 되는 것입니다.

따라서 무능력자인 미성년자 을의 상속포기 또는 한정승인기간은 법정대리인인 귀하가 아들 을이 갑의 상속인이 되었음을 안 날(사망사실을 안 날)로부터 3개월 이내라 할 것이고, 아직 그 기간이 경과되지 않았다면 귀하는 을의 친권자로서 을을 대리하여 가정법원에 상속포기 또는 한정승인을 하여 수리(심판)됨으로써 을이 상속책임을 면할 수 있을 것입니다.

그리고 개정민법 부칙 제3항에 의하여, 만일 귀하가 1998년 5월 27일부터 2002년 1월 14일 전까지 사이에 갑의 사망사실을 알았으나 상속재산을 초과하는 상속채무 있다는 사실을 중대한 과실 없이 알지 못하고, 2002년 1월 14일 전까지 한정승인신고를 하지 않은 경우라면 2002년 1월 14일부터 3월이내에 한정승인을 함으로써 상속재산을 초과한 부분에 대한 면책을 주장할 수 있을 것으로 보입니다.

참고로 2004년 1월 29일 선고된 헌법재판소 결정(2002헌가22 등)에 의하면 "민법(2002. 1. 14. 법률 제6591호로 개정된 것)부칙 제3항 본문 중 1998년 5월 27일부터 이 법 시행전까지 상속개시가 있음을 안자 중 헌법에 합치되지 아니한다."라고 하였습니다.

인지소송에서 혈연상의 친자관계를 증명하는 방법

키포인트 정당하지 않을 것으로 판단됩니다.

이렇게 ➡ 유전자감정의 권유 또는 수검명령 등 친생자관계의 인정에 필요한 사항에 관한 심리를 다하지 아니하였다는 이유로 원심판결을 파기하였습니다(대판 2005. 6. 10. 2005므365).

이 유 ➡ 인지소송은 부와 자와의 간에 사실상의 친자관계의 존재를 확정하고 법률상의 친자관계를 창설함을 목적으로 하는 소송으로서 친족·상속법상 중대한 영향을 미치는 인륜의 근본에 관한 것이고 공익에도 관련되는 중요한 것이기 때문에 이 소송에서는 직권주의를 채용하고 있는 것이므로 당사자의 입증이 충분하지 못할 때에는 가능한 한 직권으로도 사실조사 및 필요한 증거조사를 하여야 합니다. 한편 혈연상의 친자관계라는 주요사실의 존재를 증명함에 있어서는, 부와 친모 사이의 정교관계의 존재 여부, 다른 남자와의 정교의 가능성이 존재하는지 여부, 부가 자를 자기의 자로 믿은 것을 추측하게 하는 언동이 존재하는지 여부, 부와 자 사이에 인류학적 검사나 혈액형검사 또는 유전자검사를 한 결과 친자관계를 배제하거나 긍정하는 요소가 있는지 여부 등 주요사실의 존재나 부존재를 추인시키는 간접사실을 통하여 경험칙에 의한 사실상의 추정에 의하여 주요사실을 추인하는 간접증명의 방법에 의할 수밖에 없는데, 여기에서 혈액형검사나 유전자검사 등 과학적 증명방법이 그 전제로 하는 사실이 모두 진실임이 증명되고 그 추론의 방법이 과학적으로 정당하여 오류의 가능성이 전무하거나 무시할 정도로 극소한 것으로 인정되는 경우라면 그와 같은 증명방법은 가장 유력한 간접증명의 방법이 됩니다(대법원 2002. 6. 14. 선고 2001므1537 판결 참조).

양육비를 정하는 기준

키포인트 청구할 수 있습니다.

이렇게 ➡ 자녀의 수술비용은 양육비의 일부이므로 그 분담을 청구할 수 있습니다(서울가정법원 1992. 5. 7. 91드38420).

양육비를 정하는 기준에 관한 대법원 전원합의체 결정을 보면, 과거의 양육비 모두를 상대방에게 부담시키게 되면 상대방은 예상치 못하였던 양육비를 일시에 부담하게 되어 지나치게 가혹하면 신의성실의 원칙이나 형평의 원칙에 어긋날 수 있습니다.

그러므로 위와 같은 경우에는 반드시 이행청구 이후의 양육비와 동일한 기준에서 정할 필요는 없고, 부모 중 한 쪽이 자녀를 양육하게 된 경위와 그에 소요된 비용의 액수, 그 상대방이 부양의무를 인식한 것인지 여부와 그 시기, 그 비용이 양육에 소요된 통상의 생활비인지, 아니면 이례적이고 불가피하게 소요된 거액의 특별한 비용(치료비 등)인지 여부와 당사들의 재산상황이나 경제적 능력과 부담의 형평성 등 여러 사정을 고려하여 적절하다고 인정되는 분담의 범위를 정할 수 있다고 판시하고 있습니다.

양육비를 양육자와 양육방법 및 물가상승지수 등을 참작하여 자녀가 10세 될 때까지와 그 후 성년이 되기까지 차등을 두어 연단위로 지급하라고 명령한 예도 있습니다(서울가정법원 1992. 5. 7. 91드38420).

어떠한 경우에 양육비 청구가 가능한가?

키포인트 아이의 양육자로 귀하를 심판이 확정된 때에
비로소 양육비를 청구할 수 있습니다.

이렇게 ➡ 양육비 청구는 이혼·혼인무효·혼인취소의 판
결을 하는 경우에만 가능합니다. 그리고 사실혼관계에 있
던 당사자의 한쪽은 상대방과의 사이에서 출산한 자의 양
육자로 자신을 지정하는 심판이 확정된 때에 비로소 양육
비롤 청구할 권리를 취득하고, 그 이전까지는 자기고유의
양육의무를 이행한 데 불과하므로 이 부분의 양육비를 상
대방에게 청구할 수 없습니다(서울고판 1989. 3. 13. 88르
1998(확정)).

혼인외 출생자의 양육자의무자는

생부의 인지 전이면 생모, 인지 후이면 생부와 생모에게
부양의무가 있습니다. 또 생부와 생모가 혼인하면 혼인시
부터 부모가 양육책임을 집니다(대판 1979. 1. 23. 78다2023
; 대판 1981. 5. 26. 80다2515).

그러나 인지 전이라도 생부가 생모에게 양육비를 지급하
기로 약정하였다면 그 약정은 유효하다. 그러므로 약정에

따라 지출된 양육비라면 과거의 양육비라도 청구할 수 있
습니다(대판 1987. 12. 22. 87므59).

<양육자지정 및 양육비지급청구사건에서 사건본인(양육대상인 자녀)이 사망한 경우>

자녀의 양육에 관한 처분은 일신 전속적인 것이므로, 당
사자의 한쪽이나 양육대상인 자녀가 사망하면 그것으로써
절차는 종료됩니다. 따라서 양육자지정 및 양육비지급청구
사건에서 사건본인이 항소심판결 선고 후 사망한 경우에는
양육자지정청구 및 "사건본인이 사망한 이후의 양육비지급
청구"부분은 당연히 소송종료됩니다(대판 1995. 4. 25. 94므
536).

이혼과 동시에 재산분할을 명할 경우의 가집행선고

이럴땐 ➡ 갑녀는 을남과 이혼소송을 제기하면서 재산분할청구를 병합하여 청구하였습니다. 그런데 갑녀가 청구한 대로 인용된다고 하여도 을남이 항소하여 판결의 확정을 지연시킬 것이 명백한바, 이혼과 동시에 재산분할을 명하는 경우에도 가집행선고가 가능한지요?

키포인트 가능하지 않을 것으로 보입니다.

이렇게 ➡ 재산분할은 협의이혼 또는 재판상이혼으로 혼인관계가 해소됨에 따라 부부의 일방이 타방에게 하는 재산적 급여의 하나로서, 당사자의 협의로 분할의 액수와 방법을 정하는 것이 원칙이고, 협의가 되지 아니하거나 협의할 수 없는 때에는 법원이 당사자의 청구에 의하여 이를 정하게 됩니다(민법 제839조의2, 제843조).

그런데 재산분할에는 민법 제269조 제2항이 준용되고, 재산분할의 구체적인 방법에는 금전지급에 의한 분할, 현물분할, 상속재산분할의 경우에 준하여 특정재산을 일방의 소유로 하고 그 일방으로 하여금 다른 일방에게 일정액의 금전을 지급하게 하거나 이들을 혼용하거나 또는 목적물을 경매에 붙여 그 매각대금을 분할하게 하는 등 법원이 후견적 입장에서 가장 합리적으로 당사자간의 법률관계를 조정할 수 있는 것이면 어느 것이라도 무방하다고 할 것입니다. 다만, 부동산의 현물분할을 명하는 경우에는 그 부동산

"

에 관련된 각종 채권채무의 귀속관계까지도 아울러 정리하여야 하므로 처분의 내용이 복잡하여질 수도 있으며, 금전지급에 의한 분할에 있어서는 일시불, 재산분할총액을 정하지 아니하고 지급의 시기(始期)와 종기(終期) 및 매회의 지급액만을 정하는 정기급등이 모두 가능합니다.

그런데 이혼소송과 병합하여 재산분할청구를 하여 법원이 이혼과 동시에 재산분할을 명하는 경우 가집행선고를 붙일 수 있는지에 관하여 판례를 보면, "민법상의 재산분할청구권은 이혼을 한 당사자의 일방이 다른 일방에 대하여 재산분할을 청구할 수 있는 권리로서 이혼이 성립한 때에 그 법적 효과로서 비로소 발생하는 것이므로, 당사자가 이혼이 성립하기 전에 이혼소송과 병합하여 재산분할의 청구를 하고, 법원이 이혼과 동시에 재산분할을 명하는 판결을 하는 경우에도 이혼판결은 확정되지 아니한 상태이므로, 그 시점에서 가집행을 허용할 수는 없다."라고 하였습니다(대법원 1998. 11. 13. 선고 98므1193 판결, 2001. 9. 25. 선고 2001 므725, 732 판결).

따라서 위 사안에 있어서도 이혼과 동시에 재산분할을 명하는 경우에 가집행선고는 되지 않을 것으로 보입니다.

소멸한 위자료채권에 기한 가압류를 재산분할청구채권으로 유용가능한지

키포인트 유용할 수 없습니다.

이렇게 ➡ 민사집행법 제288조 제1항에 의하면 "채무자는 가압류이유의 소멸되거나 그 밖에 사정이 바뀌거나 법원이 정한 담보를 제공한 때에는 가압류가 인가된 뒤에도 그 취소를 신청할 수 있다."라고 규정하고 있습니다.

그런데 피보전권리와 다른 권리의 보전을 위한 가압류유용의 허용여부에 관한 판례는 "가압류의 피보전권리가 변제로 소멸된 경우, 이는 민사소송법 제706조(현행 민사집행법 제288조) 제1항에 정한 '사정변경에 의한 가압류취소'사유가 되는 것이며, 위 가압류를 그 피보전권리와 다른 권리의 보전을 위하여 유용할 수 없는 것이다."라고 하면서 "부동산가압류의 피보전권리인 이혼을 원인으로 한 위자료청구채권이 재산분할청구권과 비록 청구의 기초에 있어서

다소의 동일성이 인정되나 피신청인은 본안소송에서 위자
료청구채권에 대하여 피신청인 일부승소의 가집행선고부
판결을 받은 후 위 가압류에 기한 본압류절차인 강제집행
에 착수하였다가 그 채권을 모두 변제받음으로써 강제집행
을 취하한 이 사건에 있어서, 위 가압류의 효력은 그 피보
전권리로 특정된 위자료청구채권 외에 재산분할로 인한 금
전지급청구권에까지 유용할 수 없다 할 것이므로, 이 사건
가압류결정은 특별한 사정이 없는 한 그 피보전권리인 위
위자료청구채권의 변제로 더 이상 유지할 필요가 없는 사
정변경이 생겼다.”라고 하였습니다(대법원 1994. 8. 12. 선
고 93므1259 판결).

따라서 위 사안에 있어서도 갑은 위자료채권을 피보전권
리로 한 부동산가압류를 변제 받은 뒤 재산분할청구권의
가압류로 유용할 수 없을 것으로 보입니다.

소유권이전등기청구권가처분 후 가압류된 경우 가처분이 우선하는지

키포인트 가압류해제를 조건으로 합니다.

이렇게 ➡ 부동산의 경우처럼 등기부에 공시된 경우 가처분에서는 본안승소판결에 의한 등기를 경료할 때, 가압류에서는 강제경매에서 대금이 납부된 이후, 집행법원의 촉탁 등에 의하여 각 후순위의 등기를 말소할 수 있으나, 채권의 경우에는 채무자에 대한 통지 또는 승낙 이외에 다른 공시방법이 없으므로 가압류의 경우에는 제3채무자를 상대로 한 추심소송에서, 가처분의 경우에는 채무자를 상대로 한 본안 승소판결 이후 다시 제3채무자를 상대로 한 소송에서 이러한 우열을 결정한 판결을 하여야 할 것으로 생각됩니다.

그런데 소유권이전등기청구권에 대하여 가처분이 있은 후 그 등기청구권에 대한 가압류가 이루어진 경우, 가처분이 가압류에 우선하는지에 관하여 판례를 보면, "소유권이전등기청구권에 대한 압류나 가압류는 채권에 대한 것이지 등기청구권의 목적물인 부동산에 대한 것이 아니고, 채무자와 제3채무자에게 그 결정을 송달하는 외에 현행법상 등기부에 이를 공시하는 방법이 없는 것으로서, 당해 채권자와 채무자 및 제3채무자 사이에만 효력이 있을 뿐 압류나 가압류와 관계가 없는 제3자에 대하여는 압류나 가압류의 처분금지적효력을 주장할 수 없게 되므로, 소유권이전등기청구권의 압류나 가압류는 청구권의 목적물인 부동산 자체의 처분을 금지하는 대물적 효력은 없고, 또한 채권에 대한 가압류가 있더라도 이는 채무자가 제3채무자로부터 현실로 급부를 추심하는 것만을 금지하는 것이므로 채무자는 제3채무자를 상대로 그 이행을 구하는 소송을 제기할 수 있고 법원은 가압류가 되어 있음을 이유로 이를 배척할 수는 없는 것이지만, 소유권이전등기를 명하는 판결은 의사의 진술을 명하는 판결로서 이것이 확정되면 채무자는 일방적으로 이전등기를 신청할 수 있고 제3채무자는 이를 저지할 방법이 없게 되므로 위와 같이 볼 수는 없고 이와 같은 경우에는 가압류의 해제를 조건으로 하지 않는 한 법원은 이를 인용하여서는 안되는 것이며(대법원 1992. 11. 10.

선고 92다4680 판결 참조), 가처분이 있는 경우도 이와 마
찬가지로 그 가처분의 해제를 조건으로 하여야만 소유권이
전등기절차의 이행을 명할 수 있다고 할 것이고(대법원
1998. 2. 27. 선고 97다45532 판결 참조), 소유권이전등기청
구권에 대한 가압류가 있기 전에 가처분이 있었다고 하여
도 가처분이 뒤에 이루어진 가압류에 우선하는 효력이 없
으므로 가압류는 가처분채권자의 관계에서도 유효할 뿐만
아니라(대법원 1998. 4. 14. 선고 96다47104 판결 참조), 가
압류 상호간에도 그 결정이 이루어진 선후에 따라 뒤에 이
루어진 가압류에 대하여 처분금지적 효력을 주장할 수는
없다.”라고 하였습니다(대법원 1999. 2. 9. 선고 98다42615
판결, 2001. 10. 9. 선고 2000다51216 판결).

따라서 위 사안의 경우 병은 갑회사를 상대로 정의 가압
류의 해제를 조건으로 갑회사는 을에 대하여 위 아파트의
소유권이전등기절차를 이행하라는 취지로 청구하여야 할
것으로 보이고, 판결도 역시 그러한 취지로 판결할 것으로
보입니다.

재산분할로 부동산소유권 이전시 양도소득세 부과되는지

키포인트 부과되지 않을 것으로 보입니다.

이렇게 ➡ 양도소득세에 있어서의 양도란 자산에 대한 등기 또는 등록에 관계없이 양도, 교환, 법인에 대한 현물출자 등으로 인하여 그 자산이 유상으로 사실상 이전되는 것을 말합니다(소득세법 제88조 제1항).

그런데 이혼을 할 경우 재산분할의 방편으로 이루어진 자산 이전이 양도소득세 과세대상인 유상양도에 해당하는지에 관하여 판례를 보면. "민법 제839조의2에 규정된 재산분할제도는 혼인 중에 부부 쌍방의 협력으로 이룩한 실질적인 공동재산을 청산 분배하는 것을 주된 목적으로 하는 것인바, 이와 같이 협의이혼시에 실질적인 부부공동재산을 청산하기 위하여 이루어지는 재산분할은 그 법적 성격, 분할대상 및 범위 등에 비추어 볼 때 실질적으로는 공유물분할에 해당하는 것이라고 봄이 상당하므로, 재산분할의 방편으로 행하여진 자산의 이전에 대하여는 공유물분할에 관한 법리가 준용되어야 할 것이므로, 이혼시 재산분할의 일환으로 부부 각자의 소유명의로 되어 있던 각 부동산을 상대방에게 서로 이전하였다고 하여도 특별한 사정이 없는 한, 공유물분할에 관한 법리에 따라 그와 같은 부동산의 이전이 유상양도에 해당한다고 볼 수 없고, 또한 재산분할이 이루어짐으로써 분여자의 재산분할의무가 소멸하는 경제적 이익이 발생한다고 하여도, 이러한 경제적 이익은 분할재산의 양도와 대가적 관계에 있는 자산의 출연으로 인한 것이라 할 수 없으므로, 재산분할에 의한 자산의 이전이 양도소득세 과세대상이 되는 유상양도에 포함되지 않는다."라고 하였습니다(대법원 1998. 2. 13. 선고 96누14401 판결).

따라서 이혼을 할 경우 재산분할의 방편으로 이루어진 자산 이전은 양도소득세 과세대상인 유상양도에 해당하지 않습니다.

그러나 이혼을 할 경우에도 위자료 또는 자녀 양육비에 대한 대가로 자산이 이전된 경우에는 양도소득세 과세대상이 되는 유상양도에 포함됩니다(대법원 1996. 11. 22. 선고 96누11440 판결).

참고로 이혼시 위자료 부분과 재산분할 부분이 특정되지 아니한 채 재산이 이전된 경우, 양도소득세의 과세대상이 되는 위자료 부분의 입증책임에 관하여 판례를 보면, "과세처분의 위법을 이유로 그 취소를 구하는 행정소송에서 과세요건의 존재에 대한 입증책임이 처분청에 있는 것과 마찬가지로, 협의이혼 또는 재판상 화해나 조정에 의한 이혼을 하면서 위자료와 재산분할, 자녀양육비 등의 각각의 액수를 구체적으로 정하지 아니한 채 자산을 이전한 경우 그 자산 중 양도소득세의 과세대상이 되는 유상양도에 해당하는 위자료 및 자녀양육비의 입증책임도 원칙적으로는 처분청에 있고, 다만 이 때 처분청이 위자료나 자녀양육비의 액수까지 구체적으로 주장·입증할 필요는 없고, 단지 그 액수를 정할 수 있는 자료를 법원에 제출하는 것으로 충분하며, 이에 대하여 법원은 이와 같은 자료를 토대로 혼인기간, 파탄의 원인 및 당사자의 귀책사유, 재산정도 및 직업, 당해 양도자산의 가액 등 여러 사정을 참작하여 직권으로 위자료나 자녀양육비의 액수를 정하여야 한다."라고 하였습니다(대법원 2002. 6. 14. 선고 2001두4573 판결).

재혼한 어머니가 친권을 행사할 수 있는가?

키포인트 친권상실선고를 신청합니다.

이렇게 ➡ 아버지의 사망으로 인한 손해배상금은 귀하에게 귀속되는 것이나, 귀하는 아직 미성년자이므로 그 재산을 관리할 친권자 또는 후견인이 있어야 합니다. 현행 민법에 의하면 이 경우 귀하에 대한 친권자는 어머니가 되므로 재혼한 어머니이더라도 손해배상금을 수령·관리하겠다는 주장은 일응 하자가 없다고 할 것입니다.

그러나 부 또는 모가 친권을 남용하거나 현저한 비행 기타 친권을 행사시킬 수 없는 중대한 사유가 있을 때에는 법원은 민법 제777조의 규정에 의한 자(子)의 친족 또는 검사의 청구에 의하여 그 친권의 상실을 선고할 수 있고, 법정대리인인 친권자가 부적당한 관리로 인하여 자의 재산을 위태하게 한 때에는 법원은 민법 제777조의 규정에 의한 자의 친족의 청구에 의하여 그 법률행위의 대리권과 재산관리권의 상실을 선고할 수 있습니다(민법 제924조, 제925조).

그런데 어떤 행위가 '친권의 남용'혹은 '현저한 비행'이 되느냐 하는 것은 구체적 사안에 따라 판단되어야 할 구체적인 문제이고, 획일적인 기준이 있는 것은 아닙니다. 친권의 남용은 친권자로서의 양육, 재산관리 등의 권리의무를 부당하게 행사하여 자의 복지를 해하는 것입니다. 즉, 외관상 친권자가 자의 재산을 부당하게 처분하는 것으로 보이더라도 친권자의 그 동기가 병을 치료하기 위한 것이나, 자의 적당한 생활 및 교육을 위한 것이었다면 친권남용이라고 보지 않습니다. 현저한 비행에 해당하는 경우로는 성적 품행(性的品行)이 나쁘거나, 음주·도박 등으로 인하여 자의 보호·교육에 해(害)가 되고, 자에게 불이익을 주는 경우라고 할 수 있습니다. 기타 친권을 행사시킬 수 없는 중대한 사유로는 장기간 자녀를 보호·양육하지 않고 방치한 경우나, 장기간 행방불명인 경우가 이에 해당될 수 있습니다.

친권상실선고에 있어 고려하여야 할 요소에 관한 판례를 보면, "친권은 미성년인 자의 양육과 감호 및 재산관리를 적절히 함으로써 그의 복리를 확보하도록 하기 위한 부모의 권리이자 의무의 성격을 갖는 것으로서, 민법 제924조에 의한 친권상실선고사유의 해당 여부를 판단함에 있어서도 이와 같이 친권의 목적이 결국 자녀의 복리보호에 있다는 점이 판단의 기초가 되어야 할 것이고, 따라서 설사 친권자에게 간통등 어떠한 비행이 있어 그것이 자녀들의 정서나 교육 등에 악영향을 줄 여지가 있다 하더라도 친권의 대상인 자녀의 나이나 건강상태를 비롯하여 관계인들이 처해 있는 여러 구체적 사정을 고려하여 비행을 저지른 친권자를 대신하여 다른 사람으로 하여금 친권을 행사하거나 후견을 하게 하는 것이 자녀의 복리를 위하여 보다 낫다고 인정되는 경우가 아니라면 섣불리 친권상실을 인정하여서는 안되고 자녀들의 양육과 보호에 관한 의무를 소홀히 하지 아니한 모의 간통행위로 말미암아 부가 사망하는 결과가 초래된 사실만으로써는 모에 대한 친권상실선고사유에 해당한다고 볼 수 없다.”라고 하였습니다(대법원 1993. 3. 4. 자 93스3 결정).

또한 과거에 다른 남자들과 불의의 관계를 맺은 일이 있었으나 현재는 이를 끊고 그 자녀의 감호·양육에 힘쓰고 있는 경우에는 그러한 사실만으로 현저한 비행 또는 친권남용이라 할 수 없다고 하였습니다(대법원 1959. 4. 16. 선고 4291민상659 판결).

친권상실청구의 소송을 제기한 경우 판결이 있을 때까지는 상당한 시일을 요하므로 자의 이익을 위하여 필요한 경우 법원은 신청에 의하여 친권자의 친권행사를 정지시키거나, 친권대행자를 선임하는 사전처분을 할 수 있습니다.

친권상실의 선고가 있으면, 후견이 개시되는데, 귀하의

할머니가 유일한 직계존속이거나 아니면 직계존속 중 가장 연장자라면 귀하의 법정후견인이 됩니다(민법 제932조, 제935조).

참고로 친권상실에 이르지 않은 친권남용의 경우에 관한 판례를 보면, "친권자인 모(모)가 미성년자인 자(자)의 법정대리인으로서 자의 유일한 재산을 아무런 대가도 받지 않고 증여하였고 상대방이 그 사실을 알고 있었던 경우, 그 증여행위는 친권의 남용에 의한 것이므로 그 효과는 자에게 미치지 않고, 이러한 경우, 친권자의 법정대리권의 남용으로 인한 법률행위의 효과가 미성년인 자(자)에게 미치지 아니한다고 하여 그 친권자의 친권이 상실되어야 하는 것은 아니며, 친권자가 자의 법정대리인으로서 소송대리인을 선임하여 그 증여에 기하여 이루어진 소유권이전등기의 말소를 구하는 소를 제기하였다고 하여 이를 금반언의 원칙에 어긋난 것으로 볼 수도 없다."라고 한 바 있습니다(대법원 1997. 1. 24. 선고 96다43928 판결).

친권행사자인 부(父) 사망시 재혼한 모(母)가 친권행사자로 되는가?

키포인트 을녀가 수령하여야 합니다.

이렇게 ➡ 미성년자인 자는 부모의 친권에 복종하여야 하며, 부모가 이혼한 경우에는 부모의 협의로 친권을 행사할 자를 정하고, 협의할 수 없거나 협의가 이루어지지 아니하는 경우에는 당사자의 청구에 의하여 가정법원이 이를 정하고, 친권자를 변경할 필요가 있는 경우에도 당사자의 청구에 의하여 가정법원이 이를 정하게 됩니다(민법 제909조). 그리고 친권을 행사하는 부 또는 모는 미성년자인 자의 법정대리인이 됩니다(민법 제911조).

그런데 위 사안의 경우 갑남과 을녀가 이혼하면서 갑남이 미성년자인 병의 친권을 행사하기로 합의하여 갑남을 병의 친권행사자로 지정하는 친권행사자지정은 친권을 창설하거나 소멸시키는 것이 아니라 친권행사자로 지정되지 아니한 자는 친권자임에도 변함이 없지만 친권행사가 잠재적으로 정지되고, 친권행사자로 지정된 자가 단독으로 친권을 행사하는 것을 정함에 그치는 것이고 사정변경이 있을 경우에는 친권행사자를 변경할 수도 있는 것입니다.

따라서 친권행사자인 갑남이 사망한 경우 재혼한 을녀가 병에 대한 정지된 친권을 곧바로 행사할 수 있을 것인지 문제되는데, 친권행사자가 친권을 행사할 수 없는 경우의 처리에 관한 예규를 보면, "친권행사자로 지정된 자가 사망·실종선고·대리권과 관리권의 상실(사퇴)로 인하여 친권을 행사할 수 없는 경우에도 다른 부 또는 모가 있는 때에는 후견이 개시되지 않으므로 후견개시신고를 할 수 없다."라고 하고 있으며(1991. 5. 1. 호적예규 제449-1호), 또한 "미성년자의 부(父)가 사망한 때에는 그에 대한 친권은 그의 생모(이혼, 친가복적, 재혼여부를 불문함)가 행사하게 되는 것이다."라고 하고 있습니다(1992. 9. 29. 법정 제1671호, 1993. 9. 8. 법정 제1779호).

그리고 하급심판례도 "협의이혼시 부모의 일방이 친권을 행사할 자로 지정된 경우, 다른 일방이 가졌던 친권은 그 행사가 정지될 뿐이고 친권자로 지정되었던 일방이 친권을 행사할 수 없게 되면 정지되었던 타방의 친권행사가 당연히 부활된다."라고 하였습니다(서울지법 1994. 5. 10. 선고 93가합81276 판결).

따라서 위 사안의 경우 갑남의 손해배상금(위자료 포함) 및 병녀의 위자료 을녀가 친권상실 또는 재산관리권의 상실사유가 없다면 미성년자 병의 법정대리인으로서 을녀가 수령하여야 할 것이고, 다만 갑남의 부모의 고유의 위자료는 그 부모가 수령하여야 할 것입니다.

미성년인 자와 함께 상속받은 재산은 모(母)명의로 할 수 있는지?

이럴땐 ➡ 저는 미성년자인 자녀 갑·을과 함께 남편인 망 병의 공동상속자이자 갑·을의 친권자입니다. 제가 자녀들과 함께 상속받은 남편 명의의 사업체를 저의 단독명의로 변경하려고 하는데, 이 경우 저의 친권행사에 제한이 있는지요?

키포인트 제한이 있습니다.

이렇게 ➡ 법정대리인인 친권자와 그 자(子)와의 사이에 이해 상반되는 행위를 함에는 친권자는 법원에 그 자의 특별대리인의 선임을 청구하여야 합니다(민법 제921조 제1항).

위 사안과 관련된 판례를 보면, "민법 제921조의 이해상반행위란 행위의 객관적 성질상 친권자와 그 자 사이 또는 친권에 복종하는 수인의 자 사이에 이해의 대립이 생길 우려가 있는 행위를 가리키는 것으로서 친권자의 의도나 그 행위의 결과 실제로 이해의 대립이 생겼는가의 여부는 묻지 아니하는 것 이라 할 것인바 공동상속재산분할협의는 그 행위의 객관적 성질상 상속인 상호간에 이해의 대립이 생길 우려가 있는 행위라고 할 것이므로 공동상속인인 친권자와 미성년인 수인의 자 사이에 상속재산분할협의를 하게 되는 경우에는 미성년자 각자마다 특별대리인을 선임하여 그 각 특별대리인이 각 미성년자인 자를 대리하여 상속재산분할의 협의를 하여야 하고 만약 친권자가 수인의 미성년자의 법정대리인으로서 상속재산분할협의를 한 것이라면 이는 민법 제921조에 위반된 것으로서 이러한 대리행위에 의하여 성립된 상속재산분할협의는 피대리자 전원에 의한 추인(追認)이 없는 한 무효이다."라고 하였습니다(대법원 1993. 4. 13. 선고 92다54524 판결, 2001. 6. 29. 선고 201다28299 판결).

그런데 귀하가 상속재산인 사업체를 귀하의 명의로 변경할 경우는 갑과 을도 귀하와 공동으로 상속재산인 사업체에 상속지분을 가지고 있으므로, 상호간에 이익이 상반되는 것에 해당되어 귀하는 가정법원에 갑과 을의 각 특별대리인선임을 청구하여 그들로 하여금 위와 같은 명의변경에 동의하도록 하여야 할 것입니다.

친권자의 대리권이 제한되는 이해상반행위로 보는 경우를 예시하면 ① 친권자가 자기의 채무에 관하여 자(子)를 대리하여 중첩적 채무인수를 한 행위, ② 친권자의 채무에 관하여 미성년자인 자를 연대채무자로 한 경우, ③ 친권자가 자기의 채무를 위하여 미성년자인 자의 부동산을 담보에 제공한 행위, ④ 친권자가 자기의 채무를 자에게 전가하기 위하여 자를 대리하여 한 경개계약(更改契約), ⑤ 합명회사 사원이 자기의 친권에 복종하는 미성년자인 자를 그 회사에 새로 입사시키는 행위 등입니다.

그리고 친권자와 1인의 미성년자인 자가 공동상속인이

되는 경우의 상속재산분할협의의 경우에도 역시 그 자의 특별대리인을 선임하여 상속재산분할협의를 하여야 할 것이지만(대법원 1993. 3. 9. 선고 92다18481 판결), 친권자는 상속인이 아니고 성년인 자와 미성년인 자가 공동상속인인 경우(이혼한 처가 친권자인 경우 등)에 성년인 자와 미성년인 자 사이의 이해가 상반되는 행위를 친권자가 하는 것은 이해상반행위에 해당하지 않습니다(대법원 1989. 9. 12. 선고 88다카28044 판결).

참고로 특별대리인선임과 관련된 판례를 보면, "민법 제921조의 특별대리인 제도는 친권자와 그 친권에 복종하는 자 사이 또는 친권에 복종하는 자들 사이에 서로 이해가 충돌하는 경우에는 친권자에게 친권의 공정한 행사를 기대하기 어려우므로, 친권자의 대리권 및 동의권을 제한하여 법원이 선임한 특별대리인으로 하여금 이들 권리를 행사하게 함으로써 친권의 남용을 방지하고 미성년인 자의 이익을 보호하려는 데 그 취지가 있으므로, 특별대리인은 이해가 상반되는 특정의 법률행위에 관하여 개별적으로 선임되어야 하는바, 따라서 특별대리인선임신청서에는 선임되는 특별대리인이 처리할 법률행위를 특정하여 적시하여야 하고, 법원도 그 선임 심판시에 특별대리인이 처리할 법률행위를 특정하여 이를 심판의 주문에 표시하는 것이 원칙이며, 특별대리인에게 미성년자가 하여야 할 법률행위를 무엇이든지 처리할 수 있도록 포괄적으로 권한을 수여하는 심판을 할 수는 없다 할 것이고, 그러므로 법원이 특별대리인 선임심판을 함에 있어서 그 주문에 특별대리인이 처리할 법률행위를 적시하지 아니한 채 단지 특정인을 미성년자를 위한 특별대리인으로 선임한다는 내용만 기재하는 것은 바람직하지 아니한 것이나, 이러한 내용의 심판이 있는 경우에도 그 특별대리인의 권한은 그 사건 선임신청서에서 신청의 원인으로 적시한 특정의 법률행위에 한정되는 것이며 그 밖의 다른 법률행위에 대하여는 그 처리 권한이 없다.”라고 하였습니다(대법원 1996. 4. 9. 선고 96다1139 판결).

부록편

1. 가정법원과 가사 조정에 관하여

2. 가정폭력에 관하여

부록1. 가정법원과 가사조정에 관하여

1. 가정법원

(1) 가정법원의 설치와 조직

·가정법원의 설치와 조직

가사사건의 제1심 재판을 전담할 법원이 가정법원입니다. 그 밖에 가정법원 단독판사의 제1심 재판에 대한 제2심 재판 역시 가정법원이 전담하며, 가정법원 합의부 제1심 재판에 대한 제2심 재판은 고등법원이 전담하고, 모든 가사사건에 대한 제3심 재판은 최고법원인 대법원이 전담합니다.

가족간의 분쟁사건인 가사사건은 법원의 적극적인 후견기능을 필요로 하므로 이에 부응하고 전문성을 살리기 위하여 각 지방법원에 대응하여 1개씩의 가정법원을 설치할 예정이었으나 현재는 서울가정법원하나만이 설치되어 있을 뿐입니다.

가정법원 및 가정법원지원이 설치되지않은 지역에 있어서는 가정법원에 속하는 사항은 해당 지방법원 및 지방법원지원에서 위의 업무를 담당합니다.

가정법원이 담당할 재판사무로는 가사소송법에 의한 가사사건, 가족관계등록사무의 감독 및 가사비송사건, 소년법에 의한 소년보호사건, 기타 다른 법률에 의하여 가정법원의 권한에 속하게 한 사항들을 담당하고 있습니다.

> ## ■ 가사 조정신청 안내 ■
>
> 나류(이혼) 및 다류(위자료) 가사소송과 마류(재산분할 청구, 양육에 관한 처분 등) 가사비송사건에 대하여 가정법원에 소를 제기하거나 심판을 청구하고자 하는 당사자는 먼저 조정으로 신청하여야 합니다.
>
> 이러한 사건에 관하여 조정으로 신청하지 아니하고 소를 제기하거나 심판으로 청구한 때에는 가정법원은 그 사건을 필요적으로 조정에 회부하게 되므로 참고하시기 바랍니다.
>
> 다만, 공시송달에 의하지 아니하고는 당사자의 일방 또는 쌍방을 소환할 수 없는 경우에만 그러하지 아니하게 됩니다.

2. 가사 조정신청 안내

(1) 가사조정제도

가. 가사조정제도의 의미와 장점

1) 가사조정제도에 대한 이해

가사조정(家事調停)이란 가사사건의 분쟁에 관하여 법관 또는 법원에 설치된 조정위원회가 가사소송법 및 민사조정법에서 정한 간이한 절차에 따라 가족 및 친족간의 가족법상의 분쟁이나 기타 민사상의 분쟁에 대하여 조정을 행하는 절차를 말합니다.

사건해결을 위하여 조정담당기관에서는 분쟁당사자들로부터 직접적인 진술을 듣고 자료와 증거를 검토한 후 여러 사정을 고려하여 그들에게 서로 양보

하고 타협하여 원만한 합의를 유도함으로써 분쟁을 평화적으로 종국적으로 해결하고자 노력하게 됩니다.

가사소송법에 의하면 나류 및 다류 가사소송사건과 마류 가사비송사건에 대하여 소를 제기하고자 심판을 청구하고자 하는 자는 먼저 조정을 신청하여야 하고(동법 제50조 제1항) 만일 이러한 조정을 신청하지 아니하고 소를 제기하거나 심판을 청구한 때에는 가정법원은 그 사건을 조정에 회부하는 것이 원칙입니다(동조 제2항 본문). 이것을 조정전치주의(調停前置主義)라고 합니다.

2) 가사조정제도활용의 이점

① 가사분쟁은 본질적으로 분쟁당사자 사이에서 자주적으로 원만한 합의에 의하여 이를 해결하는 것이 제일 바람직한 것인데, 가사조정제도야말로 이러한 가사분쟁해결에 가장 적합한 제도로서 현재 가정법원제도의 운영에 있어서 제일 주안을 두어야 할 분야중 하나입니다.

② 조정절차는 재판절차와 같은 엄격함이 없어 비교적 융통성이 있고 증거조사, 기타 절차상의 비용을 절약할 수 있는 이점이 있습니다. 일단 조정이 성립하게 되면 그 조정안은 확정판결과 같은 효력이 있는 재판상 화해가 이루어진 것으로 취급되기 때문에 상소과정을 거치면서 드는 시간, 비용, 노력의 절약도 할 수 있습니다.

③ 일반법정에 비하여 보다 자유로운 분위기가 보

장되고, 비공개로 열리는 조정실에서 시간적 여
유를 가지고 자신의 의견을 충분히 개진할 수
있습니다. 또 조정기일 이전에도 가사조사관에
의하여 당사자의 학력, 경력, 생활상태와 성격,
건강 및 가정환경, 분쟁의 원인 등에 대하여 매
우 소상한 조사가 이루어져 이에 기초하여 올
바른 타협안이 마련될 여지가 매우 크다. 더 나
아가 사회 각계의 전문가가 조정위원으로 분쟁
해결에 참여함으로써 그들의 전문적 지식이 사
법절차에 널리 응용, 반영된다는 점에서 당사자
의 분쟁에 대한 타당한 분쟁해결책이 강구될
수 있습니다.

④ 그 결과 의무를 부담한 당사자 입장에서도 스
스로 자신의 의무를 이행하는 분위기가 조정안
성립 시점에서부터 이루어져 실제 이행을 확보
하는 데에도 유리한 것입니다.

나. 특히 가사조정제도가 활용될 여지가 있는 경우

1) 파탄에 직면하였으나 부부관계의 정상화를 바
라는 부부

이혼에 직면하여 가정법원의 문을 두드리는 부부
중에는 종종 그들 부부 사이에 문제를 그 이전에 제
대로 반성하고 다른 사람과 상의할 여유를 갖지 못
한 채 이를 곪을 대로 곪게 방치하여 두어버린 결과
부득이 이혼에 이르게 되는 일을 자주 볼 수가 있습
니다.

재판의 진행 결과 대부분 이런 부부들은 결국 이혼하는 쪽으로 결론이 나는 것이 일반적입니다. 그러나 그들 부부의 불행을 바라보면서 안타까운 일이 한두 가지가 아닙니다. 그들이 자신들의 불화를 그토록 방치할 것이 아니라 권위있는 제3자 또는 제3의 기관의 도움을 통하여 한 번쯤 부부관계의 정상화를 위하여 노력해 보았으면 어떻게 되었을까 궁금합니다.

가정법원에서 이처럼 완전히 파탄에 처한 부부관계를 정상화시키는 것은 매우 어려운 일입니다. 쌍방당사자 또는 적어도 한쪽 당사자는 이미 마음이 돌아서서 완강하게 이혼할 것을 요구하고 있기 때문입니다. 만일 이처럼 완전히 파탄만 되지 않았으면, 그리고 쌍방당사자가 어느 정도 재결합의 희미한 일만의 의사라도 남아 있는 경우라면 바로 여기에 법원의 조정제도가 활용될 수 있는 여지가 있게 되는 것입니다.

부부불화가 있는 경우에는 물론 스스로의 힘으로 이것을 해결할 수 있으면 별문제일 것이고, 만일 자신들과 주위 사람들의 노력만으로는 도저히 문제를 해결해 볼 수 있는 길이 없다고 판단되면 가정법원에 '부부동거, 부부간의 협조 부양조정신청'을 내는 것도 매우 유용할 일이 될 것입니다.

이러한 조정신청이 있으면, 가정법원은 관련 전문가와 제반 제도운영상의 경험을 동원하여 불화가 있는 부부에게 여러 가지 화합안을 제시하고 그들이 원만한 부부관계로 회복이 될 때까지 그 화합안의 이행상황을 점검해 줄 것입니다.

그간 일반인에 대한 홍보의 부족으로 가사조정제도의 장점과 의미가 일반에 그리 알려져 있지 않습니다. 그러나 최근 법원의 적극적인 홍보와 계몽을 통하여 이 제도의 장점이 점차 알려지게 된것은 그나마 다행으로 생각합니다.

아직도 가정법원에서는 이혼을 성사시켜 주는 곳으로만 인식되고 있는 것이 일반인의 상식일 터이나 이러한 이혼에 앞서 부부 사이의 분쟁이라고 하는 신분적인 질병을 치료받는 곳이 바로 가정법원이라는 점을 인식시키는데 본서의 편집방향이 있음을 이 책의 독자들도 충분히 알았으면 하는 마음입니다.

2) 이혼에 합의는 보았는데, 이혼에 부수한 제반 문제도 아울러 해결해두고 싶은 부부

이혼에 당면한 부부의 불행은 비단 이혼을 하는 것만으로 끝나는 것은 아닙니다. 이제 불행의 시작이라고 보아도 과언은 아닐 것입니다. 생각해 보면, 이혼부부 사이에 출생한 자녀들의 문제는 어떻게 할 것인가?

위자료를 주기도 했고, 그와 함께 매월 양육비도 주기도 했는데, 이혼을 하고 나더니 아무런 생계대책도 마련해 주지 않을뿐더러 주기로 약속한 돈까지 차일피일 시간만 미루면서 주지 않는다면 어떻게 할 것인가?

이혼으로 더 이상 꼴도 보기 싫은 사람을 만나지

않아도 되겠지 하고 속시원해 하였는데 자녀문제로, 돈문제로 또 그 사람을 만나서 싸워야 할 것을 생각하면 참으로 가슴 답답한 일이 아닙니까?

서둘러 덜컹 이혼부터 해 둔 부부 중에는 종종 이런 문제로 골머리를 썩이는 경우를 볼 수가 있습니다. 어렵게 이혼재판을 하였거나 또는 가기 싫다는 사람을 겨우 설득하여 협의이혼부터 해 둔 사람이라면 한 번 쯤은 생각할 문제이지요

이제 이들 부부는 다시 법정에서 만나 양육비, 위자료, 재산분할 등의 문제를 놓고 제2라운드, 제3라운드의 혈투를 벌이게 됩니다.

그 뿐인가, 이런 소송 진행과정에서 누가 고소를 하고 상대방측에서는 이를 반박하면서 무고 고소를 하기도 한다. 상대방 배우자 명의로 되어 있는 재산에 대하여 가정법원에 재산분할을 청구하는 이외에 민사법원에 명의신탁물 반환청구소송도 걸게 됩니다.

이런 정도가 되면 그야말로 분쟁은 꼬리를 물고 줄이어 나타나 아무런 보람도, 이익도 없이 오직 송사에만 집착하는 소송광으로 전락해 버리게 될 것이고 오직 자신에게 남는 것은 쌓여가는 소송비용지출명세서일 뿐입니다. 누가 이런 상황을 예상이라도 하겠습니까? 그러나 유감스럽게도 가정법원의 주변에는 이러한 사례가 자주 나타나고 있습니다.

이혼은 불행한 일이지만 그래도 더 이상의 불행에 빠지지 않기 위하여 그리고 나아가 미래의 행복을

위하여 하는 이혼이라면, 역설적으로 들릴지 모르겠지만 그 이혼은 결혼을 할 때에 버금갈 정도로 행복하고 축복된 이혼이 되어야 할 것입니다. 그리고 상대방의 행복 역시 내심으로 기원해 줄 정도는 되어야 할 것입니다.

이런 축복된 이혼을 위하여는 이혼을 하는 시점에서 더 이상 미래의 분쟁소지를 만들어 놓지 않는 것이 선결과제입니다. 줄 것이 있으면 주고, 받을 것이 있으면 받아 두고, 정리해 둘 것이 있으면 문서라도 만들어 명확히 해 둔 다음에 이혼을 할 일이지요.

그러나 대부분의 경우에 이처럼 모든 문제를 다 해결하고 이혼할 수 없는 것이 일반적일 것이다. 그러므로 종종 당사자들이 생각하는 것 중에는 이혼조건을 문서로 만들고 이를 공증 받고자 하는 것입니다. 그러나 이러한 공증문서 자체로는 아무런 강제력이 없다는 것을 알아야 합니다. 훗날 의무 있는 자가 그 공증된 문서상의 의무를 이행하지 않으면 결국 소송을 통하여 재판을 받은 다음 그 재판서를 가지고 강제집행을 할 수 밖에는 없습니다.

이 때 공증문서는 그 소송상의 증거자료 정도의 의미가 있는데, 다만, 공증을 받아 둔 효력에 의하여 그 합의서가 위조되지는 않았을 것이라는 정도의 추정을 받게 될 뿐입니다. 그렇다면 비싼 돈을 들여 공증을 받을 것이 아니라 당사자가 스스로 자필로 서명한 다음 인감도장을 찍고 그 합의서에 합의용 인감증명서를 첨부하는 것 정도로도 마찬가지의 효과를 얻을 수 있을 것입니다.

이런 경우엔 가사조정제도는 매우 유용하게 활용될 수 있습니다.

이혼에는 합의하였으나 아직 부수적인 이혼조건, 즉 위자료의 액수나 양육비의 액수 등에 의견이 대립이 있거나 이러한 부수조건까지 합의가 이루어졌을 경우에 훗날의 분쟁에 대비하여 이 문제를 확실히 해 두고자 하는 사람이 있다면 이 제도는 편리한 점이 한두 가지가 아닐 것입니다.

가정법원의 경우 내규에 의하여 즉일조정제도가 마련되어 있으므로 이때 이혼조정신청과 더불어 부수조건에 대한 조정신청을 동시에 하면서(수수료는 5,000원이다. 다만, 전형적인 민사사건이 병합되어 있는 경우에는 그 민사사건의 수수료의 액수의 5분의 1과 5,000원을 비교하여 많은 액수의 수수료를 내면 됨) 쌍방당사자가 그 날 법원에 출석하여 조정을 해 줄 것을 요청하면 그 날로 조정당직판사가 조정안을 성안하여 쌍방이 동의를 한다면 이혼 및 기타 사항에 대한 조정이 성립된 것을 선언해 줍니다. 며칠 후에 집으로 그 조정조서가 송달이 되면 그 조정조서를 가지고 등록기준지 등의 등록사무관서에다 혼인신고를 하면 됩니다.

한편 조정조항 중에 이혼에 부수한 제반 조건에 관한 조항(예컨대, 위자료 재산분할, 친권행사자, 양육자지정, 부동산명의이전조항 등)에 대하여서는 확정판결을 받은 것과 동일한 효력이 있게 되므로 만

일 타방이 의무이행을 하지 않으면 막바로 그 조정
조서에 터잡아 강제집행, 기타 의무이행을 청구할 수
있게 됩니다. 이러한 제도를 활용하면 법원에 한 번
출석한 것만으로 이미 재판을 받아 둔 결과가 되어
시간과 비용, 노력이 소모되어 번거롭기 짝이 없는
재판절차를 생략할 수 있다는 엄청난 이점을 활용할
수 있는 것입니다.

가정법원의 실무례를 보면 협의이혼당직판사가 즉
일조정당직판사의 직책을 겸하게 됩니다. 협의이혼의
사확인과정에서 당사자의 의사를 타진하여 쌍방이
즉일 조정을 원할 경우에는 그 협의이혼의사확인절
차를 바로 중단하고 새로이 조정절차를 개시하여 원
하는 조정안을 마련해 주고 있습니다.

3. 조정절차

(1) 관할법원

가사조정사건은 그에 상응하는 가사소송사건이나 가사
비송사건을 관할하는 법원에 신청하여야 하는데, 그 구체
적인 관할법원은 개별적으로 설명하는 부분에서 참조하
기 바랍니다. 그 이외에 가사조정사건에 대하여는 당사자
가 합의로 정한 가정법원(가정법원이 없는 지역에서는 지
방법원 또는 지방법원지원)에도 신청할 수 있는데, 이는
조정제도를 이용하는 당사자의 편의를 위한 것임은 두말
할 나위도 없습니다.

(2) 조정신청의 방법

조정의 신청은 조정신청서라는 서면을 작성하여 관할 법원에 제출하면 된다. 그런데 이러한 조정신청서를 작성할 자신이 없는 경우에는 법원에 직접 출석하여 법원사무관 등에게 구도로 신청을 하면 그 직원이 신청서에 적정하게 조정신청서를 작성함으로써 그 신청서 작성에 대신할 수 있습니다. 또 이미 재판이 진행중인 사건이라도 법정에서 법관에게 조정의 의사를 밝히면 특별한 사정이 없는 한 사건을 조정에 회부하고 있습니다.

조정신청서에는 신청인과 피신청인이 성명과 생년월일, 등록기준지, 주소 등을 명백히 기재하여야 하며, 특히 피신청인의 주소를 정확히 적어주어야 나중에 그에 대한 조정기일소환장 등의 서류가 제대로 송달될 수 있습니다.

신청서에는 소정의 수수료 상당의 인지를 첨부하여야 하는데, 그 수수료는 사건내용에 관계없이 일률적으로 5천원이며, 다만 민사사건의 청구를 병합하여 신청하는 경우에는 그 민사상의 청구에 대하여 민사소송등인지법 제2조의 규정에 따라 산출된 액의 1/5과 위 5천원 중 많은 액수가 그 수수료로 된다. 또 위 인지대 이외에 드는 비용으로서는 조사기일소환장과 조정기일소환장 및 조정조서정본 송부를 위하여 통상 24,000원의 송달료를 납부하여야 합니다. 납부한 송달료 중 절차 종료 후 남은 부분은 반환됩니다.

(3) 조정기관

가사조정은 한 사람의 판시만으로 구성되는 조정담당판사가 1차적인 조정기관이 되어 조정을 하도록 하고 있습니다. 조정담당판사의 절차진행으로 상당하지 않다고 판단되면 그 조정사건은 조정위원회로 회부되어 진행되

는데 조정위원회는 법관인 조정장 1인과 학식, 덕망이 있
는 사람 중에 위촉된 2인의 조정위원으로 구성됩니다.

(4) 조정절차의 진행

조정을 하기에 앞서 사건의 진상을 명확히 파악하기 위
하여 특별한 사정이 없는 한 조정장 또는 조정담당판사는
가정법원에 소속되니 가사조사관으로 하여금 당사자를
출석시켜 학력, 경력, 생활상태, 재산상태, 성격, 건강 및
가정환경과 분쟁의 원인 등 조정을 위한 진술을 청취하게
합니다. 그리고 그 내용은 가사조정관이 직접 작성한 조
사보고서에 기록되어 조정기관에게 통보되는 것입니다.

조사가 완결되면 조정장 등은 조정기일을 정하여 통지
하게 되는데, 조정기일에 원칙적으로 본인이 직접 출석하
여야 하는 의무를 부담하게 됩니다.

소환을 받은 당사자가 조정기일에 출석하지 아니하는
경우에는 50만원 이하의 과태료의 처분을 받거나 구인될
수도 있습니다. 본인이 직접 출석하기 어려운 사정이 있
는 때에는 조정장이나 조정담당판사의 허가를 받아 대리
인을 출석하게 할 수도 있고, 절차진행을 도울 보조인을
동반할 수도 있습니다.

이때 대리인이나 보조인은 원칙적으로 변호사이어야
하며, 변호사 아닌 사람이 대리인이나 보조인이 되기 위
하여는 다시 별도로 미리 조정장이나 조정담당판사의 허
가를 받아야 합니다.

조정절차는 비공개로 진행되며 당사자들이 조정기일에
출석하여 조정절차가 진행되면 조정장이나 조정담당판사
가 이끄는 바에 따라 신청인이 먼저 주장사실의 내용을
진술하고, 피신청인은 이에 대한 타당성여부에 관하여 의

견을 명백히 표현하여야 합니다. 이 경우 당사자들은 될 수 있는 대로 격한 감정을 버리고 조리 있고 차분하게 각자의 주장을 할 뿐만 아니라, 상대방의 주장을 끝까지 잘 듣고 그 내용을 선의로 해석하는 아량을 지녀야 할 것입니다.

(5) 조정결정의 종류

① 조정성립 : 당사자 사이에 조정과정에서 합의가 이루어진 경우에는 조정기관이 이를 확인, 공증하는 의미에서 위 합의된 사항을 조정조서에 기재함으로써 조정은 성립됩니다.

② 조정을 하지 않은 경우 : 조정위원회나 조정담당판사는 조정신청된 사건이 성질상 조정을 함에 적당하지 아니하다고 인정하거나 당사자가 부당한 목적으로 조정의 신청을 한 것임을 인정하는 때에는 조정을 하지 아니하는 결정으로 사건을 종결시킵니다.

③ 조정불성립 : 당사자 사이에 합의가 성립된 가능성이 없거나 성립된 합의의 내용이 상당하지 않다고 인정하는 때에는 조정기관은 조정이 성립되지 아니한 것으로 사건을 종결시킬 수 있습니다.

④ 강제조정 : 합의가 성립될 가능성이 없어 조정이 성립되지 아니한 사건에 관하여도 조정담당판사, 조정장이 상당하다고 인정하는 때에는 직권으로 당사자의 이익, 기타 모든 사정을 참작하여 신청인의 신청취지에 반하지 아니하는 한도 내에서 사건의 공평한 해결을 위하여 특별한 사정이 없는 한 조정에 갈음하는 결정(강제조정)을 하도록 하고 있습니다.

강제조정결정도 당사자가 이에 불복하지 아니하고

확정되면 조정이 성립된 것과 같은 효력이 있다. 강제조정에 불복하는 당사자는 조정조서정본이 송달된 날로부터 2주일 이내에 이의를 신청하여 다툴 수 있고, 이때 이의신청으로 강제조정결정은 그 효력을 상실합니다.

⑤ 소송이행 : 조정절차를 진행한 결과 조정이 성립되지도 아니하고, 조정에 갈음하는 결정이 없거나 조정을 하지 아니하기로 하는 결정이 있을 때에는, 신청인은 조서등본이 송달된 날로부터 2주일 이내에 조정의 목적인 청구에 관하여 재소신청이나 심판에의 이행신청을 할 수 있습니다. 그리고 조정을 거치지 아니하고 제기되었던 소송이나 심판청구에 대하여는 이 경우에 조정기관이 직권으로 사건을 다시 수소법원에 회부하게 됩니다. 또한 강제조정결정이 이의신청에 의하여 효력을 상실한 때에는, 신청에 의한 조정의 경우 신청인은 상대방의 이의신청이 있다는 통지를 받은 날로부터 2주일 이내에 재소신청이나 심판에의 이행청구를 할 수 있고, 직권회부에 의한 조정의 경우에는 조정기관이 직권으로 사건을 수소법원에 회부하며, 위의 경우 강제조정결정에 대하여 신청인이 이의신청을 한 경우에는 이의신청시로부터 2주일 이내에 제소신청 등을 하여야 한다.

4. 조정의 효과

조정은 당사자 사이에 합의된 사항을 조서에 기재함으로써 성립하고(가사소송법 제59조 제1항), 조정 또는 확정된 조정에 갈음하는 결정은 재판상 화해와 동일한 효력이 있습니다(동조 제2항 본문). 한편 재판상 화해는 확정판결과 동일한 효력이 있으므로(민사소송법 제206조) 결국 이러한 조정은 재판과정을 거쳐 최종적으로 확정된 판결과 같은 효력이 있게 되는 것입니다. 따라서 이러한 조정조서 또는 확정된 강제조정결정에 대하여는 준재심 등의 사유가 있는 경우를 제외하고는 상소 등 불복을 할 수 없게 될 것입니다.

5. 가사조정 신청의 대상이 되는 사건

이혼, 위자료, 재산분할, 친권행사자 및 양육자, 양육비, 면접교섭권 등은 당연히 조정의 대상이 됩니다. 그러나 그 외에도 가사조정의 대상이 되는 사건은 많습니다. 이를 구체적으로 살펴보면 다음과 같습니다.

(1) 가사소송법상의 나류 가사소송사건

① 사실상 혼인관계존부확인
② 혼인의 취소
③ 이혼의 취소
④ 재판상 이혼
⑤ 부의 결정
⑥ 친생부인
⑦ 인지의 취소
⑧ 인지에 대한 이의
⑨ 인지청구
⑩ 입양의 취소

⑪ 파양의 취소

⑫ 재판상 파양

⑬ 친양자 입양의 취소

⑭ 친양자의 파양

(2) 가사소송법상 다류 가사소송사건

① 약혼해제 또는 사실혼관계부당파기로 인한 손해배상청구(제3자에 대한 청구도 포함) 및 원상회복의 청구

② 혼인의 무효, 취소, 이혼의 무효, 취소 또는 이혼을 원인으로 하는 손해배상청구(제3자에 대한 청구 포함) 및 원상회복청구

③ 입양의 무효, 취소, 파양의 무효, 취소 또는 파양을 원인으로 하는 손해배상청구(제3자에 대한 청구 포함) 및 원상회복의 청구

(3) 가사소송법상 마류 비송사건

① 부부의 동거, 부양, 협조 또는 생활비용의 부담에 관한 처분

② 재산관리자의 변경 또는 공유물의 분할을 위한 처분

③ 자의 양육에 관한 처분과 그 변경, 면접교섭권의 제한 또는 배제

④ 재산분할에 관한 처분

⑤ 친권행사자의 지정과 변경

⑥ 친권, 법률행위대리권, 재산관리권의 상실선고 및 실권회복의 선고

⑦ 친족회의 결의에 대한 이의

⑧ 부양에 관한 처분

⑨ 상속재산에 대한 기여분의 결정

⑩ 상속재산의 분할에 관한 처분

(4) 관련민사사건

당사자 사이의 분쟁을 일시에 해결함에 필요한 때에는, 당사자는 조정위원회 또는 조정담당판사의 허가를 받아 조정의 대상인 가사사건의 청구와 관련 있는 민사사건의 청구도 병합하여 조정신청을 할 수 있습니다.

부록2. 가정폭력에 대하여

1. 가정폭력의 정의

(1) 가정폭력의 정의

① 가정구성원간의 폭력을 '가정폭력'이라고 합니다.

② 가정폭력을 가한 가해자는 사건의 성질이나 동기 및 결과, 행위자의 성행 등을 고려하여, 검찰에서 용서를 받거나(기소유예), 가정법원에서 '가정폭력방지법'에 의한 '보호처분'을 받거나, 형사법원에서 일반 형법이나 특별법에 의한 징역형이나 벌금형 등에 처해질 수 있습니다.

③ 가정폭력 가해자를 용서할지, 가정폭력방지법에 의한 보호사건으로 처리할지, 일반 형법 등에 의하여 처리할지 여부는 검사가 판단하며, '가정폭력방지법에 의해 처리되는 경우,' '검찰단계에서 용서하거나 벌금형에 처해지는 경우', '일반 형법에 기해 형사법원에서 처리되는 경우' 등의 비율로 처리되고 있는 것이 최근까지의 통계입니다.

(2) 1998. 7. 1.부터 시행되고 있는 '가정폭력방지법'이란

'가정폭력범죄의 처벌 등에 관한 특례법'과 '가정폭력방지 및 피해자 보호 등에 관한 법률'을 의미하며, 이하에서는 가정폭력범죄의 처벌 등에 관한 특례법(이하 '위 법'이라고만 한다)을 중심으로 살펴보기로 하겠습니다.

(3) ´가정폭력´이란

'가정구성원 사이의 신체적, 정신적 또는 재산상의 피해를 수반하는 행위'로서, 여기서 말하는 '가정구성원'이란 아래와 같습니다(위 법 제2조 1호, 제2호).

① 현재 또는 과거의 배우자 : 현재 법률상이건 사실혼 관계이건 부부인 자, 과거 법률상 혹은 사실상 부부 관계였지만 현재는 이혼하거나 헤어져서 남남인 자들을 모두 포함함.

② 현재 또는 과거의 자기 또는 배우자의 직계존비속관계 : 현재 및 과거의 법률상, 사실상의 시부모, 장인 장모, 자녀나 손자손녀 등의 관계에 있거나 있었던 모든 자

③ 현재 또는 과거의 계부모와 자, 적모서자 관계

④ 동거하는 친족관계에 있던 자

(4) ´가정폭력´이란

형법 제2편에 규정된 29가지의 범죄와 아동복지법상의 금지행위(아동에게 구걸시키거나 아동을 이용한 구걸행위)를 위반한 범죄 및 이들죄의 상습범 등에 대하여 가중처벌하는 폭력행위등처벌에관한법률상의 21가지 범죄를 말합니다(위 법 제2조 제3호).

(5) 신고와 고소

① 가정폭력범죄의 신고는 피해자 본인은 물론 누구든지 할 수 있습니다.

② 교육기관, 의료기관, 상담기간, 보호시설, 복지시설의 장이나 종사자는 가정폭력범죄를 알게된 이상 이를 신고할 의무가 있습니다.

③ 일반 형법상의 범죄와는 달리, 자기 또는 배우자의
   직계존속(시부모, 장인 장모 등)도 이 법에 의해서
   고소할 수 있습니다.

④ 신고는 112, 1366, 가까운 지구대나 경찰서 등 수사
   기관에 할 수 있고, 상대방의 주소지를 관할하는 수
   사기관이나 가정폭력이 이루어진 곳을 관할하는 수
   사기관에 고소를 하면 됩니다.

⑤ 가정폭력으로 형사고소를 하기 전, 혹은 고소를 한
   후에는 여성단체나 법률상담소 혹은 법률전문가와
   의 상담을 통하여 필요한 서류나 앞으로의 처리방
   향, 대응할 자세 등에 대하여 사전지식을 알아두는
   것이 필요합니다.

⑥ 가정폭력으로 고소장을 작성할 때는, 최근의 가정폭
   력 뿐 아니라 그 전에 있었던 가정폭력이나 혹은 피
   해자와 가해자와의 관계 등에 대하여 고소장에 자
   세히 언급함으로써(예컨대 이혼소송 중이면 이러한
   내용이 자세히 언급되어 있는 이혼소장을 첨부하는
   것도 하나의 방법임) 이번의 폭력이 우발적이거나
   일회적이 아님을 강조할 필요가 있고, 상해진단서나
   소견서, 멍들거나 다친 부위의 사진 등을 고소장에
   첨부하여야 합니다.

⑦ 현재 진행 중인 가정폭력을 신고하였을 경우, 사법
   경찰관리는 즉시 현장에 출동하여 아래의 응급조
   치를 취하여야 합니다(위 법 제5조).
   - 폭력행위의 제지 행위자·피해자의 분리 및 범
     죄수사
   - 피해자의 동의가 있는 경우 피해자의 가정폭력

관련 상담소 또는 보호시설 인도

　　- 긴급치료가 필요한 피해자의 의료기관 인도

　　- 폭력행위 재발시 격리 또는 접근금지 등의 임시
　　　조치를 신청할 수 있음을 통보

⑧ 경찰의 응급조치에 불구하고 가정폭력범죄가 재발
　할 우려가 있다고 인정될 경우, 검사는 직권 혹은
　경찰의 신청에 의해 법원에 다음과 같은 임시조치
　를 청구할 수 있습니다(위 법 제8조).

　　ⅰ) 주거 또는 점유하는 방실로부터의 퇴거 등 격리
　　　　(예컨대 안방출입금지, 그 집에서 나갈 것 등) :
　　　　1회 연장을 포함하여 최장 4개월 까지 가능

　　ⅱ) 주거, 직장 등으로부터 100미터 이내의 접근금
　　　　지 : 1회 연장을 포함하여 최장 4개월까지 가능

　　ⅲ) 전기통신을 이용한 접근금지

　　　　예) : 전화, 이메일 등을 이용한 접근

　　ⅳ) 의료기관 기타 요양소에의 위탁

　　ⅴ) 유치장, 또는 구치소에의 유치

※ ⅰ)~ⅲ)은 2개월(2회연장가능), ⅳ), ⅴ)는 1개월(1
　회연장가능)로 할 수 있습니다.

⑨ 만일 가정폭력을 신고하였음에도 불구하고 사법경
　찰관리가 현장에 출동하지 않거나 출동하더라도 '부
　부싸움'이라는 이유로 '원만히 해결할 것'을 권하고
　는 그냥 돌아가는 등 부적절한 태도를 보인다면, 경
　찰청이나 여성특별위원회, 1366 등에 진정(혹은 신
　고)를 하거나 사법경찰관리를 직무유기 등으로 형
　사고소하는 등 적극적인 태도를 취해야 하고, 이 방
　법만이 가정폭력에 대하여 관대한 태도를 보이고

있는 현행 수사기관의 자세를 바로 잡을 수 있는 지름길 중 하나입니다.

⑩ 가정폭력으로 수사기관에 고소장을 제출하였음에도 불구하고 상당한 기간이 지나도록 수사기관에서 아무런 조사나 조치도 취하지 않는다면, 직접 담당 수사관을 찾아가 그 사건이 어떻게 처리되고 있는지, 언제쯤 조사를 할 것인지 등에 대하여 알아보아야 합니다.

(6) 임시조치

① 가정폭력으로 신고하더라도 수사기관의 수사와 법원의 재판 등을 통하여 가해자가 일정한 보호처분이나 처벌을 받기까지는 상당한 기간(수개월)이 소요됩니다. 이 기간 동안 피해자는 가해자의 지속적인 폭력이나 괴롭힘, 신고에 따른 보복 등으로 두려움에 떨게 되는데, 이로 인한 피해자의 보호 등을 위하여 마련된 것이 임시조치입니다.

② 임시조치의 종류는 아래와 같으며, 하나 혹은 둘 이상 동시에 처할 수 있습니다.

- 주거 또는 점유하는 방실로부터의 퇴거 등 격리 : 2회 연장을 포함하여 최대한 6개월까지 가능
- 주거 또는 직장 등에서 100미터 이내의 접근금지 : 2회 연장을 포함하여 최대한 6개월까지 가능
- 전기통신을 이용한 접근금지 : 2회연장을 포함하여 최대한 6개월까지 가능
- 의료기관 기타 요양소에의 위탁 : 1회 연장을 포함하여 최대한 2개월까지 가능
- 경찰관서 유치장 또는 구치소에의 유치 : 1회 연

장을 포함하여 최대한 2개월까지 가능

③ 임시조치는 가정폭력을 신고하면서 경찰 또는 검사를 통하여 법원에 청구하거나 가정폭력사건을 담당한 판사의 직권으로 행해지며, 가정폭력사건과 무관하게, 즉, 피해자가 가정폭력을 신고하지 않고 임시조치만 판사에게 신청할 수는 없습니다.

④ 경찰청의 통계자료에 따르면, 1998년 7월부터 1999년 10월까지 경찰이 검찰을 통해 임시조치를 청구한 경우는 전체가정폭력사건 중 3.9%이고(검사가 직권으로 법원에 청구한 경우는 단 한 건도 없었음). 법원에서 이를 받아들여 임시조치를 결정한 것은 2.7%에 불과하여, 가정폭력으로 신고한 사건 중 임시조치처분이 내려지는 것은 100명 중 3명이 못 되는 정도입니다.

⑤ 따라서, 임시조치처분을 받기를 바라는 피해자는, 한차례 임시조치를 해 줄 것을 말하고 가만히 기다리고 있지만 말고, 담당 경찰관이나 검사를 찾아가 임시조치를 신청해 줄 것을 강력히 요청하거나 혹은 서면으로 임시조치의 필요성을 작성하여 정식으로 수사기관에 접수하는 것이 좋으며, 임시조치기간이 종료되면 그 기간을 연장해 줄 것을 다시 신청하고, 연장기간까지 종료되면 다시 임시조치의 필요성을 기재한 서면으로 임시조치를 취해 줄 것을 신청하는 것이 좋습니다.

⑥ 법원에서 임시조치 결정이 나더라도 가해자가 임시조치를 지키지 않으면(법원의 임시조치결정에 위반하여 안방에 들어오거나, 100미터 이내의 접근하는

행위 등), 현행법상 이에 대한 아무런 제재 규정이 없습니다. 따라서, 다시 임시조치를 청구하여 좀 더 강한 임시조치에 처해지도록 하거나 구속시키는 등의 방법을 강구하여야 합니다.

(7) 가정폭력사건의 처리

① 가정폭력사건은 검찰에서 불기소처분(기소유예, 기소중지 등)이나 구약식(벌금형)으로 종결되거나, 가정법원에서 가정보호사건으로 처리하거나 형사법원원에서 일반 범죄처럼 처리될 수 있으며, 이들 중 어느 쪽으로 처리할 것인지는 일차적으로 검사가 결정합니다.

② 검사가 가정법원으로 송치한 사건을 심리한 담당 판사는 '불처분결정(아무런 처분도 하지 않는다는 결정)'(위 법 제37조)이나 보호처분(위 법 제40조)을 결정할 수 있습니다.

③ 가정폭력사건에 대하여 '불처분결정'을 할 수 있는 경우
- 보호처분을 할 수 없거나 할 필요가 없다고 인정한 때
- 사건의 성질·등기 및 결과, 행위자의 성행·습벽 등에 비추어 가정보호사건으로 처리함이 적당하지 아니하다고 인정하는 때

④ 가정폭력사건에 대한 '보호처분'의 종류
- 행위자가 피해자에게 접근하는 행위의 제한
- 전기통신을 이용하여 접근하는 행위의 제한
- 친권행사제한(경찰청통계에 따르면 단 한 건의

사례가 있었음)
- 사회봉사·수강명령
- 보호관찰
- 보호시설에의 감호위탁(현재까지 한 건도 이루어
지지 않았음)
- 의료기관에의 치료위탁(현재까지 한 건도 이루어
지지 않았음)
- 상담소에의 상담위탁

⑤ '보호처분'을 이행하지 않는 자는 2년 이하의 징역이나 2천만원 이하의 벌금 또는 구류형에 처해집니다.

※ 보호처분의 기간은 6개월을 초과할 수 없으며, 사회봉사, 수강명령의 시간을 200시간을 초과할 수 없습니다.

(8) 배상명령신청

가정폭력의 피해자는 가정보호사건을 심리하고 있는 법원에 부양료나 가정폭력으로 인해 발생한 물적손해나 치료비 등을 청구할 수 있고, 피해자의 신청이 없더라도 법원은 직권으로 이를 인정할 수도 있습니다.

(9) 기타 사항

① 가정폭력방지법은 '가정폭력을 행사하는 자에게 보호처분을 행함으로써 가정의 평화와 안정을 회복하고 건강한 가정을 육성하는 것'을 목적으로 하고 있으며, 일반 형법상의 기소유예(용서)와 처벌(벌금형 또는 징역형)의 중간단계로서 보호처분을 도입한 것으로서, 위 법에서 정한 보호처분을 받은 경우는 전과자로 되지는 않습니다.

② 그러나 우리 국민 정서상, 가족구성원 중 한사람, 특히 남편을 형사 고소하여 수사기관이나 법원을 오가며 조사를 받고 재판을 받게 하였다면 그것만으로 이혼사유가 되기 쉬우며, 보호처분을 받았다고 하여 평생동안 몸에 익혀진 폭력습벽이 교정될 것을 기대하기는 어렵습니다. 현실적으로 가정폭력방지법으로 보호처분을 받은 부부는 거의 대부분 이혼을 전제로 한 경우가 대부분입니다.

③ 간혹, 보호처분으로 원만한 가정을 되찾았다는 사람들도 있는데, 이런 가정이야말로 위 법이 추구하는 이상형이라 할 것입니다.

④ 가정폭력을 근절하기 위해서는 '가정폭력은 범죄행위'라는 인식과 "가정폭력을 절대 용납하지 않겠다"는 개개인의 강한 의지 등이 필요하며, 나아가 위 법의 내용과 이를 적용할 수 있는 여러 가지 제도적인 시설과 프로그램 등이 보완되어야 할 것입니다.

⑤ 가정폭력의 주된 문제와 해결점은 피해자가 아닌 가해자에게 있습니다.

2. 가정폭력에 관하여 자세히 다루기

(1) 가정폭력의 법적 정의

가정폭력방지법에서의 가정폭력이라 함은 가정구성원 사이의 신체적, 정신적, 재산상의 피해를 수반하는 행위를 말하며 가정구성원 사이의 모든 폭력을 포괄하고 있습니다. 즉, 남편의 아내에 대한 폭력, 자녀의 부모에 대한 폭력, 아내의 남편에 대한 폭력 등 가족간의 모든 폭력을 망라합니다. 가정폭력의 범주는 직접적인 폭행, 상해, 상습

범, 유기, 명예훼손, 협박, 감금, 체포, 학대, 아동흑사 등과
아울러 심한욕설과 같은 언어적 폭력(폭언) 및 의심과 같
은 정신적 폭력도 포함됩니다.

(2) 가정구성원의 범위

현재의 관계뿐만 아니라 전배우자와 동거하는 친족까
지의 모든 실질적 관계를 의미합니다. 즉,
- 배우자(사실상 혼인관계에 있는 자를 포함) 또는 배
  우자관계에 있었던 자
- 자기 또는 배우자와 직계존비속 관계(사실상의 양친
  자관계를 포함)
- 자기 또는 배우자와의 직계존비속 관계(사실상의 양
  친자관계를 포함)에 있거나 있었던 자
- 계부모와 자(자)의 관계 또는 적모와 서자의 관계에
  있거나 있었던 자
- 동거하는 친족관계에 있는 자를 말합니다.

(3) 아내학대의 유형

가정폭력의 피해 대상은 주로 아내, 아동, 노인 등 사회
경제적, 약자로 그 피해 상황 역시 매우 심각합니다. 가정
폭력 중에서도 아내폭력은 가족해체의 직접적인 원인이
되며 다른 가족구성원에게도 장기적이고 심각한 영향을
미친다는 특성을 갖고 있습니다.

보건복지부가 전국의 부녀상담소 이용자 7,500명을 대
상으로 실시한 조사에서 남편으로부터 신체적, 정신적 폭
력을 당한 경우가 61.1%로 나타났습니다.

가. 신체적폭력

처음에는 물건던지기, 밀치거나 몸을 잡아 흔들

기, 뺨 때리기 등 경미한 폭력으로 시작하지만, 시간이 흐를수록 발로 차거나 주먹으로 한 두 대 때리기, 물건으로 구타하기, 닥치는 대로 구타하기, 목조르기, 담뱃불로 지지기, 가스통 열어놓고 불지르겠다고 위협하기, 칼같은 위험한 물건으로 위협하기, 칼같은 위험한 물건을 사용해서 상해입히기와 같은 심각한 폭력으로 바뀌어 가고 있습니다.

나. 성적학대

남편의 외도, 의처증도 성적학대에 포함시킬 수 있으나 더욱 심각한 성적 학대는 나체 상태에서 신체적 폭력을 당하거나 폭력을 당한 후에 강제적으로 성관계를 요구받게 되는 경우입니다.

다. 경제적 학대

폭력남편이 경제권을 가지고 생활비를 관리하면서 아내에게 경제적 자율권을 주지 않는 경우이며, 자신이 경제활동을 하는 여성도 남편에 의해 자신의 소득을 통제 당하는 경향도 있습니다.

라. 정서적 학대

폭력에 대한 협박 등 공포분위기를 만들며, 외출을 할 때는 물론 집안에서의 모든 행동을 통제하려고, 아내로 하여금 이웃, 친지들과의 교류는 물론이고, 사회적 활동을 하지 못하게 하며, 항상 다른 남자와의 관계를 의심한다. 남편은 자신의 폭력에 대한 책임을 아내가 폭력을 사용하게 만들었다

고 주장하며 아내에 대한 비난과 책임을 돌리기도
합니다.

(4) 가정폭력에 대한 잘못된 통념

가. 부부싸움은 칼로 물베기다?

'부부싸움은 칼로 물베기'라는 속담도 있듯이 우리는 흔히 '아내폭력도 칼로 물베기'라고 생각하거나, 가정 내 문제이기 때문에 남이 이렇다 저렇다 할 성질의 것이 아니라는 태도를 취하기 쉽습니다.

그러나 아내나 아동 등에 대한 가정폭력은 단순한 부부싸움이 아닙니다. 가정폭력은 피해자들에게 치명적인 신체적 손상과 정신적 황폐화를 야기한다는 점에서 가정폭력은 부부싸움이나 사랑의 매와는 본질적으로 다릅니다.

나. 맞을 짓을 했으니까 맞는다?

아이가 무슨 일인가 잘못했으니까, 아내가 남편을 자극했으니까, 부모가 얼마나 못났으면 자식이 저럴까? 등의 생각이 여기에 해당됩니다. 그러나 한국여성의 전화 상담통계에 의하면 아내를 때리는 남편들은 사사건건 트집을 잡아 폭력을 일삼는 경우가 많습니다. 설혹 아내에게 결점이 있다고 하더라도 그것이 매 맞을 이유가 될 수는 없습니다. '매 맞을 짓'이란 없는 것입니다. 아이의 경우도 우리는 흔히 '사랑의 매'혹은 훈육을 목적으로 아동을 구타하는 경우가 많지만 한국여성의전화의 통계에도 나와 있듯이 3세 미만의 아동들마저 구타 당하기 때문에 이는 훈육의 목적과는 전혀 관계가 없다고 볼 수 있습니다.

다. 가정폭력은 흔히 있을 수 있는 일이다?

이것은 아내와 아이를 자신의 소유물로 생각하는 가부장사회의 산물입니다. "못된 아내는 때려서라도 길들여야 한다." "아이는 때려서 가르쳐야 한다." "남편이 화가 나면 손찌검 정도는 해도 괜찮다."는 잘못된 사회통념 때문에 아내구타가 용납되고 정당화되어 만연되는 것입니다. 그러나 아내폭력, 아동폭력은 한 가정을 폭력의 도가니로 만들어 가정폭력의 피해자들은 그 속에서 불안과 공포에 떨며 폭력의 노예가 되어 갑니다. 설혹 어떤 문제가 생겼을 때 가벼운 '손찌검'일지라도 아내나 아동에게 폭력을 사용하는 것은 올바른 가족관계가 아닙니다.

라. 귀한 자식일수록 때려서 가르쳐야 한다?

우리 사회는 아이들에 대한 처벌을 정당화해 왔습니다. 그러나 한국여성의 전화의 통계에 의하면 아이에 대한 구타 시작 시기가 훈육의 가능성을 찾을 수 있는 나이가 아니라는 것입니다. 이것은 바로 그 구타가 훈육과 교육의 목적이 아니라는 것을 잘 보여주는 일이며 아이들은 때려서 가르쳐야 한다는 것은 잘못된 생각이라는 것을 보여주는 것입니다.

마. 남자는 남자답게 여자는 여자답게 길러야 한다?

남자는 남자답게, 여자는 여자답게 길러야 한다는 잘못된 사회관습은, 남자아이의 폭력행위를 씩씩하게 자라는 것으로 보며 여자아이에게 무조건적인 순종을 강요하는 그릇된 양육태도를 낳게 했습니다. 자녀에게 가해진 신체적 폭력은 아동의 신체적·정신적 성장 발달에 매우 부정적인 결과를 가져오며 이유 없이 폭력을 당한 자녀들은 또한 그들의 또래 집단이나 형제 사이에 비슷한 폭력을 행사하게 되며 그릇된 행동이 가정 내에서와 같이 사회에서도 관용적으로 수용될 수 있다는 잘못된 신념을 조장시키는 결과를 가져옵니다.

바. 동방예의지국에 노인폭력이란 있을 수 없는 말이다?

이런 잘못된 생각으로 인해 노인들은 자신들이 자녀로부터 폭력을 당하는 것에 대해 부끄러워하기 때문에 주변에 알리지 못하는 경우가 상당히 많습니다. 특히 자식이 아무리 행패를 부려도 자식을 고소하거나 처벌을 요구하지 못하는 부모 입장에서는 자식이 최대한 법적 제재을 덜 받으면서 혼내줄 수 있는 길이 있다면 좋겠다고 이야기합니다.

사. 가정폭력자는 성격이상자나 알콜중독자다?

그렇지 않습니다. 가정폭력자 중에 알콜중독자가

있기도 하지만 극히 적은 숫자입니다. 아내폭력의 50% 정도가 술 취한 상태에서 이루어지기는 하지만 이는 술 때문에 폭력을 썼다는 핑계거리에 지나지 않으며 술은 구타한 사실을 부인하거나 술 때문에 구타했다는 변명거리가 됩니다. 또한 가정폭력자는 가정 이외의 사회나 직장에서는 원만한 생활을 하고 있기 때문에 오히려 많은 경우 피해자가 잘못했기 때문이라는 오해를 받기도 합니다.

아. 가정폭력은 가난한 집안에서 많다?

일반적으로 학력과 사회계층이 높을수록 가정을 화목하게 이끌어 갈 수 있는 여건과 능력을 소유하므로 가정폭력이 적을 것으로 생각되나 의사. 변호사 등 전문직 종사자, 성직자에서부터 직종, 교육 정도에 상관없이 가정폭력이 발생하고 있습니다. 자신의 아이에게 엄청난 정신적, 신체적 폭력을 행사하여 결국 죽음에 이르기까지 한 치과의사의 경우가 그 한 예라고 볼 수 있습니다.

(5) 가정폭력 예방지침

① 어떤 상황에서라도 폭력은 사용하지 맙시다.
② 자녀들에게 매를 들기 전에 다시 한번 생각합시다.
③ 평소 폭력적인 말과 행동을 삼갑시다.
④ 남이 폭력을 사용하는 것을 보면 제지합시다.
⑤ 가까운 경찰서와 가정폭력 상담기관의 전화번호를 메모해 둡시다.

⑥ 심각한 폭력이 일어나는 위기상황인 경우 바로 경찰
　에 신고합시다.

⑦ 경찰은 가정폭력 신고가 들어오면 즉각 출동합시다.

⑧ 의사나 간호사는 가정폭력 피해자를 위한 적절한 조
　치를 취해줍시다(진단서 확보, 피해자 보호, 상담기
　관과 연계 등).

⑨ 가정 내 폭력을 호소하는 가족이나 친구에서는 상담
　기관을 안내해 줍니다.

⑩ 가족간의 대화를 통해 서로를 존중하고 이해하도록
　노력합시다.

(6) 가해자와 함께 살고 있는 동안의 대처방법

① 긴급전화번호를 미리 알아두거나 아이들에게 알려
　줍니다(파출소나 경찰서, 구급차, 긴급전화, 의사,
　친구, 상담소, 보호소).

② 친한 사람들에게 만약 집에서 폭행을 당하고 있다고
　의심되는 소리가 나면 경찰에게 폭력신고를 해달라
　고 부탁합니다.

③ 집에서 피난 갈 경우 갈 곳을 미리 4곳 정도 준비해
　둡니다.

④ 미리 여유 돈, 차 열쇠, 옷, 중요한 서류를 다른 사람
　들에게 맡깁니다.

⑤ 만약 집에서 피난할 경우 가지고 나갈 것이 무엇인
　지를 생각해 둡니다(주민등록증, 운전면허증, 학교
　나 진료기록, 돈, 통장, 신용카드, 집열쇠, 차열쇠, 사
　무실열쇠, 자동차등록서류, 약을 복용하는 경우 약,
　옷, 생활보호증, 여권, 이혼서류, 임대서류, 자신의

재산을 증명할 수 있는 서류, 차용서류나 기록, 보험
서류, 주소록, 개인적으로 중요한 사진, 보석 등, 자
식에게 중요한 장난감, 이불).

(7) 가해자와 헤어진 후 대처방법

① 열쇠를 바꿉니다. 현관문은 철이나 금속으로 된 재
질로 바꾸고 보안장치나 화재예방감지 장치를 설치
하여, 집 밖에는 밝은 조명을 설치합니다.

② 특정인을 정하여 그 사람에게 가해자와의 관계가 끝
났음을 알리고, 만약 가해자가 피해자나 자녀들 주
위에 나타나면 경찰에 신고해 줄 것을 부탁합니다.

③ 자녀들을 돌봐주는 사람들(탁아소, 유치원, 학원, 학
교, 교습소 등)에게 자녀들을 데리고 가는 것을 삼
갑니다.

④ 직장동료 중 적어도 한사람에게는 자신이 처한 상황
을 말하여 가해자가 전화를 걸어오면 바꾸어 주지
않도록 합니다.

⑤ 가해자와 함께 갔던 은행, 가게 등을 미리 생각하여
그 곳을 피하도록 합니다.

⑥ 법적인 보호를 받을 수 있는 사람을 생각해 두고 법
적 절차에 필요한 서류를 1부는 자신이, 1부는 복사
하여 그 사람에게 맡겨 놓습니다.

⑦ 만약 아무리 나쁜 관계라도 다시 돌아가고 싶다면
미리 도움을 구할 사람이나 상담소, 쉼터 등을 생각
해 두고 준비합니다.

(8) 가정폭력사건의 처리절차

· 가정폭력사건발생

↓

· 고소 및 신고

※ 누구든지 가정폭력범죄를 안 때에는 이를 수사기관에 신고
   할 수 있습니다.
※ 아동상담소, 특례법에 의한 상담소 보호시설의 상담원 및 의
   료기관 등의 장 및 그 종사자직무를 수행하면서 알게 된 가
   정폭력 범죄를 즉시 수사기관에 신고하여야 합니다.
※ 가정폭력범죄의 피해자는 폭력행위자가 형사소송법상 고소
   할 수 없는 자기 또는 배우자의 직계존속인 경우에도 고소할
   수 있습니다.
※ 피해자의 법정대리인이 폭력행위자인 경우 또는 폭력행위자
   와 공동하여 가정폭력범죄를 범한 경우에는 피해자의 친족
   이 고소할 수 있습니다.
※ 피해자에게 고소할 법정대리인이나 친족이 없는 경우에 이
   해관계인의 신청이 있으면 검사는 10일 이내에 고소할 수 있
   는 자를 지정하여야 합니다.

↓

· 경찰 조사 후 송치 — 응급조치

※ 진행중인 가정폭력범죄에 대하여 신고를 받은 사법경찰관
   리는 즉시 현장에 임하여 다음 각 호의 조치를 취하여야
   합니다.
   ① 폭력행위의 제지 및 범죄수사
   ② 피해자의 가정폭력관련상담소 또는 보호시설 인도(피
      해자의 동의가 있는 경우에 한합니다)
   ③ 긴급치료가 필요한 피해자의 의료기관 인도
   ④ 폭력행위의 재발시 격리 또는 접근 금지 등의 임시조
      치를 신청할 수 있음을 통보
※ 검찰에 임시조치의 신청
   응급조치에도 불구하고 가정폭력범죄가 재발할 우려가 있

다고 인정하는 때에는 검사에 대하여 법원에 임시조치를
청구하여 줄 것을 신청할 수 있습니다.

※ 사건송치

사법경찰관리는 가정폭력범죄를 신속히 수사하여 사건을
검사에게 송치하여야 합니다. 이 경우 사법경찰관은 당해
사건이 가정보호사건으로 처리함이 상당한지 여부에 관한
의견을 제시할 수 있습니다

· 법　　원

법원에 임시조치 청구
① 불기소처분으로 사건종결
② 형사사건으로 법원에 공소제기
　 법원(재판 후 판결)
　 유죄, 무죄
③ 가정보호사건으로 법원에 송치

※ 임시조치의 청구

검사는 사법경찰관리의 응급조치에도 불구하고 가정폭력
범죄가 재발될 우려가 있다고 인정하는 때에는 직권 또는
사법경찰관의 신청에 의하여 피해자 또는 가정구성원의
주거 또는 점유하는 방실로부터의 퇴거 등 격리, 피해자
의 주거, 직장 등에서 100미터 이내의 접근금지의 임시조
치를 법원에 청구할 수 있습니다.

※ 임시조치 결정

(검찰의 청구에 의하거나 사건송치 후 법원의 직권으로
　하는 두 가지 경우 있음)
　조사
　심리
　- 임시조치
　판시는 가정보호사건의 원할한 조사· 심리 또는 피해자

의 보호를 위하여 필요하다고 인정한 때에는 결정으로
행위자에게 다음의 임시조치를 할 수 있습니다.
① 1호 - 피해자 또는 가정구성원의 주거 또는 점유하는
　　　　방 실로부터의 퇴거 등 격리
② 2호 - 피해자의 주거·직장 등에서 100미터 이내의
　　　　접근금지
③ 3호 - 전기통신을 이용한 접근금지
④ 4호 - 의료기관 기타 요양소에의 위탁
⑤ 5호 - 경찰관서 유치장 또는 구치소에의 유치
(1호·2호·3호는 2월을 초과할 수 없고, 4호·5호는 1
월을 초과할 수 없으나 1~3호는 2차, 4, 5호는 1차에
한하여 연장할 수 있습니다)

※조사·심리
　- 가정보호조사관제도 : 행위자·피해자 및 가정구성원의
　　심문이나 가정폭력범죄의 동기·원인 및 실태 등의 조사
　- 전문가에의 의견 등 조회 ; 행위자의 전신상태에 대한 진
　　단소견 및 가정폭력범죄의 원인에 관한 의견조회
　- 동행영장발부 : 조사·심리에 필요한 법원공무원이나 사
　　법경찰관리로 하여금 집행하게 할 수 있습니다.

피해자의 의견진술권

※ 불처분의 결정
판시는 가정보호사건을 심리한 결과 다음에 해당할 때에
는 처분을 하지 아니한다는 결정을 하여야 합니다.
① 1호 - 피해자가 고소가 있어야 공소를 제기할 수 있거
　　　　나(친고죄), 피해자의 명시한 의사에 반하여 공
　　　　소를 제기할 수 없는(반의사불벌죄) 가정폭력범
　　　　죄만을 대상으로 하는 가정보호사건에 대하여
　　　　고소가 취소 되거나 피해자가 처벌을 희망하지
　　　　아니하는 명시 적인 의사표시를 한 때

② 2호 - 보호처분을 할 수 없거나 할 필요가 없다고 인정
한 때

③ 3호 - 사건의 성질 및 행위자의 성행 등에 비추어 가정
보호사건으로 부적절하다고 인정될 때

※ 보호처분

판사는 심리의 결과 보호처분이 필요하다고 인정한 때에는
결정으로 다음에 해당하는 처분을 할 수 있습니다.

① 1호 - 행위자가 피해자에게 접근하는 행위의 제한

② 2호 - 전기통신을 이용하여 접근하는 행위의 제한

③ 3호 - 친권자인 행위자의 피해자에 대한 친권행사의
제한

④ 4호 - 보호관찰등에관한법률에 의한 사회봉사·수강
명령

⑤ 5호 - 보호관찰등에관한법률에 의한 보호관찰

⑥ 6호 - 가정폭력방지및피해자보호등에관한법률이 정하
는 보호시설에의 감호위탁

⑦ 7호 - 의료기관에의 치료위탁

⑧ 8호 - 상담소에의 상담위탁

(1호· 2호· 3호· 5호· 6호· 7호· 8호의 보호처분의 기간
은 6월을 초과할 수 없으며, 4호의 사회봉사·수강명령
은 200시간을 초과할 수 없습니다)

(1호 및 2호의 접근제한 및 친권행사제한에 따르지 아니
하는 경우에는 2년 이하의 징역이나 2천만원 이하의 벌
금 또는 구류에 처하게 됩니다)

(9) 가정보호사건처리

검사는 가정폭력범죄로서 사건의 성질, 동기 및 결과
행위자의 성행 등을 고려하여 보호처분에 처함이 상당하
다고 인정할 때에는 가정보호사건으로 처리할 수 있습니
다. 이 경우 검사는 피해자의 의사를 존중하여야 합니다.

가정보호사건의 경우 그 사건을 가정법원 또는 지방법
원에 송치하여야 합니다. 검사는 가정폭력범죄와 그 외의

범죄가 경합하는 때에는 가정폭력범죄에 대한 사건만을 분리하여 관할법원에 송치할 수도 있습니다.

법원도 형사사건으로 기소된 사건을 심리한 결과 특례법에 의한 보호처분에 처함이 상당하다고 인정하는 때에는 결정으로 사건을 가정보호사건의 관할 법원에 송치할 수도 있습니다. 이 경우에도 피해자의 의사를 존중하여야 합니다.

◆ 박 근 영 ◆

◆ 1983 : 전남대 법대 졸업
◆ 1995 : 제37회 사법시험 합격
◆ 1998 : 사법연수원 27기 수료
◆ 현 변호사 박근영사무소 운영(서울)

한손에 잡히는 이혼해결	정가 10,000원

2008년 7월 10일 1판 인쇄
2008년 7월 15일 1판 발행
　감　수 : 박　근　영
　발행인 : 김　현　호
　발행처 : 법문　북스

152-050
서울 구로구 구로동 636-62 (구로유통B/D B동 308호)
TEL : 2636-2911~3,　FAX : 2636-3012
등록 : 1979년 8월 27일 제5-22호
Home : www.bubmun.co.kr

- ISBN 978-89-7535-129-7 13360
- 파본은 교환해 드립니다.
- 본서의 무단 전재·복제행위는 저작권법에 의거, 3년 이하
  의 징역 또는 3,000만원 이하의 벌금에 처해집니다.